佐藤 満 編

政策過程論

―― 政策科学総論入門 ――

Policy "A"	Predecision	Decision	Implementation
Policy "B"	Predecision	Decision	Implementation
Policy "C"	Predecision	Decision	Implementation
Policy "D"	Predecision	Decision	Implementation
Policy "E"	Predecision	Decision	Implementation
Policy "F"	Predecision	Decision	Implementation

慈学社

佐藤 満 編　政策過程論

目　　次

はじめに　政策科学とは何か ……………………… 佐藤　満　7
　「in の知識」と「of の知識」　8
　行動論への傾斜の意味　12
　「in の知識」の中の総論　13
　合理的分析と政治　14
　政策過程と政治過程　15
　本書の構成　17

第Ⅰ部　理論編

第1章　政策科学の来歴と政策過程論 ……………… 岡本雪乃　20
　1　行動論と政策科学の登場　20
　2　発展と実用化の時代　25
　3　合理性の限界と政策科学の再構築　28
　4　政策科学と政策過程論　33

　コラム　大型公共事業をどう見るか　［鶴谷将彦］36

第2章　政治過程論と「政治の科学」 ……………… 藤井禎介　37
　1　政治過程論の登場――政治学の「科学化」　38
　2　過程論的視座の発展――多元主義の論理と心理　43
　3　ふたたび「構造」へ　49
　4　結びにかえて――「過程」論は復権するか？　54

　コラム　沖縄のオリオンビール・泡盛は
　　　　　なぜ生き残れるのか？　［鶴谷将彦］58

第3章　政治過程論の展開
　　　　──縦（時系列方向）への拡張と横（政策過程論）への展開
　　　　　　　　　　　　　　　　　　　　………………… 佐藤　満　59
　1　政治過程論の原型
　　　：集団過程論と多元主義政治理論　59
　2　複数の政策過程の束としての政治過程　62
　3　国家の再導入と政策規定説　64
　4　前決定過程の理論
　　　：複数の政策過程を導出する理論　69
　5　実施過程の理論　72
　6　おわりに　縦横の展開
　　　：複数の政策過程と時系列の区分　75

第4章　集団過程論の展開 ………………………… 藤井禎介　79
　1　「集団」理論の原風景　79
　2　集団過程論の発展　82
　3　集団過程論の限界　88
　4　結びにかえて──集団過程論を超えて？　92

政策過程研究を推し進めた理論家たち ①
レイモンド・A・バウアー　　［佐藤　満］ 97

第5章　政策の類型化
　　　　──T. J. ロウィの所論を中心に　………… 森　道哉　98
　1　ロウィによる政策類型論の登場とその背景　98
　2　ロウィの政策類型論と『自由主義の終焉（第2版）』
　　　──理論と実証　101
　3　ロウィの政策類型論をめぐる論争
　　　──1980年代以降を中心に　106
　4　政策類型論の意義と今後　112

政策過程研究を推し進めた理論家たち ②
　グレアム・T・アリソン　　　［佐藤　満］118

第6章　前決定過程論の展開 ………………………… 森　道哉　119
　1　前決定過程への注目と三つの権力観　119
　2　前決定過程と権力の可視化への挑戦　123
　3　アジェンダ設定の段階・レベル　125
　4　前決定過程の政策決定過程への統合的理解の進展　127
　5　前決定過程への今日的着目と理論の深化　131

コラム　国と地方の力関係　　［鶴谷将彦］138

第7章　政策実施 ……………………………………… 清水直樹　139
　1　政策実施に注目する意義　139
　2　政策実施の構造　142
　3　政策実施の変化　146
　4　政策実施のコントロール　148
　5　政策実施の類型　150
　6　政策実施研究の課題　152

政策過程研究を推し進めた理論家たち ③
　ヒュー・ヘクロウ　　　［佐藤　満］154

第Ⅱ部　事　例　編

第8章　戦略過程 ……………………………………… 清水直樹　156
　1　所得倍増計画　156
　2　アベノミクス　161
　3　共通点　168
　4　相違点　171

政策過程研究を推し進めた理論家たち ④
セオドア・J・ロウィ　　［佐藤　満］ 175

第9章　利益政治の過程 ………………………………… 清水直樹　176
1　コメ農業の保護政策　176
2　仕切られた多元主義　180
3　インフラ整備：鉄道建設　182
4　利益政治の類型　187
5　利益政治と選挙制度、利益政治の過程と戦略過程　191

政策過程研究を推し進めた理論家たち ⑤
ジョン・W・キングドン　　［佐藤　満］ 195

第10章　イデオロギー過程 ……………………………… 藤井禎介　196
1　イデオロギー対立型争点としての防衛政策　197
2　事例の検討　202
3　まとめにかえて──イデオロギー過程の断絶と連続　212

コラム　55年体制　　［鶴谷将彦・佐藤　満］ 215

おわりに …………………………………………………… 佐藤　満　216
本書の意図：政策科学総論を目指して　216
本書の事情　218

索　引　巻　末

はじめに：政策科学とは何か*

　政策科学を樹立するという機運が盛り上がったのは第二次世界大戦後、アメリカにおいてであったが、日本においても、市民自治、市民運動に深い関心を持っていた松下圭一(1)により強く主張されたことがある。市民の手による自治を確かなものにするために、問題を解決する手法、政策を、科学的に作成する方法を確立しなければならないという主張であった。問題意識は鮮明で、その指摘は鋭いものがあったが、政治的な傾きを持ちすぎていると受け止められたせいか、政治学、行政学などの学界が大きく受け止めるものとはならなかった。

　その後、もう一つの盛り上がりの山は、いくつかの私立総合大学に「政策」を学部名に冠した学部が創設された1990年代にやってきた。ただ、こうして作られたいくつかの学部も自らの学部の研究の芯について、さまざまの知的検討を行ってきてはいるが、政策研究に関して、他の学問領域に比肩しうるほどの多くの総論の教科書は書かれていない(2)。

---

* 『公共政策研究』17号（日本公共政策学会、2017年）の巻頭言に同テーマのやや短いものを寄稿した。
（1）　主著の一つ『シビルミニマムの思想』に収録されている論文「知的生産性の現代的課題」（初出は『展望』、1965年7月号）
（2）　慶応義塾大学総合政策学部(1990)、中央大学総合政策学部(1993)、立命館大学政策科学部(1994)、関西大学総合情報学部(1994)、同政策創造学部(2007年)、関西学院大学総合政策学部(1995)、同志社大学政策学部(2004年)など、次々と政策に関する学部が作られた。埼玉大学政策科学研究科(1977年)が政策研究大学院大学となったのもこのころ(1997年)である。公共政策の名を冠した教科書は昨今、政治学の研究者たちによりさかんに書かれている（章末参考文献参照）。政治学者が公共政策学の総論を目指すのは、政策科学を創始したのがメリアムやその弟子のラスウェルだったということもあるし、そのラスウェルが「ofの知識」に総論を期待したからである。

はじめに:政策科学とは何か

　本書は、政策過程論の側から政策科学の総論を模索するための準備作業である。準備作業ではあるが、政策科学の学理に接近するための全般的な入門書の役割を担えるものを目指してもいる。政策科学、政策を科学する、というのはどういうことなのか、この教科書を政策過程論から政策科学への接近ととらえているのはどういう意味なのか、について記すことから始めよう。

　「in の知識」と「of の知識」

　政策科学という語の登場は第二次世界大戦後、全体主義の脅威から民主主義を守ることが大切だという機運の中、ラスウェルたちによってもたらされた。ラーナーとの共編著、『政策科学』(Lerner and Lasswell, eds., *Policy Sciences*, 1951) は全体主義の脅威からいかにして民主主義を守るかについての共同研究プロジェクトの成果として出版された。この書物の冒頭にラスウェルは「政策を研究対象とすること("The Policy Orientation")」という導入の章を書いている。後に有名になった「in の知識」、「of の知識」という区分はここでは使っていないが、政策の研究対象には、政策内容と政策過程があるとした。「in の知識」は政策を作成するときこれに投入する知識であるので、ほぼ政策内容と同じである。「of の知識」としては過程ばかりではなく、その上で政策作成が進められる制度なども視野に入れているので、最初の論文よりも射程は広げられて

---

(3) ファシズム、ナチズムがいかにして起こり、われわれはなぜそれを許したのかという問いに答えるための研究が戦後盛んになされた。著名なナチズム研究、『ビヒモス　ナチズムの構造と実際 1933-1944』(フランツ・ノイマン、みすず書房、1963年) などもその機運の中の成果である。

(4) フーヴァー研究所、スタンフォード大学などを中心に進められた RADIR (Revolution and the Development of International Relations) と名付けられたプロジェクト。

(5) 後述するが、合理的意思決定の方法として考えられた OR や PPBS も政策作成の際に投入される知識であるから「in の知識」に分類される。これらは政策内容に関する知識とは少し異なっていて、政策科学の総論を科学的に樹立しようという動きでもあった。

はじめに:政策科学とは何か

いる。いずれにせよ、ラスウェルはこの二分法を用いて、個別の政策作成に必要な固有の専門知識は自然科学をはじめとするさまざまの諸科学に依拠するとしつつ、政策作成全般に通底する知識も必要であり、これは政治・行政にかかわる学問が提供するものとした。

　政策過程研究は政策科学が始まった時から政策科学総論の位置を占めることを期待されていたのである。しかしことはそう簡単ではない。というのも、政策過程の研究は政治過程論の一部とみられた[6]。それは誤りではない。過程というのはプロセスの訳語だが、これには加工の意味があり、政治は何を加工しているのかというと、一つは権力であり、もう一つが政策だという理解がなされる。政治過程は権力過程と政策過程の合成である。別の言い方をすれば、政策過程論というのは政治過程論の中でも特に政策に注目してその展開を見るものである、ということだ。ただ、政治過程論の立場からすれば権力の過程から切り離して政策が見えると思ってはならないとも言われる。だとすれば、当然ながら政治過程論のものの見方に引き寄せられることになる。そして、政治過程論のものの見方は単純な「科学」とは両立しがたい。

　政治過程論の理論的核心は均衡論である。社会的な利害・関心は多様にあり、それらが相互作用する中、均衡に向かって収斂するという考え方だ。市民がそれぞれの利害・関心にしたがって自由に政治的行動をとれる民主主義社会においては、誰かの利害・関心事項が貶められたりすれば必ずこれに対抗して均衡に向かって是正するであろうということで、いかにも実際に起こりそうな事態の説明である。経験の記述から導かれる理論的知見として正しいとも思われることから、長らくアメリカ政治学の正統学説の位置を占めた。政策との関係でいえば、政策の内容に関わることなく、利害・関心を担う者(利益集団)[7]の相互作用が独立変数ととらえられ、政策や制度はその帰結、従属変数ととらえられたので、特に政策の検討を行うことを避けることができ、政策内容の吟味は価値の問題に踏み込みかねないことを危惧する行動論[8]の視点からは好都合だったのである。

---

(6)　政治過程と政策過程の関係については15ページで再論する。

はじめに：政策科学とは何か

　この政治過程論的なものの見方は価値の問題に踏み込まない、別の言い方をすれば、何が良くて何が悪いのかは経験科学の関心ではない、ということで、ある人にとって正しいことは別の人にとっては正しくなく、正しさは多様にある、ということなのである。ウェーバーが「神々の争い」と語り、経験科学の態度としての価値自由(Wertfreiheit)を語っているところを思い起こしてほしい。正しいことを決められないというのは、人間の知性はそもそも完璧ではなく、真正に正しいことというのは決められない、わからない、という不可知論の立場をとっているのである。

　政策に関心を持つ向きからすればこれは困るだろう。政策というのは、大方は問題解決の解なので、正しいものとして提言される。政策を考える人の知的背景には、その関心事項を取り扱っている個別科学があることが多い。水質汚濁にかかわる環境政策の背景には化学があるのだろうし、地球温暖化問題には気候学などがありそうだ。そうした個別科学は科学の方法として、対象を絞り込んで法則発見に努めるため、もろもろの事柄を捨象していく。いろいろなことに目移りしないがゆえに「正解」にたどり着くことができるともいえる。「in の知識」に属するところの特定政策に関わる専門知識は、ほぼ科学の知見なのである。科学の方法というのを端的に言えば、対象を絞り因果仮説を立て、これを実験などによって検証して法則を発見する。政策の提言にそうした方法から導かれた科学の知識が用いられるのは、因果法則というものが「あーすれば、

（7）　interest groups の訳語である。interest が関心の意味も持つことを考えると、この訳語が集団理論の矮小化を生んでいる感もあるが、アメリカにおいても interest groups の語感が利益に引っ張られるので、advocacy という語を用いて、関心による相互作用を語ろうとする研究があることを思うと利益集団という訳語が悪いわけではないと思われる。

（8）　行動論については12〜13ページを見よ。

（9）　マックス・ウェーバー『職業としての学問』（岩波文庫、尾高邦雄訳、1980）

（10）　政治学が前提にしている人間観はホッブズの「ロゴスを持った動物」である。人間というものは、理性が全くないわけではないが、完璧でもないということである。

こーなる」という理屈だから、独立変数を動かすこと(あーすれば)により従属変数に望ましい値を返させようとする(こーなる)営為(政策とはそういうものだ)には便利だからだ。政策の研究は科学の方法をとることになりやすいということである。ある意味では視野を絞るがゆえに、その限りでは正しいというところにたどり着けるわけで、そのために不可知論の陥穽に陥らずにすんでいるのである。

　科学の方法は端的に言えば単純化である。科学は法則を発見するために多様な要素からなる世界を単純化する。検証の対象とするのは、共変関係を有する二つの変数に限られ、他を捨象する。捨てたところから媒介変数などの形で多少論理の中に取り込むにしてもそれほど多くはない。[11]その他のほとんどを、コントロールするという形をとって消していく。そうして注目する二変量と関わりのないところに置き、視野から消して、観察の対象を狭め単純化するのである。

　これに対して政策過程の研究が属する「ofの知識」は視野を広げようとする。「ofの知識」はそうした科学から得られた知見を政策化していく際にどのような公共のプロセスを通して処理していくのか、どのような制度の上にのせて処理していくのかの知見を提供する。このこと自体は科学を否定しようとしているわけではなく、政策の処理されていく過程や制度を経験的に記述していこうとしているということだが、さまざまの事象を視野に入れながらの記述は、「科学」の単純化指向とは逆方向を向いている。

　ラスウェルの示した二分法は、明瞭に科学と科学ならざるものという形で立てられたものではなかった。さまざまの事象に目を配り記述を行うことは、価値自由の態度をもって行うべきなので、先験的判断を行っているわけではないという意味では科学的ではあるのだ。ただ、政策過程とか「ofの知識」と言われるものの側は、「inの知識」の大部分を占めている政策対象に関わる個別科学のわかりやすさは有していない。と

---

(11) たとえば、ボイルの法則は気体の圧力と体積という二つの変数だけを扱っている。これに温度を加えたものがボイル・シャルルの法則だが、それでも三つである。あつかう変数は絞られている

はじめに：政策科学とは何か

もに没価値的ではあるのだが、前者は正解がないと言い、後者は正解があるとするのである。このあたりについては、ラスウェルが「科学」化の波に乗り遅れた政治学の運動としての行動論の担い手であったことを理解する必要があるだろう。

行動論への傾斜の意味

もともとアメリカの人たちが抽象的・思弁的な研究よりも役に立つものが好きだったということもあるのだが[12]、科学を役立てようとし、実際に役にも立ったということから、学問研究それ自体が科学に傾斜していった[13]。特に二度の世界大戦で役立つ科学が選び出され、これに国として研究費の助成を行うシステムが作り上げられてくると、科学化という点では経済学や心理学に後れを取っていた政治学では、メリアムとその弟子、ラスウェルによって行動論への動きが促進された[14]。

自然科学同様に対象を客観的に同定し、対象とする共変関係のある変数群を確定する。そこから反証可能性に身をさらして仮説・検証を示して見せる、という方向である。具体的に目に見えるものである「行動」に注目することで行動に関する科学で非自然科学の分野をとりまとめて科学化しようとする戦略だった。行動主義(behaviorism)に対して行動論(behavioralism)というやや遠慮した語を用いるのは、科学へと視野を狭めすぎることで失われる社会に関する知見への危惧の表れともみえるが、ともあれ、行動論は、「われわれの、政治や社会をあつかう学問も科学的で、役に立とうとしていますよ、だから研究費の配分から排除しないでくださいね」という「政治的」な動機を持った運動だったのである。

---

(12) プラグマティズムがアメリカ人の考え方の基底にある。山川、pp. 20–28 参照。

(13) 自然科学以外の学問分野について、人文科学とか社会科学とか、すべて「科学」を付して語るのはアメリカならではのものである。

(14) このあたりの事情については、続く第1章第1節に詳論する。役に立つかどうかが評価の重要な指標であるのだから、経験科学的な記述は科学ではあれ複雑で、より好まれるのは正解を導くための単純化された科学であるというのは当然であろう。

ラスウェルの政策科学は、これをさらに科学を民主主義に役立てるということを付け加えて(Lasswell : 10)、別の意味でより政治的な運動であったとみることができる。科学の特徴を没価値性(Wertfreiheit)であるとすると、民主主義を語る時点で科学の立場を保ち得ているのかどうか疑義が生じなくもないのだが、ラスウェルのこの宣言は、第二次世界大戦に至った人類史の失敗の反省を踏まえて民主主義を宣言するという政治的な意味合いはもとより、科学の持つ視野狭窄の危険を感じていたからこそ彼の政策科学の重要な要素として付け加えられていたと思われる。そういう意味で、彼の「of の知識」は行動論の主張の中で語られているときには反科学の意味合いを持たせているわけではないが、「科学」では捉えきれないものを射程に収めていた概念だと見たいと思う。

「in の知識」の中の総論

上述のような事情で「科学」を強調することとなったラスウェルは、「科学」よりも広い知見に総論を期待していたようだが、50年代、60年代の政策科学の発展は「科学」の強調、政治の排除の方向へと向かってしまった。「in の知識」の中で少し特殊な位置を占めている部分、オペレーションズ・リサーチ(OR : Operations Research)やPPBS(Planning, Programming Budgetary System)に代表される意思決定の合理化にかかわる知識を強化する方向である。このあたりは次章で詳論するが、要するに、こうした研究は政策科学(公共政策学)総論にはなり得なかったのである。

意思決定の科学を探求したPPBSやORのようなものが総論として重要な位置を占めることが期待されたが、これが結局、政策目標が所与であったときに役立つもので、これによって政策目標自体は決められないから、存外、公共政策の決定には役立たない(公共政策で政策目標自体が争われるのは普通のことであろう)とわかったとき、政策に科学をもって

---

(15) ラスウェルの『政策科学』の原題は *The Policy Sciences* である。さまざまの科学を糾合して政策科学を作ろうということだが、その政策科学は複数で捉えられている。合理性の一貫した科学は単数形であろうと思われるが、この表題は「神々の争い」を思わせる。

はじめに：政策科学とは何か

臨むことに疑義が生ずることとなった。サイモンの謂を借りれば、決定前提のうち、価値前提を科学の範疇に取り込むことは困難なのである。PPBSの失敗はよく知られていると思うが、オペレーションズ・リサーチの達人マクナマラのフォードにおける失敗も、ハルバースタムの著書によってよく知られるところとなった。公共政策よりもいくぶん目標がわかりやすいと思える企業経営においても、単純な意思決定の補助手段[16]は補助手段でしかないことが分かった。

政策の科学化は政治を排除することであったが、まさにそのことによって、総論の科学的部分に疑義がもたれたとき、政治に対する観察を行ってきた「ofの知識」を総論に位置づけなおす必要が見直されることになっていると思われる。もとよりラスウェルは「民主主義の政策科学」を語ってきたので、初めから政策研究を「科学」に狭めてよいと思っていたわけではないのだが、不可知論的な立場を鮮明にしていたわけでもない。ラスウェルの政策科学の二分法は科学と科学でないものの二項対立ではなかった。しかし、「ofの知識」への注目は、「科学」では捉えきれないものを見ようとしている。

合理的分析と政治

ラスウェルは行動論を打ち立てたこともあり、科学の限界についてあまりあからさまに唱えることはなかったが、政治学者は一般に合理性という言葉には懐疑的であり続けてきた。そもそもの人間観がホッブズの「ロゴスを持った動物」なのである。理性はあるのだが、完璧なものではあり得ない、ということで、こういう人間観を持つ人々が意思決定の科学をどのように見たかについては、リンドブロムの分析と政治の二項対立を挙げておけばよかろう。

公共政策の決定に当たって科学の信奉者が政治をどのような目で見るかといえば、「合理的に決めたことが非合理な政治によりねじ曲げられ

---

(16) 利益の最大化は大きいだろうが、それだけではなく、経営の存続であるとか、構成員の自己実現などもあるかもしれない。そういう意味では経営の価値前提は明瞭だろうと言い切ってはいけないのかもしれない。

る」というものである。だから、意思決定の合理化を図ろうとした人々は決定から政治を排除しようとしたのだが、先に述べたように、その試みはあまり成功したとは言いがたい。「合理的に決めたこと」というとき、誰が決めたのかというと、一握りの政策エリート、テクノクラートのような人々だろう。一方、「非合理な政治」というのは、多様な人々の利害を背景に動いている政治家の容喙を指しているのだろう。このあたりは民主主義の政策科学を志向したラスウェルの矛盾というか皮肉な帰結であるが、科学化を強調すると民主主義を等閑視しやすくなる。ともあれ、「非合理な政治がねじ曲げる」という言説は、合理的な意思決定と民主主義は両立しがたいのかという疑義を生んでいる。

リンドブロムの答えは簡単である[17]。分析というが、エリートであれ理性に限界のある人間であることは変わりないので、そういう分析はみな偏った分析である。したがって、さまざまの偏った分析をぶつけ合う政治の過程こそが全体として分析の正しさを高めるであろう。ねじ曲げているのではなく、もともと偏っていたものを他の偏ったものをぶつけることで調整し、全体として合理性を高めているのであるという見方であった。

政策過程と政治過程

正解はどこかにあると信ずる度合いが強いのか、そう信じてしまうと裏切られることを危惧する度合いが強いのか、という程度の違いでもあるようだが、合理主義者と不可知論者の多い政治学者の考え方の間にある隔たりは埋まらないような気もする。ただ、ラスウェルの「ofの知識」が政策科学、公共政策学の総論としての意味合いを深めているのだとすると、この隔たりは政策科学、公共政策学にとって深刻かもしれない。個別政策探求の各論が各分野の科学に依拠し、総論は政策過程論の、記述は豊かにあれ理論形成がいまひとつという一種の分裂状況のようにも

---

(17) このあたりはいろいろなところでいろいろな人が解説を書いているが、本稿の著者も、伊藤光利編『ポリティカルサイエンス事始め［第3版］』（有斐閣ブックス、2009年）の第7章「政策のつくられ方」（pp. 137-157）の第2節で簡単な解説を書いている。

はじめに：政策科学とは何か

思えるからだ。最後に、政策過程というキーワードについて考えてみることで、この両者の架橋はありうるのか、というところを探っておきたい。

すでに記したように、過程、プロセスというのはなにものかが加工されていることを示す語だが、政治過程というのは権力と政策の加工を指す。政策過程というのは政治過程の中で政策の加工を強調して見ようとするということだが、権力過程から切り離されて存在しているわけではない。ただ、権力過程に目をやりすぎると不可知論に引き寄せられていく。政治過程論が行方定まらぬ漂流であると批判されているのは、均衡理論一般の批判に通ずるが、政治過程論に内在する政策を加工する過程は行き当たりばったりのものではなく知的な解決を探る過程なのではないのか、という疑義でもある。ヘクロウが端的に語っているが、政治は「権力争いをするだけでなく、問題解決もする(not only power but puzzle)」(Heclo：305)のではないか、ということである。このように考えていくと、ラスウェルが「ofの知識」の中に入れた政策過程というのは、不可知論的に答えはないと言い切ってしまうのでなく、合理的意思決定論が考えてきた知的問題解決の在り方と実際の社会で諸勢力が角逐する政治の過程のはざまにあって、両者を統一的に理解する手がかりを提供してくれる場所だと思える。

バウアーは政策形成の過程を「知的過程が埋め込まれた社会的過程」(Bauer：5)と語った。先述のリンドブロムの「分析」と「政治」の関係も同様のものを見ている。ヘクロウは知的な意思形成のモデルのように実際に進む政策の知的検討を「政策学習」(Heclo：306-7)と呼び、そうした知的な過程と政治過程を接合する位置に「政策媒介者(policy middleman)」(Heclo：311)を置いた。同様の役割を果たす政治的アクターにはキングドンの「政策企業家(policy entrepreneur)」(訳書：166)がある

---

(18) ミルズ(C. Wright Mills)が『パワー・エリート』で記した批判であるが、この批判はマルクス主義者のみならず、多くの人に共有されている。
(19) コラム 政策過程研究を推し進めた理論家たち③(p. 154)参照。
(20) コラム 政策過程研究を推し進めた理論家たち①(p. 97)参照。
(21) コラム 政策過程研究を推し進めた理論家たち⑤(p. 195)参照。

ことはよく知られている。彼の修正ゴミ缶モデルの中で、独立に流れる問題、政策、政治の三つの流れをにらみながら、それぞれの窓の開くタイミングを見据えて政策の実現に向けて導いていく力量ある政治家の姿である。政治が可能性の技芸と呼ばれていることを思い起こすと、必然的と思われる運命と自由なマヌーバーの余地を正確に見切って決断を行う政治的リーダーシップのあり方を論じているのだともいえる。

政治過程論は均衡を描きはするがなぜ均衡がもたらされるのかを説明しないし、政策が改善される方向に向かうことも説明しない。合理的意思決定論が現実には存在しない理想的絵図に過ぎないとしても、人々の政策をつくり、世を動かそうとする営為は、その絵図を念頭に実際の相互作用に関わっていくはずだ。であれば、人々の相互作用は社会的な過程ではあっても、全体として一定の知的問題解決をなしていると見えなくもない。政策過程論の中で、知的問題解決のモデルと実際の社会の相互作用のありようを、二つながら説明しようとするこうした理論形成の努力の中に政策科学総論の一つの大きな柱はあると思われる。

本書は、そうした展望を念頭に置きつつ、まず、政治過程論から政策過程論への展開を追うこととした。政策過程研究が政策科学総論となり得るとしても、まず、その学問的発展を押さえておかないと次へ進めないだろうと考えてのことである。前決定過程の検討が制度論や国家論の復権を呼んだように、政策過程理論の発展を追う中から政策科学総論の重要な種が見いだされることを期待したい。

本書の構成

最後に本書の構成について、簡単に触れておく。本書は政治過程論が政策過程論へと展開していく中で、どのような理論的発見を行ってきたかを追うもので、政治過程論、政策過程論、政策形成論などの教科書として使えるものを目指した。また、すでに記したように、政策過程論は政策科学総論の重要な柱である。その意味では、政策科学について政策過程論からアプローチするのに、その軸足を踏み固める作業ともなっている。

政治過程論から政策過程論への理論的展開については第2章から第7

はじめに：政策科学とは何か

章に記され、第8章から第10章は、個別政策過程のわかりやすい事例を置いた。この「はじめに」と続く第1章は、政策過程論と政策科学のかかわりについて記すことになった。したがって、本来は「はじめに」と第1章、第2章から第7章、第8章から第10章までの三部構成とみてもよいのだが、その構成は少し煩瑣かとも思われるので、「第Ⅰ部　理論編」と「第Ⅱ部　事例編」として、各部の劈頭に扉となるページを置き、その解説を行っている。

[参考文献]
足立幸男『公共政策学入門　民主主義と政策』（有斐閣、1994年）
足立幸男・森脇俊雅編著『公共政策学』（ミネルヴァ書房、2003年）
秋吉貴雄・伊藤修一郎・北山俊哉著『公共政策学の基礎』（有斐閣ブックス、2010年）
秋吉貴雄『入門　公共政策学　社会問題を解決する「新しい知」』（中公新書、2017年）
デヴィッド・ハルバースタム『覇者の驕り―自動車・男たちの産業史』（高橋伯夫訳、新潮文庫、1990年）
松下圭一『シビルミニマムの思想』（東京大学出版会、1971年）
山川雄巳『改訂増補　アメリカ政治学研究』（世界思潮社、1982年）
ジョン・キングダン『アジェンダ・選択肢・公共政策　政策はどのように決まるのか』（笠京子訳、勁草書房、2017年）
Bauer, Raymond A. and Gergen, Kenneth J. eds., *The Study of Policy Formation*, 1968, Free Press.
Heclo, Hugh, *Modern Social Politics in Britain and Sweden*, 1974, Yale University Press.
Lasswell, Harold D., "The Policy Orientation", in Lerner, Daniel and Lasswell, Harold D. eds., *The Policy Sciences*, 1951, Stanford University Press, pp. 3-15.

［佐藤　満］

第Ⅰ部　理論編

　第Ⅰ部は理論編として、政治過程論を出発点とする理論的営為を追うのだが、第1章は、政策科学が生まれてどのように発展してきたか、ここまでの来歴をたどる。「はじめに」と対になって政策科学と政策過程論との関係を語る部分でもあり、第2章以降の展開からは独立している。

　第Ⅰ部の中心にあって各章の位置、配置を示しているのが第3章である。政治過程論は、規範論としての民主主義の思想とこれを制度に定着させた憲法学(規範的政治制度論)に対して、現実の記述を導く理論枠組みとして提起された。諸集団の相互作用と均衡という非常にシンプルな、また、シンプルであるがゆえに力強い理論枠組みであった。

　しかしその平明さゆえに細かく見れば違うのではないかという小さな異議申し立て(全面的に覆すための対抗理論ということではない)がなされてきた。それを整理すると、まず一つ目は、政策の形成に注目して政治過程が動き始める前、公的な決定のための議論が始まる前と決まった後、すなわち、公式な政策決定が行われた後を見ようとする、時系列的な視野の拡大である。

　もう一つが政策によって政治過程は異なる部分的な過程に分けうるのではないか、そのそれぞれの政策過程はそれぞれに異なる参加者、異なる過程の進行が見られるのではないか、という疑義に答えての政策過程論の展開である。

　各章について言えば、第2章において、政治過程論がどういう時代的要請の中で生まれてきたかについて語り、第3章で、以下に続く各章のマッピングを行う。第4章は第3章で示した縦横への展開の出発点、十文字の交点に当たるところの政治過程論の原型について押さえる。第5章は複数の部分的過程からなる政治過程のイメージを提起することになったアリーナ論を論じ、第6章は時系列的拡張の前への張り出し、前決定過程理論、第7章は、後ろへの張り出し、実施理論という構成である。

　この第Ⅰ部を通じて、政治過程論から政策過程論を生み出し豊かなものにしていった理論的営為を追うことになる。

[佐藤　満]

第 1 章　政策科学の来歴と政策過程論

　本書があつかう政策過程論が一体、どのようなものをあつかう学問領域なのかは「はじめに」で説明された。この第 1 章では政策過程論の具体的な内容に入る前に、本書が政策過程論の立場から政策科学に取り組む理由について説明しておきたい。政策科学を学ぶにあたって我々は、なぜ、政策過程論を学ばなければならないのだろうか。政策過程論と政策科学はいかなる関係にあるのだろうか。

　この問いに答えるため、第 1 章では政策科学が誕生してからこれまでの経緯をふりかえってみる。本章でみるように、政策科学は誕生した当初から「なぜ学ぶのか」「何のために学ぶのか」を自覚的に模索しつづけてきた。したがって、その模索の中で、政策過程論がどのように位置づけられ、変化してきたのかを検討することが「なぜ」に対する疑問の答えを示してくれるのである。

1　行動論と政策科学の登場

　政策科学を理解するためにはまず、政策科学が誕生する以前のアメリカ社会科学の世界で巻き起こった行動論革命とそれを要請したアメリカ社会との関係を理解しておく必要がある。以下では行動論革命が起こった経緯と、それを要請したアメリカ社会と科学との関係を振り返ること

1 行動論と政策科学の登場

で、政策科学が誕生することになった背景をみていこう。

社会科学の科学化

アメリカの社会科学の世界では第二次世界大戦後、行動論という新たな学術運動が登場し、大きな影響力を持つようになった。行動論とは人間の行動に関する新しい総合科学たる行動科学をベースにして、異なる領域にまたがった社会諸科学を再編・統合していこうとする学際的な学術運動であるが、行動論が一大ムーブメントとなった背景にはアメリカにおける科学の特徴的な発展のしかたがあった。

アメリカでは伝統的に科学やその合理性に対する信頼が厚く、1870年代から20世紀の初頭にかけての進歩主義とよばれる時代からずっと、経済および政治の領域で科学的な知識が活用されてきた。たとえば経済の領域では生産効率の向上のための技術革新や労働資源の管理のために、また、政治の領域では特殊利益や腐敗に対抗するための合理的な政策決定や行政の管理のために様々な科学的知識が投入されてきたのであった。

そうした中、政治と科学との関係をさらに深める契機になったのが二度の世界大戦であった。第一次世界大戦下の1916年、ウィルソン政権は国立研究評議会（NRC：National Research Council）を創設して、政府の緊急な問題解決のための科学者動員体制を構築し、戦争遂行のために様々な領域の科学的知識を利用した。第一次世界大戦において NRC は華々しい成果を残し、その後、国家防衛委員会（NDRC：National Defense Research Committee）、科学研究開発局（OSRD：Office of Scientific Research and Development）といった科学技術の軍事的応用を推進するための専門機関が作られるようになる。こうした機関も NRC 同様、すばらしい成果を残し、政治・軍事において科学の有用性が評価されていった。

戦時機関であった NDRC、OSRD は戦後に解消されることとなったが、その後ソ連との冷戦体制に突入したアメリカにとって終戦は軍事的脅威が低下することを意味しなかった。むしろ、その後に朝鮮戦争や水爆実験、ミサイル開発競争が勃発するように、依然として軍事的脅威は高いままであり、軍備、安全保障のための政策立案が求められた。こうした事情から戦後も OSRD のような専門的知識を持った科学者の動員を可能にする

21

第1章　政策科学の来歴と政策過程論

ための機関が必要であると考えられるようになる。そこで国家的見地から有益であるとみなされる科学研究の開発資金助成を目的としたアメリカ国立科学財団（NSF：National Science Foundation）の創設が提案された。

アメリカ社会科学の世界に行動論革命を引き起こさせたのは、まさにこのNSFの創設計画であった。というのも、NSFの当初の計画で研究費の助成対象として主に想定されていたのは、戦時下にNRC、OSRDにおいてその科学的合理性に基づいて社会的寄与を果たすことができた自然科学だったからである。研究助成を得られないことはそれぞれの領域の研究者たちにとって重大な問題であったから、助成の対象外とされた非自然科学系の領域に属する各学界の研究者らはこの計画の変更を求めるよう相互に協力し合って政府に働きかけていった。そして、自然科学と比較して自らが研究助成を受けるに値する有効性を示すことが出来るのか、その根拠となる科学的合理性を示すことが出来るのかが検討されていくこととなった。

こうしたやり取りの中で登場するのが、非自然科学をひとつの科学として確立しようとする行動論であった。つまり、行動論は科学的合理性に高い信頼を持ってきたアメリカにおいて社会諸科学が生き残る手段として登場してきたのであった。

政策科学の始まり

新たな学問領域としての政策科学の誕生は、こうした社会諸科学が行動論に向かう中で起こった。政策科学という言葉は1951年に出版された、スタンフォード大学でのシンポジウムの報告書『政策科学（the Policy Sciences）』において初めて登場する（Lerner and Lasswell）。このシンポジウムは当時、行動論が意識していたのと同様、政策分析における科学の貢献可能性を検討するために開催されたものであり、政治学、経済学、社会学、心理学、社会人類学など、様々な学問領域から著名な研究者たちが参加し、議論を交わした。この中で、政策分析に活用される学問横断的な科学的知識を蓄積するための科学として政策科学という新たな言葉が使われた。そして、ラスウェルによる報告書の巻頭論文「政策を研究対象とすること（The Policy Orientation）」の中でその基本像が提示され、政策科学は新たな学問領域として歩みだしていくこととなった。

この論文においてラスウェルは、冷戦に直面したアメリカ社会にとって有効な安全保障政策の立案、国家資源の活用が必要になっていることを訴えた。そしてそのために、高等教育機関によってトレーニングを受けた知的資源の有効活用が必須であると指摘する。

しかしラスウェルによると、当時のアメリカの諸科学は、研究分野の専門化、研究内容の高度化が進むあまりに、それぞれの専門領域内ですら学問が細分化されてしまうほどに諸専門知識の交流の場は失われてしまっていた。そのため、科学と現実との調和が困難となり、有効な知的資源を活用する障害となっていたのであった。

そこで知的資源の結集を図るために既存の専門諸科学を横断して結びつけ、政策分析、政策決定に役立てるための新規の学問領域を作り出そうと試みた。それが政策科学であり、「政策を研究対象とすること」はその名の通り、政策科学のビジョンを提示した野心的な論文であるといえる。しかし、政策決定への学際的な知的資源の活用は行動論の中でも既に目指されていたことであったし、科学的知識の現実政治への活用は以前から行われていたものであった。それでは、政策科学はどのような意味で新たな学問であり、野心的な挑戦なのだろうか。「政策を研究対象とすること」においてラスウェルが政策科学をどのように方向付けていたのかをみることで、この問いに答えよう。

政策科学とは？

政策科学の旗揚げとなった1951年の論文において、ラスウェルは政策科学の基本的な特徴について述べている。これによると政策科学とは①専門諸科学を横断した学際的かつ実用的な知識の蓄積、②政策の過程に関する研究の蓄積、③価値に関する問題への積極的関与、④社会の方向性に関するビジョンの構築、⑤民主主義の実現、これら5つを志向するものである。

まず、ラスウェルは政策科学を二つの研究分野からなるものであるという。一つは政策の決定に関わって必要となる知識や情報の提供を目的とする研究であり、もう一つは政策が作られ、執行される過程の経験的記述と理論構築を目的とする研究である。第一の研究では、心理学や経済学を主とした様々な社会諸科学の集結と現実の政策決定への適用が目

第1章 政策科学の来歴と政策過程論

指される。ラスウェルが学際性と実用性を志向するようになった理由には、彼の指導教授であるメリアムの影響が大きい。シカゴ大学の政治学教授であったメリアムは、1923年に設立された社会科学研究評議会（SSRC：The Social Science Research Council）の初代会長をつとめあげた人物で、早くから社会諸科学の集結及び科学化を行い、現実の政策決定への適応を訴えるなど行動論に大きな影響を与えた人物であった。メリアムの構想を引き継ぎながら構築されたのが政策科学である。政策科学も行動論と同様、学問がそれぞれの個別領域を超えて政策決定に役立てるために活用されうる知識を蓄積していくことが求められた。ラスウェルはこの知識を後に、「in の知識」とよんでいる。

しかし、より有効な政策が形成されるためには科学的知識が投入されるだけでは不十分であった。政策形成は複数の異なる人々が参加する集合行為であり、そこには様々な利害関係が存在するため、ひとつの政策が形成されるには複雑きわまりない権力が交錯する過程が発生する。そこでラスウェルは政策科学のもうひとつの研究領域として、政策決定の過程それ自体に関する経験的・記述的な研究を行い、政策過程に関する一般化可能な知識を蓄積・活用することで、政策決定過程の合理性を向上させることを目標としたのであった。この知識は「in の知識」に対して「of の知識」とよばれている。

この二つの研究を通じて政策決定に投入される知識（「in の知識」）と政策過程のメカニズムに関する知識（「of の知識」）との両方を蓄積し、実際の政策決定に活用することでよりよい政治の在り方を実現しようとするのが政策科学の目的とされている。ここでいうよりよい政治の在り方とは民主主義の向上のことである。つまり、政策科学は行動論が目指すように、政策に科学的知識を投入して社会問題の解決に取りかかることだけに留まらず、政策過程の研究を通じて決定の合理性の問題に挑み、最終的には民主主義の向上をも志向するという明確な価値目標をもったひとつの学問領域となることを期待されていたのであった。ラスウェルが政策科学を「民主主義の政策科学」と呼ぶのはこのためである。

ラスウェルが政策科学にこうした価値への志向を期待した背景には、前節でもみたように戦時中に様々な領域の科学的知識が現実の政策決定

に投入されていくなかで、科学者らの間で政策決定における科学の役割や責任とは何かという自問自答が行われるようになったことがある。こうした動きの表れのひとつがSSRCの事務局長であったリンドが1939年に行った「何のための知識なのか？(Knowledge for What？)」と題した講演であった。彼は、学問の目的は今日的話題である社会現象の分析のみに向けられるべきではなく、その研究成果を現実の政策決定に投入することで社会の諸問題を解決し、よりよい社会の実現を目指すべきであると指摘した。こうしたリンドの指摘から、ラスウェルは政策科学に科学知識の提供にとどまらない、民主主義のための学問という規範性を持たせたのであった。

しかし、政策科学がよりよいデモクラシーの達成を目指すということは、目指すべき価値目標を明確に定めるよう要求することを意味する。非合理性を排除し、客観性に基づいた科学的合理性を徹底して追求しようとする営みである科学にとって、価値の問題を扱うことはともすると、その科学性を犠牲にしてしまうことにもなりかねない。社会諸科学が行動論として生き残りをかけて科学化(非価値化)していく中で、ラスウェルは政策科学に客観的な科学として価値の問題に積極的に取り組むことを要求したのであった。政策科学は行動論の流れの中で登場したが、この意味で行動論とは大きく異なった志向を持つよう期待されていたのである。

2　発展と実用化の時代

　行動論を超えた壮大な試みとして提案された政策科学であったが、1951年の旗揚げ以降、期待通りの発展をたどってきたわけではなかった。当時、ラスウェルは政治学に心理学的分析を活用して政治家のパーソナリティ分析を行っていたという経歴から周囲には行動論政治学の代表的研究者として認識されていた。さらに、1960年代のケネディ政権、続くジョンソン政権は政策形成において科学的知識、科学的管理法を積極的に活用した。こうした事柄は、学問として新たな道を歩み始めた政策科学に大きな影響を与えた。1960年代の政策科学は政策形成の合理化を追

第1章　政策科学の来歴と政策過程論

求する知識提供のための学問としての性格を強めていく。

OR、システム分析の開発

先述の通り、第二次世界大戦を通じて多くの学問領域が実際の政策問題に対する分析的な志向を持った科学としての性格を強め、活用されていった。そのような中で科学的知識を利用した政策決定の手法として開発されたのがOR (Operations Research) である。戦時下に開発されたORの目標は当然、合理的な軍事作戦の分析、立案であった。しかし戦後もその管理手法としての有用性が認められ、企業や政府によって合理的な意思決定を行うための手段として利用され続けた。

ただし、ORは意思決定に関わる目的が明確に与えられている場面での最大化問題を想定しているために、どのような政策・価値が実現されるべきかという目的の選択は所与のものとされる。これに対して実際の政策形成の場面では明確な目的がないままに決定が行われることのほうがはるかに多いため、ORは機能不全に陥った。

そのため、ランド研究所のOR研究に関わった研究者らによってシステム分析が開発された。システム分析はORを発展させた管理手法で、ORでは所与と考えられていた目的の選択までをもモデルに組み込んだ高いレベルの手法である。システム分析ではまず、意思決定の明確化を行ったうえで、問題の要因、それぞれの要因間の因果関係が明らかにされる。次に目的に沿ってデータの収集と代替案の提案が行われる。このとき、ORとの違いはORではあらかじめ代替案が提示されているのに対して、システム分析では無数にある代替案の中からより効果的な代替案が探索されることにある。こうして提示された代替案はその後比較検討され、評価される。ここで費用便益分析や費用効果分析が活用され、決定の合理性が追求されることになる。そして最後に分析結果の解釈が行われ、分析者と意思決定者との対話を経て政策が決定されるのである。

政策決定への投入と「偉大なる社会」

こうして政策決定の補助手段たるシステム分析が開発され、実際の政策決定へと投入されていった。そして、この流れは1960年代のケネディ

政権と後継のジョンソン政権において大きく加速された。

1960年にケネディ大統領が登場する頃、政府高官には多くの政治的リベラル派がおり、ケネディ大統領と共に貧困や人種差別の撤廃を目標とする数々のプログラムを策定した。この策定に関してケネディ大統領は複雑な社会問題を解決するため、社会科学の専門的知識を積極的に活用した。しかし、初期のケネディ政権の政治基盤が脆弱であったことから、これらのプログラムはなかなか実行されずにいた。後期に至って支持が高まり勢いが増そうという時、ケネディ大統領は暗殺され、政権はジョンソン大統領に引き継がれることとなる。

ジョンソン大統領もケネディ大統領と同様に政治的にリベラルな立場をとっていたが、支持が高まりつつあった政権を引き継いだこともあり、政治的制約の少ない政権運営を行うことができた。そこで1965年、ケネディ政権時代からのプログラムをベースに、「貧困追放戦争(War on Poverty)」を宣言し、都市政策や公衆衛生、住宅政策など様々なプログラムを拡大して大規模な連邦政府支出を行った。財政支出の増大にも関わらず、こうしたプログラムでは政府が雇用の増加と経済成長を引き起こすことによって貧困を解消できると考えられており期待は高かった。ジョンソン大統領によるこうした構想は「偉大なる社会(Great Society)」構想と呼ばれている。そして、ケネディ政権期に引き続き、この構想に関わる政策立案には多くの研究者が登用された。とくに注力した「貧困追放戦争」のために設立された経済機会局(OED：Office of Economic Development)は短期間の間に多くのプログラムの策定、実施を行い、政策研究を進めていった。

PPBSの導入と政策過程の合理化

「偉大なる社会」構想によってこの時期の連邦政府支出は増大することとなったが、ケネディ政権時に始まったベトナム戦争もまた、政府支出を増加させた。この時期のアメリカは、「偉大なる社会」構想が拡大するほどに、そしてベトナム戦争が激化するほどに政府支出が拡大していくこととなる。すると、限られた予算をいかに効率よく、合理的に配分するかが問題となってきた。そこで開発されたのが計画プログラム予算システム(PPBS：Planning Programming and Budgeting System)である。

PPBSとはシステム分析を応用して開発された予算編成方式のことで、1963年から国防省にて導入され、その後一定の効果を上げたことで1968年度の予算編成から連邦政府の全省庁で導入されるようになった。ジョンソン大統領はPPBSの導入によって、省庁ごとに各プログラムの目的が明確化され、それぞれの目的に最も有効な実行計画が作成されることで、無駄のない予算編成が行われることを期待した。PPBSはシステム分析の応用であるため、目標の明確化、実施計画の作成および予算編成のそれぞれの段階で費用便益分析を中心にした科学的な手法を用いることで、合理的な解を出力できると期待したのである。

こうしたPPBSの大々的な導入は、政策過程において単純に科学的な専門知識が投入されるだけでなく、科学的な知識による政策決定が行われるようになったことを意味する。この時期の政策過程は科学的手法による決定が行われることで、従来のような政治的利害調整が介入する余地が排除され、より合理的な過程へと生まれ変わったように思われた。換言するならばこれは、政策過程における政治の排除であったといえるだろう。

3 合理性の限界と政策科学の再構築

1960年代、政策科学は政策形成の合理化を果たすための知識、手法の提供を行う学問としての性格を強めていくこととなった。すなわち、政策科学の「inの知識」の蓄積、活用に比重が置かれていった。システム分析、PPBSが一定の成果を上げたことで、政策科学の歩みは成功したかに思えた。しかし、1970年代になるとPPBSは破綻し、このような決定の補助手段としての「inの知識」の有用性に疑問が抱かれるようになる。そうして、政策科学は新たな自分探しを迫られた。そこで注目されたのがそれまで等閑視されていた「ofの知識」であった。

システム分析、PPBSの失敗
1960年代には大きな期待が寄せられ、また期待された通りの成果もあ

げたと思われていた PPBS にはわずか3年という短さで「死亡通知」が突きつけられた。その原因はいくつか考えられるが、たとえば、政策分析におけるコストがかえって大きくなってしまったこと、省庁間のバランスがとれなかったことなどシステムそのものの問題が生じたことが挙げられる。合理的な解を導くためには厖大な量にわたるデータの収集と処理、そしてその結果得られた代替案の全ての比較検討を行わねばならず、多大な人的、資金的コストが生じた。限られた予算の適正配分を目指して導入された PPBS が逆に、大きなコストを生んでしまったのであった。さらに、PPBS では各省庁の活動内容をプログラムごとに分割することが分析の前提となるが、実際の政府の活動は省庁をまたがって行われることや、逆に省庁間で対立が生じながら行われることが少なくない。システム分析ではこうした政府の実際の活動に応えることができなかったのである。

　そして、これ以上に大きな原因となったのは合理性を追求するあまり、政治を無視してしまったことである。費用効果分析を用いる PPBS では経済分析に従って費用、効果を算出し、価値の明確化を行うが、実際の政策形成では絶対的な価値が存在せず、価値はそれぞれのアクターの解釈によって異なることになる。従って、何を価値であるとみとめるのか、どのような価値を追求するべきなのかという問題が常に政策過程の中心に位置することとなり、PPBS の想定する合理的な決定は現実離れを起こしてしまうのであった。

合理的意思決定の限界
　ただし、政策過程における合理性の問題は実はそれ以前から指摘されていた。たとえば、組織論研究者のサイモンはシステム分析や PPBS が前提としている経済学の完全合理性の概念に異議を投げかけた (Simon)。完全合理性を基にする意思決定ではまず、目的の明確化が行われ、あらゆる代替案が模索される。そして、その全ての比較検討を通じて決定が行われると考えられている。これに対してサイモンは人間の能力や使える資源には限界があるために、人間は全ての代替案を模索できるだけの知識、費用を持っていなければ、代替案の十分な比較検討を行えるだけ

の将来予測の能力も持っておらず、合理的意思決定が非現実的であることを指摘する。そして、現実の意思決定は、不完全な限定合理性に基づく満足化モデルとなると指摘する。

合理性に関する批判は政治学からも投げかけられた。リンドブロムによると、政策過程において人間には能力の他、時間においても制約が与えられている(Lindblom)。人間は問題に対する全ての代替案を把握することはできないし、目指されるべき価値や代替案が生み出す効果を完全に把握することもできない。したがって、政策過程で行われるのは合理的意思決定が想定するような明確な目的に従った合理的な解の選択ではなく、社会にとって望ましいと考えられる目的と代替案の評価をめぐる社会的な合意形成であるとリンドブロムは指摘するのである。この社会的な合意形成の過程とは管理科学が政策過程から排除した、政治の過程に他ならない。リンドブロムはこの政治の過程に注目し、実際の意思決定過程を理解するには合理的意思決定モデルよりもインクリメンタリズム(漸進主義)のほうが適切であると批判した。こうした意思決定の合理性に関する批判はPPBSの失敗によって現実的なものとして表われた。

政策過程における合理的知識の限界

PPBSの失敗に加えてこの時期は、多くの研究者が科学的知識の提供者として参加した「偉大なる社会」の諸プログラムが行き詰まりをみせていた時期でもあった。従って、政策過程における知識提供者としての研究者の立場もまた、問い直されるようになった。

この点に関してリンドブロムとコーエンは、政策過程において研究者が提供する知識と政策決定者が必要とする知識とにはズレがあると指摘する(Lindblom and Cohen)。政策研究者が得ようとする知識は純粋な理論に関わる知識であり、実際の政策決定者が望む問題解決のための知識とは性質が異なってしまう。そのため、政策研究者の提供する知識は実際の政策過程において必ずしも有効に作用するとは限らないし、政策決定者がその知識を利用しない場合も想定されるのである。

さらに、政策過程におけるPPBS、専門的知識を持つ研究者の積極的導入は政府主要ポストに占める技術的専門家としての官僚、研究者の数

3 合理性の限界と政策科学の再構築

を増大させた。その結果、政策過程に参加するには高度に専門的な知識が要求されるようになり、専門知識を持たない普通の市民は隔離されていくこととなった。つまり、政策過程に対する科学の貢献は、民主主義の空洞化を引き起こし、テクノクラシーに近い状況を作り出すというラスウェルの期待とは真逆の結果となってしまったのである。

政策科学の再出発

こうした失敗の数々は政策過程における合理性の限界を明らかにし、「inの知識」に偏向していた政策科学に今後の方針の見直しを余儀なくさせた。1970年にPPBS研究やランド研究所に深く関わった研究者らによって雑誌『政策科学(Policy Sciences)』が創刊され、政策科学の新たな姿が模索されていく。この創刊号においてクエードは政策科学をそれまで通り合理的意思決定のための学際的な取り組みであると述べつつも、その取り組みは意思決定の過程を科学に還元してしまうためにではなく、管理科学と行動科学から得られた知識を利用しながら合理性を補強するために利用されるものであるとの姿勢を示した(Quade)。これは合理的意思決定への傾倒を批判し、研究者が現実の政策過程に関心を持つよう要請するものである。こうした姿勢は、すでに1951年にラスウェルによって示されていたものであったが、1971年に著作『政策科学序説(A Preview of Policy Sciences)』において具体化され、再び提示されている(Lasswell, 1971)。

このように政策科学の役割や科学性が改めて模索される中、ラスウェルと同様に早くから政策科学の発展に関わってきたドロアも1971年の著作『政策科学のデザイン(Design for Policy Sciences)』において政策科学の再構築を図った(Dror)。ドロアは政策科学が1つの科学として確立されるために管理科学と行動科学との融合と同時に、あらゆる分野の科学的知識の活用が進められるよう要請し、取り組むべき問題を4つの領域に整理した。

政策科学の領域の第一は望ましい代替案を決定するための政策分析である。基礎となるのはもちろん管理科学であるが、それだけでは十分でないため、不確実性、実行可能性などの政治的変数が分析の枠組みに取り入れられることになる。第二は個々の具体的政策のマスタープランと

なるメガポリシーの領域である。これは第三のいかに政策決定が行われるべきかというメタポリシーの領域と同様に、具体的政策の過程と相互に影響しあう。そして、これらを実際の政策決定の場に投入し、活用していくために政策決定を実現化する戦略が第四の領域としてあげられている。

こうした政策科学の研究の中核をなすと想定されているのが最適モデルである。先述したように、1960年代からサイモンやリンドブロムによって意思決定における完全合理性が否定され、他の意思決定モデルが提示されるようになった。ドロアもこうした流れをうけて、完全合理性が非現実的であることを認める。そしてさらに、リンドブロムのインクリメンタリズムを批判し、新たな規範的モデルとして最適モデルを提案する。最適モデルとは、政策過程において本来モデル化困難な定性的側面をモデル化し、完全合理性モデルと結合したものである。つまり、最適モデルは「in の知識」によって理解される完全合理性のモデルと、現実の政治が交錯する「of の知識」によって理解されるモデルとの間に位置する。こうしてドロアもまた、クエード、ラスウェルと同様に、政策科学の再出発にあたって「of の知識」に注目することの重要性を示すのであった。

政策過程研究の充実

こうして1970年代以降の政策科学では「of の知識」に関連した研究が進められていくこととなる。まず、ケネディ、ジョンソン政権で多額の予算を投じたプログラムが失敗に終わってしまった反省から、そうした失敗が生じた原因が追求されることになった。連邦の補助金プログラムに関するプレスマンとウィルダフスキーの研究は政策決定の段階での連邦の想定が州で実施される段階になって、行政の実現可能性の前でことごとく打ち砕かれていく様を描き出した(Pressman and Wildavsky)。この研究は政策過程における実施過程の重要性を浮かび上がらせることとなり、以降、多くの実施研究が行われていくこととなった。

そして、実施研究は政策の評価を必要とした。実施の成果を測るためにはなんらかの評価が行われなければならない。また、評価は将来に対する不確実性や結果の解釈に関する恣意性の中で行われるために、政治的な要素を多分に含むこととなる。そこで、政策評価が実施と並んでひ

とつの研究領域となり、専門誌『評価研究(Evaluation Review)』が発刊されるなど、研究が深められていった。

また、多くの研究者を登用したジョンソン政権での「偉大なる社会」諸プログラムは、投入された専門的知識が政策過程において果たす役割にも研究者の関心を広げさせた。リンドブロムとコーエンは、政策過程に投入された専門的知識は活用されることなく終わってしまうと指摘した。それに対してこの時期には、専門的知識が想定どおり活用されずとも決定に対してどのように影響を与えたのかという経験的記述や、活用されていないのだとすればいかに活用されるべきかという規範的な考察が行われるようになった。こうした研究は後に政策学習の概念を生み出すこととなる(Heclo)。

さらに、政治学で新制度論の動きが起こると、法律や官僚制などの制度が政策決定に影響を及ぼすことが明らかにされ、それまでアクターの利益に注目してきた政治学に制度という新たな分析の視点を提供するようになった(Evans, Rueschemeyer and Skocpol)。同時に、アクターの行動に影響を与える要因としてアイディア(理念)への注目も集まった(Goldstein)。政策過程における価値や利益は所与のものではなく、制度やアイディアとの関係から社会的に作られるものであると考えられるようになったのである。このように、政治学の発展によって政策過程研究はより充実したものとなっていく。

4　政策科学と政策過程論

以上、振り返ってきたように、政策科学は時代の変化の中でその要請に応えながら発展してきたという経緯を持つ。第二次世界大戦後の行動論の影響から誕生当時の政策科学は管理科学を初めとした「inの知識」への関心を高め、政策過程から政治を排除しようと試みた。この試みは1960年代の「偉大なる社会」プログラムにおいて成功したかに見えたが1970年代に破綻したことで、決定の補助手段としての「inの知識」への傾倒に限界がみられるようになる。有効なはずの科学的知識は時に、

第 1 章　政策科学の来歴と政策過程論

政治的要因による制約や、政治的な問題の前に機能することができずに、政策科学が目指したはずの民主主義とはほど遠い結果を生んでしまったのであった。このことは、政策科学にとって政策過程論的な分析、すなわち「of の知識」が欠かせないことを意味した。その後、政策科学は政策過程論を中心に社会の対立に目を向け、価値や利益の形成や価値判断が行われる過程に関する「of の知識」を蓄積していく。

このように1970年代の失敗に直面して方向転換を迫られた政策科学であるが、はたして再構築には成功したのだろうか。「of の知識」への注目の高まりは、それ自体の充実をもたらしたが、政治過程における影響力関係の解明を目指す政策過程論にとって「in の知識」はそれほど関心を引くものではなかった。そのため、「in の知識」と「of の知識」とは架橋されずにそれぞれが別個の領域に閉じこもってしまい、民主主義の知識提供の学問としての立場を確立できたとはいい難いのが現状だろう。科学的合理性を目指す「in の知識」と社会的過程である民主性を扱う「of の知識」とがそもそも両立可能なのかという問題も含め、政策科学の再構築はなお継続中というところである。

一方、こうした状況に政策過程論の政策知識の議論に注目して、「of の知識」における「in の知識」の経験的、規範的研究を行うことで2つの知識が架橋でき、民主主義の学問としての政策科学の実現が可能となるとの見方もある(秋吉・伊藤・北山、2010、秋吉、2012)。政策学習、政策企業家に関する研究も同様の効果が期待できるものと考えられる。

ともかく、政策科学のこれからがいかなる道程をたどるかは未だ不明であるが、「in の知識」に傾倒することに限界がある以上、その再構築にとって鍵となるのは「of の知識」であることは間違いない。政策科学において政策過程研究に関わる研究者には、独自の科学的知識の蓄積と同時に、よりよい民主主義の実現にいかに貢献できるかを問うよう要求されている。政策過程論は、純粋な学問的専門性に加えて現実の政策形成をよりよい方向に導くという政策科学の実現に欠かせない研究領域であり、本書が政策過程論の立場から政策科学を論じようと試みる理由はここにある。

4 政策科学と政策過程論

[参考文献]

秋吉貴雄「政策学習論の再構築に向けて」『熊本大学社会文化研究』（10号2012年3月1-16頁）

秋吉貴雄・伊藤修一郎・北山俊哉『公共政策学の基礎』（有斐閣ブックス　2010年）

小和田正『OR入門：意思決定の基礎』（実教出版　1984年）

田口富久治・中谷義和編『講座・現代の政治学（3）　現代政治の理論と思想』（青木書店　1994年）

中谷義和『アメリカ政治学史序説』（ミネルヴァ書房　2005年）

福島康人「PPBSの教訓と政策科学への道」『オペレーションズ・リサーチ』（25巻5号1980年5月285-298頁）

宮川公男『政策科学の基礎』（東洋経済新報社　1994年）

山川雄己『増補　アメリカ政治学研究』（世界思想社　1982年）

――『政策とリーダーシップ』（関西大学出版部　1993年）

――「政策科学の現状と未来」『政策科学』（5巻1号1997年10月1-20頁）

Dror, Yehezkel, *Public Policymaking Reexamined*, Chandler Pub, 1968.：足立幸男監訳．木之下貴文訳『公共政策決定の理論』（ミネルヴァ書店　2006年）

――, *Design for Policy Sciences*, Elsevier Science, 1971：宮川公男訳『政策科学のデザイン』（丸善　1975年）

Easton, David, "*The New Revolution in Political Science*" *The American Political Science Review*, Vol. 63, No. 4, 1969, pp. 1051-1061

Evans, Peter B., Rueschemeyer, Dietrich and Skocpol, Theda, *Bringing the State Back In*, Cambridge Univ. Press, 1985

Goldstein, Judith, *Ideas, Interests, and American Trade Policy*, Cornell Univ. Press, 1993

Heclo, Hugh, *Modern Social Policies in Britain and Sweden*, Yale Univ. Press, 1974

Lasswell, Harold D., *The Decision Process : Seven Categories of Functional Analysis*, University of Maryland, 1956

――, *A Preview of Policy Sciences*, Elsevier Science, 1971

――, and Kaplan Abraham, *Power and Society : A Framework for Political Inquiry*, Kegan and Paul, 1952

Lerner, Daniel and Lasswell, Harold D., *The Policy Sciences*, Stanford Univ. Press, 1951

Lindblom, Charles E., "*The Science of Muddling Through*" *Public Administration Review 19*, 1959, pp. 79-88

――, and Cohen, David K., *Usable Knowledge : Social Science and Social Problem Solving*, Yale Univ. Press, 1979

Pressman, Jeffrey L. and Wildavsky, Aaron B., *Implementation : how Great*

第1章　政策科学の来歴と政策過程論

Expectations in Washington are Dashed in Oakland : Or, Why It's Amazing that Federal Programs Work at All, this Being a Saga of the Economic Development Administration as Told by Two Sympathetic Observers who Seek to Build Morals on a Foundation of Ruined Hopes, Univ. of California Press, 1973

Quade, Edward S., "Why Policy Sciences?" *Policy Sciences vol. 1*, 1970, pp. 1－2

Schultze, Charles E., *The Politics and Economics of Public Spending*, Brookings Institution, 1968：大川政三・加藤隆司訳『PPBSと予算の意思決定』（日本経営出版会　1971年）

Simon, Herbert A., *Administrative Behavior : A Study of Decision Making Processes in Administrative Organizations*, Free Press, 1997.：桑田耕太郎・西脇暢子・高柳美香・高尾義明・二村敏子訳『経営行動：経営組織における意思決定過程の研究』（ダイヤモンド社　2009年）

［岡本雪乃］

コラム

大型公共事業をどう見るか

　本書で触れられている利益政治の代表的な例が、新幹線や高速道路などの公共インフラ整備である大型公共事業であろう。55年体制の時代の「利益政治」においては「我田引鉄」と呼ばれる行為が見られた。政治家が選挙区へ大型公共事業を持ってくることが、選挙区の有権者に好まれたという話である。そのため、全国津々浦々に新幹線や高速道路が張り巡らされた。

　しかし昨今、新幹線や高速道路が出来た選挙区において、誘致に積極的だった政治家が必ずしも盤石の選挙地盤を形成しているとはいえない。特に、整備新幹線の事例では、2000年代に入ってから整備された東北・北陸信越地域において、自民党がすべての地域において盤石な地盤を築いているとはいえない。このことからいえることは、大型公共事業を選挙区に引っ張ってくるまでは支持された政治家も、誘致が成就したのちに権力基盤の強化に結び付けることに必ずしも成功しないことを示している。

　2020年東京オリンピック・パラリンピックなどにむけて国家を挙げた大型公共事業は、今後、日本の各地で行われていくだろう。大型公共事業を典型例とする利益政治の事例については、国に働き掛けている段階と成就して後の事態について丁寧な分析が必要である。

［鶴谷将彦］

第 2 章　政治過程論と「政治の科学」

　本章では、政策科学、とりわけその中でも政策過程論について考える際に避けて通れない「政治過程論」という政治学上の一分野の登場とその近年に至るまでの展開について、概観する。

　近代の政治理論がその前提としてきた、理性的な個人としての「市民(citizen)」やそれら「市民」によって構成される「市民社会(civil society)」と、そうした社会と対峙し共同体全体の意思を代表するとされる「国家(state)」との、ある種の緊張をはらんだ相互関係という理論上の想定は、19世紀以降、その土台となる政治的・社会的・経済的条件が劇的に変化することで大きく揺らいだ。そしてそれとともに、そのような現実の変化を適切に捉えきれない既存の政治理論に代わって登場してきたのが、現実政治の動態を経験的・実証的に分析することを重視する——すなわち「政治の科学(political science)」を強く志向する——アメリカ政治学の諸潮流、なかでも過程論的アプローチであった。

　本章では、この過程論的アプローチについて、そこで中核的概念となる「過程(process)」の概念と、それと並ぶもう一つの重要な政治分析上の概念である「構造(structure)」との関係に焦点をあてながら、その特徴を考察する。

第2章　政治過程論と「政治の科学」

1　政治過程論の登場
―― 政治学の「科学化」

　いうまでもなく、政治学の歴史は古い。その歴史を西洋に限っても、その起源は遠くプラトンやアリストテレスといった古代ギリシアの思想家たちにまで遡ることができる。では、それほど長い伝統のある政治学の歴史の中で、「政治過程論」に代表される現代の政治学は、どのような位置づけを与えられるだろうか。あるいは、その独自性はどこにあるといえるか。これらの問いに答えるために、まずその手がかりとして、現代の政治学が登場する以前の時期、すなわち「近代」とよばれる時代の政治理論の特徴を一瞥し、それと現代の政治学との相違を確認してみることにしよう。

　近代の政治理論について、過度な単純化を恐れずにその特徴を要約すれば、それは人間の理性に高い信頼をおいたところにあるといえるだろう。そして、そのような理性的存在としての「個人」を議論の出発点として、社会や国家といった人間の共同体の形成について思索をめぐらしていった点に、その革新性が認められる。すなわち、中世のキリスト教的世界観によって創出された精神の桎梏から解き放たれ、自身の運命を主体的・能動的に切り開いていくことができる存在として歴史の舞台に登場してきた「個人」をその原点とし、それら個人間の関係性や秩序のあり方についてあらためて考察を深めていった点に、その特徴は見出されるのである。もちろん、あくなき欲望の充足を目的とするそれら個人の「理性」に常に還元できるわけではない共同体全体の意思(多くの場合、その担い手は「国家」であると考えられた)を重視する思想も一方には存在したが、それらもまた議論の出発点には同じく上述のような「個人」

---

　　(1)　ただし、スコットランド啓蒙を代表する思想家の一人、ヒューム(Hume, D.)が「理性は情念の奴隷」と述べているように、近代の思想が個人の理性を常に絶対視したわけではない(ヒューム)。

を措定していたという点では大差なかった。そしてそれゆえに、近代の政治理論には総じて、個人と国家の関係を直接的に規定する制度に関する考察や、それら制度に正統性を付与する理念の哲学的探求へと向かう強い傾向がみられた。近代の政治理論が、統治機構の考察に重きを置いた点で憲法学と少なからず親和性をもち、またときに「旧制度論(old institutionalism)」とよばれる所以である。

しかしながら、人間の理性を重視するとはいっても(そして、その点において個々人の平等を抽象的には想定できるとしても)、現実にすべての人間を等しく合理的存在とみなすことができないのはいうまでもない。そしてそのことは、近代においても十分自覚されていた。公的活動に参加するに足る資質を有する人間、つまり自立しており理性的な判断・議論を行う能力がある人間としての「市民」と認められたのは(そしてそれゆえに、実際に参政権を付与されたのは)、財産と教養を有する一部の階層に限られていたことなどはその典型だといえよう。いわば、自立した市民間による理性的討論を通じた政治というある種の擬制(フィクション)を維持するために、現実には厳然と存在する人々の間の不平等が半ば当然視されていたと理解することができるかもしれない。

ところが、ある意味皮肉なことだが、このような理性的存在としての「市民」が希求する自由(とりわけ、所有権の不可侵性を核とする市民的自由)を十全に保障しようとすると、かえって上述のような擬制を維持することが困難になるという事態がやがて生じるようになった。その中でも、最大のものの一つが、資本主義経済の拡大・発展を主な要因とする労働者階級の台頭である。市場での個人間の自由な意思に基づく契約を基礎とする(それゆえ、個人の自由が最大限尊重されると考えられた)資本主義経済の拡大・発展は、その過程において、自身とその家族の生存を維持するために労働市場で自らの労働力を売る以外にはなにも持たないとされる労働者階級を大量に生み出すことになった(マルクス・エンゲルス、1951)。そしてこれら労働者階級の登場は、単にその規模の拡大により

---

(2) たとえば、ヘーゲル(Hegel, G. W. F.)の哲学をその最たるものとみなすことができよう(ヘーゲル)。

第2章　政治過程論と「政治の科学」

資本主義経済のあり方を変質させただけではなく、政治の世界にも強い緊張をもたらすことになった。教養も、それを得るために必要とされる財産ももたない労働者階級には、当時の基準からいえば当然参政権は認められない。しかし、日増しにその勢力を拡大していく労働者階級をそのような理由で政治から排除し続けることは、ときに激しい反発を引き起こし、深刻な社会不安を醸成することになったのである。必要であれば実力を行使してでも既存の秩序を強引に維持しようとすれば、政治的に覚醒しつつあった労働者階級のさらなる反発を惹起させ、結果として現体制の転覆も含む(つまり、革命を志向する)より過激な活動へと向かわせかねない。以上のような理由から、段階的にではあるが労働者階級にも参政権が(当初は男性だけであったが)認められるようになり、それを契機として労働者階級を主な支持基盤とする左翼政党などの新興勢力も、次第に議会に代表を送るようになった。(3)

しかし、こうした参政権の労働者階級への拡大は、従来の政治秩序を支えてきた理念とは全く相容れない異質な要素を政治の世界に導き入れることにもなった。上述のように、政治の舞台に新たに登場してきた労働者階級は、それ以前から政治の中心にあった「市民」階級とは、共通する経済的・精神的基盤をほとんど有していない。そのために、利害関心の一定の同質性を前提とすることではじめて成立可能であったともいえる、理性的な討議を通じた合意形成という従来の政治のあり方は、妥協の余地のない階級対立という構図の中で望むべくもないものとなったのである。また、それのみならず、個としての自立性を維持するための資力も、それに裏打ちされた理性的な思考の糧となる教養もない、これら政治の世界の新参者たちは、その行動の非理性的側面から派生する情緒的性格によって、既存の(民主的)体制に公然と挑戦する政治運動にも容易に動員されかねないという危うさをもっていた。コミュニズムやファシズムといった左右の全体主義の台頭は、ある程度こうした一般民衆からの熱烈な支持があったことを考慮しなければ理解し難い。つまり、

（3）　たとえば、当時の最先進国イギリスにおいて都市労働者階級にまで選挙権が拡大されたのは1867年に第2回選挙法の改正が行われたときである。

1 政治過程論の登場

従来の政治理論が想定してこなかった、受動的で非理性的であり、他者からの操作の対象に容易になり得る「大衆(mass)」が政治の主人公として登場する時代、すなわち「大衆社会(mass society)」を基盤とする「大衆民主主義(mass democracy)」の時代へと世界は移行していったのである。

しかも、このような大衆社会の登場とそれに付随する社会的不安定性の増大は、時を同じくして進んでいた交通・運輸や通信手段などの分野における目覚ましい技術的発展によって、ますますその程度を加速させていった(田中：140-145)。これら一連の技術的発展は、単に人々の活動範囲を世界的にまで拡大させたことを意味しただけではない。それはまた文化の広範な世俗化・大衆化にも寄与し、それを通じて人々のコミュニケーション・パターンなどに影響を与えることで、社会の流動化をさらに強める傾向を有していたのである。イギリスの政治学者ウォーラス(Wallas, G.)のいう「大社会(The Great Society)」の到来であった。

このような大規模な政治的・経済的・社会的変動を前にして、既存の政治理論に依拠していても無力ではないか、現実に進行していく社会経済レベルの大きな変化を的確に捉え、そこから新しい政治理論の構築へとつなげていくべきではないかという発想が出てきたとしても、けだし当然であろう。奇しくも1908年という同じ年に、その後の政治学の展開の嚆矢となる二冊の著作が発表されている。一つは、前述のウォーラスによる『政治における人間性』(*Human Nature in Politics*：邦訳 1958)であり、もうひとつはアメリカの政治学者ベントリー(Bentley, A. F.)の『統治過程論』(*The Process of Government*：邦訳 1994)である。ベントリーについては第4章であらためて詳述するが、この両者には学問上の経歴などにおいてとくに共通するところがあったわけではない。にもかかわらず、この二人はほぼ同時に、それぞれの著作において既存の政治理論に対し痛烈な批判を突きつけたのである。たとえば、ウォーラスはその著書の冒頭でいう。「政治の研究は今日まさにきわめて不満足な状態にある」(ウォーラス 1958：13)と。また、ベントリーもその著書の中で、従来の政治学を「死せる政治学」(Bentley：162)と呼んだ。両者の批判に共通するのは、政治の理論と現実との間の乖離に対する危機感であっ

第2章 政治過程論と「政治の科学」

た。それゆえに、その是正のためには、現実の政治・社会の動態をできる限り正確に観察し、その経験的・実証的な把握に努めなければならない。常に変転していく現実の政治は、制度の静態的(static)な解説で理解できるようなものではない。まして、形而上学的な理念の産物でしかない「国家」のような観察不可能な概念に依拠しても、把握できようはずがない。以上の立場から、政治を常に流動化する運動としての「過程(process)」として捉える見方が浮上してくるのである。

その含意は二つあげられよう。第一は、政治の本質を基本的に動態的な活動として捉える視点の獲得である。その基底となる社会レベルでの変化に応じて、政治の舞台には(個人にせよ集合体にせよ)多様な主体(アクター)が様々な動機や影響力行使に必要な資源をともない参加してくる。それら主体間の相互作用によって生じる情勢の連続的な変化こそが政治の実態にほかならない。それゆえ、このような立場からすれば、政治の理解には人々の心理的側面の解明を含む「行動」に関する探求が必要不可欠となる[4]。またそのことから、第二の含意も導き出される。すなわち、政治分析における科学的手法の重視である。観念的な思索の結果としてではなく、経験的に観察できる証拠に基づいて政治に関する知識は蓄積されていかねばならない。そしてそのような姿勢は、結果的に政治分析の対象を観察可能な具体的事件や現象へと限定させていき、全体論的(holistic)な議論を忌避する態度へとつながる。

現代の政治学の独自性は、以上のような過程論的アプローチとしての特徴を強くもつところにあるといえるだろう。つまり、それ以前の時代における制度的・観念的考察とは異なる、現実政治の動態を科学的手法を用いて実証的に明らかにしようとする「政治の科学」として、それは発展してきたのである。そこで次節では、そうした学問的潮流の中でも、とくに代表的なものである「多元主義(pluralism)」の政治理論をとりあげ、過程論的アプローチの特徴について、さらに理解を深めることにしたい。

（4）「政治の科学(political science)」を唱導する学問的運動の総称を「行動論革命(behavioralist revolution)」と呼ぶ所以である。

2　過程論的視座の発展
―― 多元主義の論理と心理

　多元主義は、過程論的アプローチを代表する政治理論であるだけではなく、「科学としての政治学」の確立を目指し第二次大戦後の世界の政治学をリードしたアメリカ政治学全体においても、長らく主流としての地位を占めてきた政治理論であった。そのために、現代の政治分析の発展にそれが果たした貢献には実に大きなものがある。本節では、この多元主義について、それを代表する論者の一人であるダール(Dahl, R. A.)の議論を中心に検討し、それを通して過程論的アプローチの論理構造について、さらに踏み込んだ考察を行いたい。

　数多いダールの著作の中でも、その多元主義的な政治分析の特徴がよくあらわれている業績としては、『統治するのはだれか』(*Who Governs?*：訳書 1988)が挙げられねばならないだろう。この著作は、いわゆるCPS論争の一方の当事者として、ダールがハンター(Hunter, F.)らに代表される権力エリート論とは異なる権力のイメージを展開するために著したものとして有名だが、あくまで一地方都市(ダールが奉職したエール大学のある都市、ニューヘヴン)の権力構造に関する実証的分析であったにも関わらず、そうした地理的限定を超えた政治理解のための普遍的モデルとして、多元主義を定立するのに貢献した画期的業績であった[5]。その中でダールは、よく知られているように「争点法(issue approach)」とよばれる方法論を採用し、複数の政策争点(彼の研究では、都市再開発、公教育、政党立候補者の指名の三つがとり上げられている)において、それぞれの政策決定に関与し最終的に影響力を行使したアクターはだれかを確認することで、政策争点間にその重複がみられないことを根拠に現代政治における権力構造は一元的ではなく多元的だと理解すべきであること

---

　(5)　CPS論争については、秋元(1981)が詳しい。

第2章 政治過程論と「政治の科学」

を主張した。すなわち、権力エリート論が指摘したような、あらゆる政策領域に圧倒的影響力を行使できる一元的アクターは存在せず、各政治エリートが行使する影響力の強さは政策争点ごとに異なり、またそこで効果を有する影響力資源の種類もそれに応じて変化する。現代の政治権力は、いわばこのような割拠的な多元的配置の下にあるのであり、その中で繰り広げられる政治エリート間の競争を利用することで、間接的ながら一般大衆にも（選挙における投票などを通して）自らの利益関心を政策に反映させる余地が残されている、と主張したのである。緻密な実証的方法に依りながら、現代における民主主義成立の条件も同時に探求した規範的議論としての奥行きも持つ、まさに名著であるといってよかろう。

ところで、以上のようなダールの分析には、前にみた過程論的アプローチの特色が色濃くあらわれていることに注意しなければならない。たとえばそれは、政策決定をめぐる政治が多元的な政治エリート間の競合や交渉として描かれている点に明瞭にみてとれる。しかもそれらエリートの背後には、社会レベルにある多種多様な利益がある。つまり、社会レベルにおける利益の多元的分布を前提としながら、それら諸勢力から支持を調達しようとするアクター間の相互作用として政治は理解されているのである。政策など政治のアウトプットは、こうした「政治過程」の帰結に他ならない。

またさらに興味深いのは、ダールがこのような多元的政治構造の成立を社会経済レベルにおけるある種の「発展」の結果として捉えていることである。『統治するのはだれか』の第一編において、彼はその分析の対象に選んだニューヘヴンという町が、歴史的にその支配構造をいかに変容させてきたかを論じている。当初、貴族的な名望家層による寡占的支配が常態であったニューヘヴンの都市政治のあり方は、やがてこの名望家層の経済的没落とそれに代わり台頭してきた新興企業家の登場によって、その様相を変化させていく。そしてこの企業家層の政治的優位も、一般大衆の経済的上昇とそれにともなう政治参加の拡大によって盤石なものではなくなっていくのである。のみならず、これら一般大衆の内部には、それが多く移民であったことから多様な民族的出自の人々が含まれており、その階級としての利益は人種的な利益と多分に交錯して

いた。つまり社会経済レベルにおけるある種の「発展」とそれがもたらす社会の流動化は、社会各層における機能の分化と影響力の分散化をもたらし、ひいてはそれが政治の多元化を促進すると考えられているのである。ちなみに、このダールの著作が発表された1961年は、第二次大戦後の資本主義経済が世界的に安定し急速な経済成長を達成した「黄金の60年代(Golden Sixties)」が本格化した年でもあった。将来的にも持続するであろう経済成長を前提として、現在はまだ十分に代表されていない諸利益も、やがて利益配分の政治の一画にその地歩を占めるようになる。そうした楽観的な期待が、一定の現実味をもって語り得た時代であった。

このようなダールによる政治の分析は、その目的を多元的な権力構造の析出とその評価においているため、一見すると「過程」よりも「構造」の分析に力点を置いた研究と解されるかもしれない(大嶽 1990：114)。しかしながら、政治学や、より広く社会科学一般において、「構造」という概念が、各アクターの行為に意味を付与しそれを通してそれらアクター間の関係を外的に秩序づける何らかの拘束・制約要因を意味するとすれば(Hay：94)、ダールがみる「構造」がそれとは異なることは明らかであろう。たとえばそれは、彼が複数の政策決定「過程」の分析から直接に権力「構造」の特徴についての結論を引き出していることからも推測することができる。すなわち、ダールが考える「構造」とは部分的な「過程」の集合に過ぎず、その過程のあり方自体を外部から規定するものではない。いわば、単純な部分の集合体としてそれは構想されているのであり、それら部分を超えた何ものかに対する関心は(社会経済的変動を除いて)はじめから希薄なのである。

ただし、ダールを含む多元主義の政治理論が、上述の意味でいう「構造」的要因をまったく考慮しなかったかといえば、そうではない。というのも、社会レベルにおける利益の多元的分布とそれを反映した政治エリート間の相互作用を政治の本質とみるならば、そうした多元性に基づく各アクターの活動に遠心力が働き、社会全体の統合が失われるのではないかという当然提起される疑問に対して、そのような事態に陥ることがない理由を多元主義者は示さなければならなかったからである(Alford and Friedland)。そこで多くの論者が期待したのが、人々の間で(と

第2章　政治過程論と「政治の科学」

りわけ政治エリートのレベルで)共有されている民主的価値観の尊重といった「政治文化(political culture)」であった[6]。たとえばダールは、これも彼の代表的著作であり、現代民主主義体制の成立条件に関する考察において多大な影響力をもった『ポリアーキー』(*Polyarchy* 1971、邦訳 2014)という著書の中で、(証拠としてはまだ不確定なところが多いとしながらも)政治指導層が特定の時期(青年期が多い)に受容した特定の「信念」が民主的体制の安定を左右する可能性について言及している(ダール 2016:第8章)。人々、とくに政治指導者の間に民主的ルールへの支持がどれだけ定着しているかは、その体制が今後もそれを継続していけるかどうかを決める重要な変数となり得る。そしてその政治エリートの「信念」の内容を規定し活動の幅に制限を課すものとして、政治文化の考察には意義があるのである。

さて、ここまでダールの議論に多元主義一般の論理構造を代表させながら、その特徴について概観してきた。あらためてそれを要約すると、以下のように整理できよう。第一に、政治の本質は、(たとえそれが特定の政治文化などの構造的要因に支えられているとしても)アクター間の相互作用として現出する「過程」として理解され、またその過程に参加してくる各アクターの活動は、社会レベルにあまねく存在する諸利益を代表している。そして第二に、それら政治過程の分析は、個別に観察できる事象の検討を通して実証的に行われねばならない、ということである。

この二つの特徴が、前述の過程論的アプローチ、さらには「科学としての政治学」の王道と軌を一にしていることはいうまでもなかろう。だが、それにもかかわらず(あるいは、それゆえに、というべきか)多元主義の政治理論には、過程論的アプローチ一般にみられるある種の偏向(バイアス)が認められる。それは一言でいえば、それら過程の背後にあり、

---

(6)　エリートレベルに限定したものではないが、政治文化と民主的体制の関連に関する基本的文献としては、いまや現代政治学の中の古典となった(アーモンド・ヴァーバ)を参照。ただし、彼らのいう「文化」とは、サーヴェイ調査によって得られた人々の意識のアグリゲートなデータに基づくものであることには注意を要する。

2 過程論的視座の発展

その過程に参加する各アクターの利益や選好、戦略などを規定するかもしれない要因への関心、すなわち「構造」に対する視点が(政治文化への期待を例外として)欠落していることである。以下では、この点について、再度ダールの議論を参照しながらみていくことにしよう。

これもよく知られていることだが、ダールはかつて政治学の中心的概念である権力(影響力)について次のように定義している(Dahl 1957)。曰く、「Aの働きがなければBは行わないであろうことを、AがBに行わせる限りにおいて、AはBに対して権力をもつ」。この権力の定義からは、二つの含意が汲みとれよう。第一は、それが権力の「実体説」か「関係説」かという点からいえば、「関係説」の立場に立っていることである。権力に対する見方には、それがあたかも実体的なモノであるかのように物理的に行使され得るとする「実体説」の見方と、権力は行使する側とされる側との関係性によってその性格を変化させるとする「関係説」の見方とがあるが、この二分法でみれば、ダールの権力概念はAとBという当事者間の関係のあり方によってその様相が変化することを指摘している点で後者の立場に立っている。各アクターのもつ影響力の強さは一律ではなく争点ごとに異なり、また政治の最終的な結果はアクター間の相互作用によって決まるとする、前にみたダールの実証分析のスタンスも、この立場を一貫させたものと評価することができるかもしれない。

そして第二に、この定義では明示的に観察可能なもののみがその対象とされていることである。つまり、AによるBに対する働きかけという実際に観察可能な事象の結果としてBの行為が変化するという、これまた目にみえる変化があってはじめて権力の存在は確認されるのである。ダールのこうした権力観は、一般に「明示的権力観」とよばれるが、厳密な経験的検証を重視する「科学としての政治学」の姿勢をまさに反映したものといってよかろう。ところが、この強みとも思える分析上の厳密さが、逆に彼の(そして彼が代表する多元主義の)政治理論にある種の偏向をもたらすことにもなっているのである(Clegg)。

そうした偏向を理解するには、ダールの権力観とは異なる立場に立つ論者たちの議論を参考にすることが有益であろう。たとえば、その一つにバクラック(Bachrach, P.)とバラッツ(Baratz, M. S.)の「非決定権力論」

第2章 政治過程論と「政治の科学」

(non-decision power)がある(Bachrach and Baratz 1962, 1970)。彼らの議論によると、真に重要な権力とは争点として顕在化した政策の決定において行使される権力ではなく、それ以前に何が争点として浮上してよいかを決めることができる(言い換えれば、特定の争点を顕在化させない)権力であるという。ゆえに、彼らによれば、ダールが重視した権力とは、真の支配者によって争点化の是非を判断された後の二次的重要性しかもたない性格のものだということになる。また、ルークス(Lukes, S.)はさらに進んで、権力を行使される側が権力を行使するものに教化され操作されているにもかかわらず、それに気づかずまるで自身の選好に従って行動しているかのように錯覚することを、ダールの権力観(一次元的権力)やバクラックとバラッツの権力観(二次元的権力)と対比し「三次元的権力」とよんでいる(Lukes, 1974)。これらバクラックとバラッツやルークスの議論に共通するのは、いずれも権力者による明示的な権力の行使が直接には観察できないため、実証的に捉えることが難しい権力の作用を問題としていることである。ダールのような権力観に立てば、実際に起こったでき事の経過を(つまり「過程」を)事後的に観察することで権力の所在は確かめることができるかもしれない。しかし、たとえばバクラックとバラッツの観点に立てば、むしろ重要な問いは起こるべきことがなぜ「起こらなかったか」にある。あるいは、ルークスの立場からいえば、本来であれば利益だと考えたであろうことをなぜそう「考えない」のかにある。現象として起こらなかったことを経験的に明らかにするのは容易ではない。しかし、だからといって、そのような権力の作用を空想の産物に過ぎないとして一顧だにしないとすれば、政治権力がもつ(かもしれない)深遠さから目を背けてしまうことになろう。

こうした多元主義、あるいはそれが代表する過程論的アプローチにみられる視野の狭隘化や偏向を克服するためには、政治学は再度、行為の直接的な観察だけでは捉えられないもの、すなわちその背後にあって人々の活動のあり方を規定しているかもしれないものへと、その関心を回帰させねばならなかった。つまり、「構造」への関心の回帰が求められたのである。次節では、現代政治学において、そうした「構造」的要因への関心が、どのように復活してくるかをみていくことにしよう。

3　ふたたび「構造」へ

　過程論的な政治理論が、人々の行動に対するその関心の強さゆえに、アクター間の相互作用といった「過程」(つまり「動くもの」)の研究にその分析を集中し、文脈や制度といったそうした行動の背景を構成しているかもしれないもの(つまり「動き方を決めるもの」)には比較的無関心であったことは、たとえばそれが「国家(state)」という概念を意図的に用いてこなかったところなどに端的に現れているといえよう。伝統的に政治学では、国家とは統治の主体であり、社会から自立し、ときにはそれと対峙しながら、強制力の行使といった支配の論理を貫徹しようとする超然的存在として描かれることが多いが、社会レベルの諸利益こそ現代政治を動かす主因とみる過程論的な立場からは、それは抽象的で実態のない概念であるとして長らく無視されてきた。しかし、そうであるからこそ、アメリカ政治学における「構造」への関心の復活は、その反動として「国家論の復権」(Bringing the state back in)をスローガンとして登場してくることになったのである(Evans, Rueschemyer, and Skocpol)。

　国家を再び政治研究の中核に据えるべきだとする、こうした主張に先鞭をつけたものの一つに、他章で詳述されているロウィ(Lowi, T. J.)の政策類型論がある。ここでその詳細について述べる余裕はないが、ロウィの議論がその発表当初、革新的とされたのは、政治過程と政策との関係に関する従来の理解をまったく逆転させる考え方を提示したからであった。多元主義に代表される過程論的アプローチにとって、政策は政治過程の結果として決定されるというのは自明のことであった。だがロウィは、この因果関係を逆転させ、政策の内容によってどのような政治過程が展開するかが決まるとしたのである(Lowi 1964, 1972)。このような発想の転換は、政治過程がアクター間の非定形な相互作用としてではなく、過程外的な何らかの力によって構造化されている可能性を示唆するものであった。だが、ではその政策の内容は何によって規定されるのであろ

第2章 政治過程論と「政治の科学」

うか。ロウィの議論では、その点について必ずしも明瞭ではないが、社会の諸勢力から自律した政府(国家と言い換えてもよい)の意思がその候補として挙げられている。しかし、だとすれば、政治の観念的考察にとってだけではなく、その実証的な分析のためにも「国家」という概念はあらためて議論の俎上にのせられねばならないことになろう。このような問題意識を背景に、1970年代中ごろから、やがて「国家論の復権」の流れへと収斂していく、数多くの業績が発表されていったのである。

現代政治学におけるこうした国家論の復権の動きは、次の二つの理由から政治学のパラダイム変化に大きなインパクトを与えた。第一は、社会諸勢力から相対的に自律した「アクターとしての国家」を(再)発見したことである。そして第二は、国家と社会の両レベルにおける各アクターの活動を規定する「構造としての国家」の重要性を発見したことである[7]。まず、第一の理由からみていこう。行政官僚制や軍といった、社会諸勢力の影響下に完全に取り込まれているとはいえないそれ独自のレーゾンデートル(存在理由)をもったアクターが、政策決定過程などにおいて有する重要性を(再)発見したことは、政治過程を社会諸勢力間の相互作用に還元してしまう傾向があった過程論的アプローチの考え方に重大な修正を迫ることとなった[8]。これら国家アクターが、社会諸勢力から自律しているだけではなく、ときには社会アクターに対し自らの意思を(しばしば高い正統性をもって)強制することもできるということが数多くの事例研究や比較政治研究などによって明らかにされるにつれ、従来の政治理論が有していた政治に対するイメージがいかに平板なものであったかが次第に明らかにされていった。しかしながら、社会アクターと対峙する(もしくは、できる)国家アクターの存在を指摘しただけでは、多元的なアクター間の相互作用という過程論的アプローチの基本的な論理構造

---

(7) この整理は Evans, Rueschemyer, and Skocpol 前掲書の中のスコッチポルによる冒頭論文 "Bringing the state back in" を参考にしている。

(8) 行政官僚制の自律性についてはジョンソンの日本研究(Johnson)が、また軍についてはステパンのラテンアメリカ研究(Stepan)などが古典的なところとしてあげられる。

3　ふたたび「構造」へ

に正面から挑戦したことにはならない。なぜなら、それはそうした過程に参加するアクターの種類を単に増大させただけに過ぎないかもしれないからである。より重大なインパクトは、第二の理由、すなわちアクター間の関係を規定する「構造」の発見の方にあった。そしてこの発見が、「国家論」を「制度論」へと昇華させることになる。

　1980年代の初頭より、主に比較政治経済研究の分野を中心にして、各国の政策対応上での相違や経済パフォーマンスの差異などを説明する際に、「国家」と「社会」のいずれが重要であるかということよりも、「国家」と「社会」の関係のあり方に注目する方が重要だとする指摘が、盛んになされるようになった[9]。これらの指摘は、国家という概念を社会還元主義的な見方で埋没させたりしないという意味では、上述の国家論の復権の流れをくむものであったが(そして、それゆえに国家論の立場からみれば「構造としての国家」を発見したことになるが)、しかしその目的はもはや現代政治における国家の再発見といった限られた主題に止まるものではなかった。むしろ、それらが重視したのは、「国家」と「社会」の双方に跨り、各アクターの活動や関係を秩序づける「構造」ないしは「制度」(institution)の解明にあった。そして、そのような観点から「国家論の復権」は「制度論」の再登場へと、さらにもう一段の飛躍を遂げたのである。つまり、現在の政治研究の中できわめて重要な位置を占める「新制度論」(new institutionalism)の登場であった(真渕、新川)。

　この新しい「制度論」は、どのような論理構造をもつのであろうか。そしてそれは従来の政治理論と何が異なるのであろうか。これらの問いに対するヒントを得るために、新制度論が登場した頃からその第一人者であるホール(Hall, P.)の「制度」の定義についてみてみることにしよう。彼は制度を次のように定義している。「政治と経済のさまざまな単位における個々人の関係を構造づける、公式のルール、同意の手続き、標準作業手続き」(Hall 1986：21)。もちろん、このホールの定義が新制度論でいうところの「制度」の定義をすべて代表しているわけではない。新

（9）　Katzenstein(1985, 1987)やZysmanがその初期を代表する作品である。

第 2 章　政治過程論と「政治の科学」

　制度論の論者がいう制度には、ホールのように公式のルールや手続きといった比較的具体的で操作性の高いものを重視するものから、文化や規範といったより広範なものを含めるものまであり、その内容にはかなりのヴァリエーションがみられる。しかしながら、上記のホールの定義には新制度論一般に共通する特徴が見出せることにも注意しなければならない。すなわち、そこで語られている制度とは、まず社会レベルと国家レベルとを問わず、全体として人々の活動を規定するとされている。そしてまた、そのように人々の活動を構造化する制度は、人々の活動に先行して存在するとされているのである。以上のような「制度論」の特徴は、従来の政治学の主流であった過程論的アプローチとはかなり異なる方法論上の特徴を有している。以下で、確認していくことにしよう。

　第一に、それは全体論的な視点を復活させている。国家と社会の各レベルに存在する個々の制度は、それ自体も人々の活動を規定するが、さらにその全体としての配置もまた制度としての枠組みを構成することで、各国間にみられる政治過程の固有のパターンなどを成立させていると制度論者はみる。これは、部分的な事象に分析の対象を限定し、全体論的な議論を敬遠しがちであった過程論的アプローチとは著しい対照をなすものである。いってみれば、全体は部分の単なる集合ではない、ということになろうか。ただし、新制度論が一つの理論体系によってあらゆる現象を説明しようとする「大理論(grand theory)」の構築を目指しているわけではないことは明白である。あくまでその目的は、各国間の政策対応上の相違といった具体的な問いに対する因果的説明の提示にとどまり、制度はそのための説明変数として重視されているのである。そしてこの点において、新制度論は制度の解説自体に重きを置いた(つまり、制度をいわば被説明変数として扱ってきた)かつての「旧制度論」とも区別される。その意味で、政治の実証的研究の深化という現代の政治学が追求してきた目標を、新制度論も共有しているのである。

　第二に、それは因果関係の説明において「構造」の存在を人々の「行為」に先行させている。これは、上でみたように制度を説明変数とするという視点からいえば当然のことではあるが、制度をアクターの行為よりも先に置くということは、各アクターの行動は制度から付与される現

3 ふたたび「構造」へ

実世界に関する認識や規範に基づいてその方向性を規定されるということを、制度論者が前提としてみていることを示唆している(March and Olsen 1984, 1989)。つまり、人は己れが何者であり、何をすべきかについて、制度から教えられるのである。そして、そのような制度による認識や規範の形成は、通常長期的な時間軸の中で行われるため、人々の行為と制度との関係について考える場合には、そうした制度の歴史的な生成・発展の分析が(つまり歴史的アプローチが)必要とされる[10]。このような方法論上の特徴は、人々の活動の直接的な観察から構造を析出しようとしたかつての過程論的アプローチとは、根本的に異なるということができよう。

以上のような特徴から、新制度論は政治学における方法論上のパラダイムを、単に政治の実証分析において「制度も」重要だとする以上に大きく転換させたということができる。ただし、ここで断っておかなければならないのは、これまでみてきた新制度論の特徴は、いわゆる「歴史的新制度論(historical institutionalism)」とよばれるものを主な対象としていることである。実は近年の制度論は、その内部に多様な学派が分岐しており、たとえば「歴史的新制度論」以外にも「合理的選択新制度論(rational choice institutionalism)」や「社会学的新制度論(sociological institutionalism)」といった有力な学説が存在している(Hall and Taylor 1996)。とりわけ、「合理的選択新制度論」は、その中でも著しい理論的発展をみせていることから注目に値する。そもそも「合理的選択(rational choice theory)」論とは、社会科学では経済学などで一般的であった「方法論的個人主義」に基づき、自らの選好の最大化を目指し目的合理的に活動する「個人」を議論の出発点にして、そうした個人間の戦略的行動について数理モデルなどを駆使して演繹的に説明しようとする政治学の一潮流のことを指していたが、そのような戦略的ゲームの前提となる「ゲームのルール」を制度とみなすことで、「合理的選択」論と「新制度論」

---

(10) ただし、歴史的アプローチはそこから一般化可能な命題を得ることを目的としており、歴史的事件のユニークさを重視するいわゆる「歴史研究」とは異なる。

とが融合したのが「合理的選択新制度論」である。制度内のアクターの活動に対するその洗練された説明と、数理モデルに特有の論理的一貫性が醸し出すその説得力の高さから、近年多くの研究者の関心を集めているが、アクター（ゲームのプレイヤー）の選好と制度（ゲームのルール）を切り離すその分析上のスタイルは、人々の選好形成の理由をモデル外在的なものとするため、きわめて強力な「反実仮想(counterfactual)」としてならばともかく、そうでなければアクターの実際の選好形成について、その文脈に遡ってあらためて検討しなければならないという難点ももつ。

ともかく、これら「新制度論」を一つの核として、現代の政治理論における「構造」への回帰は大きく進展し、現在に至っているのである。

4　結びにかえて
——「過程」論は復権するか？

以上、本章では、現実政治の実証的分析を志向する現代政治学の展開を「過程」と「構造」という二つの概念の関係に注目しながら概観してきた。現代の政治理論の歴史は、この二つの概念の関係からみれば、「構造」から「過程」へ、そしてまた「過程」から「構造」へと揺れ動いてきた歴史であったとまとめることができよう。本章の主題である「政治過程論」についていえば、それは「構造」から「過程」へのシフトを、政治学の科学化ということをその最大の目的としながら、強力に推し進めてきた主役であったということができるだろう。この点での「政治過程論」の貢献に疑問の余地はない。そしてそれゆえに、「政策科学」とりわけその中でも「政策過程論」が、そこから得てきた恩恵にはきわめて大きなものがある。しかし、その一方で、その「構造」に対する関心の希薄さから、やがて「国家論」や「新制度論」の台頭という形で過程論の有意性について再考を求める動きが出てきたことも、また事実である。

では、今後、過程論的アプローチの復権はあるであろうか。学問の世界では、対立する学説間の関係において、たとえ一方が他方に対し優位

4 結びにかえて

に立ったとしても、圧倒したはずの相手方の知的関心を主流となった側が引き継ぐ過程で、じきに主流派の内部に新たな分裂が生じるということがしばしばみられる（Abbott）。政治学の世界でいえば、「旧制度論」に勝利した「政治過程論」が、やがてその実証的政治学という範疇から「国家論」や「新制度論」などの「構造」中心アプローチを生み出した、といったようにである。しかし、同様のことが、今後、構造中心アプローチにも起こるだろうか。たしかに、制度論を中心とする構造に重きをおく一連の学説は、変化よりも持続性の説明に強みをもつことが多く、逆にいえば変化の説明に弱点をもつ傾向がある。実際、制度論はその「制度」自体の変化について、まだ有力な説明を提示できていない。しかしながら、もちろん制度を含む「構造」も時間とともに変化する。この点における一つの理論的なブレイクスルーは、制度が変化する歴史的時間を単に記述するのではなく、理論化する作業にあるのかもしれない[11]。だが、新制度論者がいうように、もし「構造」が「行為」に先行し人々の認識や規範まで規定するとすれば、いったいどのようにして人はその中で構造を変えていくことができるのだろうか。

　実は、このような問題は、「主体―構造問題（agent-structure problem）」として社会科学では古くから知られたものである。その解は、月並みだが、おそらく両者の相互作用の解明にあるということになるだろう。かつてマルクスは、その『ブリュメール十八日』の中でこう述べた。「人間は自分じしんの歴史をつくる。だが、思う儘にではない。自分で選んだ環境のもとではなくて、すぐ目の前にある、あたえられ、持越されてきた環境のもとでつくるのである」（マルクス：17）。しかし、これもまたこれまでの社会科学の諸研究が明らかにしてきたように、実証的研究の領域においてこの二つの関係を統一的に捉えるのは容易なことではない[12]。現代の政治学は、それに貢献できるだろうか。あるいは「政策科学」は、かつて

---

(11) その一つに、ピアソンによる時間の政治学がある（Pierson）。
(12) ギデンズの「構造化理論（structuration theory）」がそうした試みとしては著名であるが、むしろこの両者を統合することの難しさを確認することで止まっているように筆者には思われる（Giddens）。

第 2 章 政治過程論と「政治の科学」

政治過程論から得たような恩恵を、そうした試みから同じく得ることができるだろうか。研究者の力量が問われる課題の一つであるといえよう。

[参考文献]

秋元律郎『権力の構造―現代を支配するもの』(有斐閣、1981年)
グレーアム・ウォーラス、石上良平・川口浩訳『政治における人間性』(創文社、1958年)
大嶽秀夫『政策過程』(東京大学出版会、1990年)
新川敏光「国家と社会―制度的アプローチをめぐって」『法政理論』第21巻第4号 (1984年)
田中明彦『世界システム』(東京大学出版会、1989年)
ディヴィド・ヒューム『人間本性論』〔全3巻〕(法政大学出版会、2011-2012年)
ヘーゲル、藤野渉・赤沢正敏訳『法の哲学』〔1・2〕(中公クラシックス、2001年)
マルクス、伊藤新一・北条元一訳『ルイ・ボナパルトのブリュメール十八日』(岩波文庫、1954年)
マルクス・エンゲルス、大内兵衛・向坂逸郎訳『共産党宣言』(岩波文庫、1971年)
真渕勝「アメリカ政治学における『制度論』の復活」『思想』(1987年)
Abbott, Andrew, *Chaos of Disciplenes*, The University of Chicago press, 2001.
Alford, Rpger R., and Friedland, R., *Power of Theory : Capitalism, State, and Democracy*, Cambridge University Press, 1985.
Almond, G. A., and Verba, S., *Civic Culture : Political Attitude and Democracy in Five Nations*, Princeton University Press, 1963. 石川一雄ほか訳『現代市民の政治文化―五カ国における政治的態度と民主主義』(勁草書房、1974年)
Bachrach, Peter, and Baratz Morton S., " Two Faces of Power", APSR, 1962
――, *Power and Poverty : Theory and Practice*, Oxford University, 1970
Bentley, Arthur F., *The Process of Government : A Study of Social Pressures*, The University of Chicago Press, 1908 喜多靖郎・上林良一訳『統治過程論』(法律文化社、1994年)
Cregg, Stewart R., *The Frameworks of Power*, SAGE, 1989.
Dahl, Robert A., "The concept of power", *Behavioral Science*, 2 : 3, 1957, pp. 201-215.
――, *Who Governs : Democracy and Power in an American City*, Yale University Press, 1961. 河村望・高橋和宏監訳『統治するのはだれか』(行人社、1988年)
――, *Polyarchy: Paticipation and Opposition*, Yale University Press, 1971. 高畠通

敏・前田脩訳『ポリアーキー』(岩波文庫、2014年)

Evans, Peter, Rueschemyer, and Skocpol eds., *Bringing the State Back In*, Cambridge University Press, 1985.

Giddens, Anthony, *The Consitution of Society*, Polity, 1984 門田健一訳『社会の構成』(勁草書房、2015年)

Hay, Colin, *Political Analysis : A Critical Introduction*, PALGRAVE, 2002.

Hall, Peter, *Governing the Economy : The Politics of State Intervention in Britain and France*, Oxford University Press, 1986

Hall, P., and Taylor, R. C. R., "Political science and the three new institutionalism", *Political Studies* 44, 1996.

Johnson, Chalmers, *MITI and the Japanese Miracle*, Stanford University Press, 1982. 矢野俊比古監訳『通産省と日本の奇跡』(TBSブリタニカ、1982年)

Katzenstein, Peter J., *Small States in World Markets : Industrial Policy in Europe*, Cornell University Press, 1985

――, *Corporatism and Change : Austria, Switzerland, and the Politics of Industry*, Cornell University Press, 1987

Lowi, Th., "American business, public policy and case studies", *World Politics*, vol. 16, 1964, pp. 675-715.

――, "Four systems of policy : politics and choice", Public Administration Review, vol. 32, 1972, pp. 298-310.

Lukes, Steven, *Power : A Radical View*, Palgrave Macmillan, 1974.

March, J. G., and Olsen, J. P., "The new institutionalism : organization factors in political life", APSR 78, 1984, pp. 734-749.

――, *Rediscovering Institutions : The Organizational Basis of Politics*, Free Press, 1989.

Pierson, P., *Politics in Times : History, Institutions, and Social Analysis*, Princeton University Press 2004. 粕谷祐子監訳『ポリティクス・イン・タイム――歴史・制度・社会分析』(勁草書房、2010年)

Stepan, A., *State and Society : Peru in Comparative Perspective*, Princeton University Press, 1978.

Zysman, Johon, *Goverments, Markets and Growth : Financial Systems and the Politics of Industrial Change*, Cornell University Press, 1983.

［藤井禎介］

第2章 政治過程論と「政治の科学」

コラム

沖縄のオリオンビール・泡盛はなぜ生き残れるのか？
利益過程とイデオロギー過程のはざまで

　皆さんは、沖縄を旅行するときオリオンビールや泡盛をお土産に買ってきたことはないだろうか。キリン、アサヒなど大手のビールメーカーや大手の酒造メーカーが日本全国で鎬を削るなか、沖縄では独自のビールや泡盛という独自のお酒が残っている。これは、沖縄復帰以来認められている酒税の軽減措置のためであるといわれている。酒税の軽減措置は、「復帰特別措置法」という法律に根拠があり、復帰前の琉球政府が定めた税率が本土よりも低かったため、復帰による急激な変化に対応できるよう配慮された「激変緩和」措置として制定された。以後1972年の沖縄振興開発特別措置法及びその延長である2001の沖縄振興特別措置法によってビールが20％、泡盛が35％という軽減措置に守られてきた。そのことも影響して、オリオンビールはもとより沖縄県内の泡盛会社46社（休業1社）は、復帰後一社も倒産していない。

　この措置について、かねてから危惧を語っていたのは、1972年初代沖縄開発庁長官を務め、1979年から自民党税制調査会会長に就任し、「税調のドン」と呼ばれた山中貞則であった。山中は、2001年沖縄県酒造組合連合会の幹部が、酒税措置の延長を要請した際、こう発言したという。「沖縄の泡盛会社は多すぎる。6社にして、事業の効率化を図ってはどうかね。」この指摘に対して、オリオンビールは、2001年からアサヒビールと業務提携を行い、生き残りを模索しているが、再度注目を集めたのが、政府と沖縄県庁の対立が始まった2015年頃からであった。

　2016年の税制改正論議で、県内の酒類業界は、2017年5月に切れる酒税軽減措置の延長をめぐって、政府・与党と延長交渉に臨んだ。交渉相手は、沖縄に思いれのある山中の率いた自民党税調ではなく、官邸主導を推し進める菅義偉内閣官房長官であった。菅は、あっさりと暫定税率の軽減措置延長期間を5年から2年に短縮する決定を行った。さらに、自民党も選挙のために、酒造組合幹部へ職域支部の設立を求めてきた。その時、自民党沖縄県連関係者には、こんな不満があったという。「石油石炭税の減免措置を受けている沖縄電力は選挙の時に人手を出し黙々と応援している。泡盛業界と大きな違いだ。」ただ、県内最大の企業グループであり、連続売上高1822億円の沖縄電力と、業界全体の売上高が約170億円に過ぎない泡盛業界では、規模も違えば、切迫感が違う。ましてや、電力使用者は、保革どちらを沖縄電力が支持しようが、電気を必ず使う。泡盛などの酒類業界は、沖縄電力の状況と違うのである。

　2018年晩秋には知事選挙を控え、今後将来、軽減措置を巡る国と沖縄の酒類業界の交渉は、安全保障政策の展開とも絡んで複雑さを増すであろう。本書では利益過程とイデオロギー過程を別物として扱っているが、この二つの過程は状況によっては連動していると見たほうがわかりやすいこともあるのである。

〈参考文献〉
沖縄タイムズ新聞記事「沖縄振興45年目の針路　第一部　制度と産業／漂流する酒税（1）〜（4）」2017年1月15日〜18日掲載

［鶴谷将彦］

第3章　政治過程論の展開
縦(時系列方向)への拡張と横(政策過程論)への展開

　本章は、前章を受けて、単純な集団均衡理論として出発した政治過程論が、縦横に理論的枝葉を広げて行くさまを説明する。いわば、本書全体の展開を簡単な見取り図をもって示す章であると位置づけている。すなわち、4章以下で詳述する政治過程論の原型、縦横への展開の出発点に位置づけられるもの(4章)、複数の政策過程の束として理解される政治過程観、ここで言う「横」への展開(5章)、時系列的に前に踏み出す前決定過程理論(6章)、逆に、時系列的に後ろに踏み出した実施の理論(7章)という議論の、いわば簡単なマッピングを提示することを意図している。

1　政治過程論の原型
：集団過程論と多元主義政治理論

　前章でも語られたように、政治過程論以前の政治学は、近代市民革命を達成した近代社会の規範を確認する思想と、これを制度的に定着させる近代憲法という制度理論で占められていた。近代を切り拓いた政治思

---

(1)　**図3-1**や**図3-2**を見たら、それは縦ではないかと言われそうだが、時系列の流れを縦という方が日本語の扱い方では正しそうに思えるのでここではこちらを「横」と呼ばせていただく。

第3章　政治過程論の展開

想は、個人を合理的存在と考え、すなわち合理的に行動できる「市民」として位置づけ、市民相互の行動の交錯、相互作用により全体の意思形成を行い、これが公共の秩序を自動的に形成するという考え方にたっていたので、中間団体はなべてそうした「合理的市民」の行動を掣肘するものとして忌避された。合理的な市民の解放がすべてであり、これを保証する憲法典が、国家を極小化し(3)、市民の権利を国家の専横から守るために制定された。政治学は制度論、まさにほぼ憲法学と同値のものとみられていたのである。

　この市民の合理性を単純に信じる理論に無理があるのは、政治学を学んできた者には明らかだが、現実も理論の修正を迫ることになった。ホッブズが喝破したように、人間は「ロゴスを持った動物」であり、悟性が皆無でもないのだが、それが完璧なものでもない、中途半端な存在なのである。福島徳寿郎は「判っているけどやめられない」存在と描いている(福島：3)(4)。最終的には1930年代に、いわゆる「市場の失敗」(5)と「自由からの逃走」(6)により、個人の完全合理性を前提にした政治理論には無理があることが明らかになったのである。

　近代の自由主義的な解が無理であることがわかったとき、多くの国々は国家の介入を正当化する方向で解を探った(7)のだが、アメリカだけは違う道をたどった。そうしてアメリカ人たちがたどり着いた解が政治過程論なのである。政治過程論の原型(8)がどのような理論であったのかについ

（2）　本書39頁。
（3）　「消極国家」である。「夜警国家」という呼称はドイツの社会主義者ラッサール(Lassale, F.)による揶揄である。
（4）　植木等の「スーダラ節」の歌詞である。
（5）　公共経済学で語られる、市場で解決できない問題を指し示す語。
（6）　エーリッヒ・フロムの著書の書名。自由な市民の厳しさに耐えかねて、強力な指導者を求めてナチに走ったドイツ国民の心情を分析した研究。
（7）　集合主義(collectivism)と呼ばれている方向性である。左右の全体主義を含むトレンドである。
（8）　ベントリーが示し、トルーマンが完成させた「集団理論」がそれである（第4章）。

1 政治過程論の原型：集団過程論と多元主義政治理論

て、詳しくは次章に記されるが、個人の完全合理性をあきらめて集団に置き換えただけで、基本的な理論の構造は同じであることに気づくであろう。集団の相互作用による均衡という考え方だが、基本単位が個人から集団に置き換わっているだけで、古典的自由主義の自動調節の思想は引き継いでいるのである。

近代市民革命と呼ばれるもののうち、アメリカだけは独立戦争の形をとり、戦った相手が自国政府ではなく、独立したら他国となる英国の政府であった。絶対主義国家を打ち倒して、その強大な自国の国家装置を近代国家として引き継ぐのではなく、絶対主義国家から独立したという事情が、英・仏などと違い強力な国家装置を嫌い、徹底して分権的な国家となってしまった理由の一つとなっているのであろう。強力な政府機構をあるものとして使うということと、はじめからないのだからわざわざ作らないという、正反対の方向を向いているようだ。こういう国の政治の説明として集団過程論や多元主義政治理論が正統学説となったのは当然だったとも思われる。

多元主義政治理論もまた、アメリカ政治学のもう一つの正統理論（オーソドキシー）ともいうべきものだが、国家や制度にあまり関心をおかず、多元的なアクターが多様な権力資源を用いて、様々のアリーナにおいて相互作用を行っているという理論であった(Dahl 1961)。地域権力構造論争(CPS論争)を通じて、地域に一枚岩の権力エリートが存在するとしたハンターのエリート理論(Hunter)に対して多元主義は、エリートは一枚岩ではなく多元的に存在し、争う場も、争いに使われる権力資源も多元的に分有されているとしたのであるが、エリート理論であったという点ではハンターと同様である。

---

(9) 多元主義が多元である（複数ある）と語っているのは、端的にこの3つ、すなわち、複数の権力エリート、彼らが争う場としての複数のアリーナ、彼らが争いに用いる複数の権力資源、である。

(10) コミュニティ権力構造論争については2章(43～44頁)を見よ。

2　複数の政策過程の束としての政治過程

　トルーマンの政治過程論にせよ、ダールの多元主義政治理論にせよ、比較的単純な均衡論の姿をしている。政治過程は多元的な集団による、資源の配分に関する権力をめぐる競争の過程であると解され、この競争の均衡状態がいずれかに偏り崩れたとき、これを均衡状態に戻す対抗権力が登場して是正するとされる。こうした集団間の競争こそが政治の本質であり、政策は従属変数であると解される(Truman, Rothman,)。
　これに異議を唱え、政治過程の多様性を政策が説明する、すなわち、政策と政治過程の間の因果関係を逆転させて、政策を独立変数とし、政治過程を説明されるべき従属変数であるとしたのが、ロウィ(Lowi T. J.)であった(Lowi 1964, Ranney)。因果の議論であるから独立変数は従属変数に時間的に先行しなければならない。その意味では、政治過程が政策を生むという議論はわかりやすい。政治過程の一般理論は常識にかなっているわけだが、政策のありようが、その政策の扱われ方、処理のされ方を決めていくと考えると、政策を先行させて異なる政治過程を類別する議論が可能であるとしてもよいのではないかと考えたということである。そうすることにより、平板な政治過程論は複数の政策過程を内包する豊かな議論に転換しうるのではないかとしたのである。
　この辺りの元の発想はシャットシュナイダーにあり、「政治が政策を作る」という常識的に腑に落ちる話を「政策が政治を作る("policy makes politics")」(Schattschneider 1935：288)に言い換えたこの一文は、ロウィはもちろんだが様々な論者がこれに触れて政策類型につながる議論を展開することになった[11]。
　ロウィの政策類型論はよく知られているが、「分配」、「規制」、「再分

---

　(11)　わが国ではたとえば、中野実が使っている(中野1992：85)。

配」の三類型で、「分配」としているのは、シャットシュナイダーが関税をめぐる政治の分析で描き出した小さな単位の利益配分の政策過程が相互不干渉で並立する姿のことである。三類型がどのように類別されるかについてロウィは、最初は、その政策にかけられる「期待」が別々の政策過程を展開させることになるのだと説明していた(Lowi 1964)。これを読んだ多くの論者により、類別のためのメルクマールは細分化可能性だろうと言われた(Greenstone, Kjellberg)。個々に配分される利害自体は小さいためにほとんどその競合が認識されず、配分されるだけの政策が分配政策、少し大きくまとまったものの配分が課題なので、利害の競合関係がアクターに認識され、したがって、交渉、妥協などが行われることになる規制政策、アクター間の自由な競争に任せることができなくなったのが再分配政策ということであった。

　ロウィはこの政策類型を政治の一般理論の違いを説明するものとして使った。階級理論が見ていたものは再分配政策であり、多元主義や政治過程論が見ていたのは規制政策だということである。いずれも部分的過程の説明としては正しいとしても、政治全般を説明する一般理論として語られているのが誤りであるとするわけである。

　ダールがイシュー・アプローチと呼ばれる方法でハンターに対する反論を構成したことはよく知られているが(Dahl 1961)、そのそれぞれのイシューは多少の異なりはあってもすべて多元的な自動調節の政治を語っていて、一般論のレベルでは政策争点ごとに全く様相の異なる政治過程が展開するとしたわけではないことを思い起こすと、ロウィのこの政策類型の理論が持つ政治過程論批判としての深刻さが理解されるであろう[12]。

　多元主義や政治過程論は部分的過程の説明に過ぎないものであったのだが、政治全般の一般理論として正統学説の地位を獲得することになり、そのせいで本来は規制政策や再分配政策として行われねばならなかったことが、すべて分配型の政策過程へと堕落したのだというのがロウィの

---

(12) ロウィのアリーナ理論を追いながら、その意味を検討した論考としては拙稿(1987)参照。

第3章　政治過程論の展開

著名な「利益集団自由主義(13)」である。ロウィが後に政策類型を区別するメルクマールとして強制を導入したとき(Lowi 1970, 1972)、分配政策は利害の競合関係がない政策で、価値の付与しか行わないために強制を必要としない政策だが、規制も再分配も利害の競合関係があるので価値剥奪を伴う。したがって、国家の正統性ある強制を背景に行われるはずなのだが、多元主義や集団過程論が正統学説となると、社会的諸勢力の相互調節しか見ないので、その相互作用を背景で支えている強制は見えなくなっている。だから、利益集団自由主義は規制政策にとどまらず、分配政策にまで堕落してしまうのである、という主張を行ったのであった。

　ロウィは政策類型をアメリカ史の説明にも使った。徹底した分権国家として出発したアメリカは、まさに「合州国(The United States)」であったが、1930年代から60年代にかけて「単一国家(The United State)」に変容を遂げると述べる(Lowi and Stone)が、その説明に三つの政策類型が用いられる。「合州国」の段階では連邦政府は分配政策のみを行う存在であり、正統性を有する強制力を背景に規制政策や再分配政策を行っていたのは州(state)政府であったとされる。これが徐々に、州をまたがる問題解決が課題となるにつれ、連邦が規制権限を持つようになり、ニューディールを契機に再分配政策までもが連邦政府の行うところとなり、第二次世界大戦後、しばらく揺り戻しはあるが、60年代に入って民主党の大統領の下で連邦が多くを引き受ける大きな政府の時代に入ったという説明になる。(14)

3　国家の再導入と政策規定説

　やや紙数を費やしてロウィのアリーナ理論の説明を行ったが、彼の議

---

(13) Lowi1969. これを堕落と説明したのは、1983年に京都の同志社大学で行われたアメリカ研究夏季セミナーでの受講者の質問に答えてのものである。
(14) 詳しくは拙稿(1987)参照。

3 国家の再導入と政策規定説

論は単に複数の政策過程があると指摘したというにとどまらないところが他の類型論と意味合いを異にしているからである。いくつかの政策過程があるというだけの説明なら、たとえば、すでにダールが複数のアリーナの議論は行っている。行ってはいるが既に記したように、それらは、結局は、一般理論としての社会集団間の多元的相互調節の観念を超えない。

ロウィは、政策過程の違いを導出するものは何かを探求することで政治過程論における国家の再発見をもたらした点で画期的だったのである。最後にその辺りを簡単に押さえておこう。

ロウィは分配政策・規制政策・再分配政策という政策の違いが政治過程の違いを導出すると語った。政策が独立変数、政治が従属変数として、独立変数の変数値として「分配」、「規制」、「再分配」があるわけだが、これは単に名前をつけただけのもの(nominal)であるのなら、異なる政治過程があるという話にはなっても、どのように異なっているかの議論はできない。したがって、変数値が連続量として扱えるもの(interval)ではなくとも、すくなくとも一定の基準で並んでいるもの(ordinal)でなければならないはずであるとして、様々な論者が到達したメルクマールが細分化可能性であった。このことは細かく分けることにより競合、対立の起こらない状況(分配)、競合があるので交渉しなければならない状況(規制)、細かく分けたのでは正義が行われないので大きくまとめて価値の再分配を行わねばならない状況(再分配)の差異を説明できるので広く受け入れられた(Greenstone, Kjellberg)。ここまでの議論であれば、階級理論までも視野に入れたスケールの大きな議論ではあり、アメリカ政治学が久しく忘却していた国家論のにおいを感じさせる議論ではあるが、明瞭に国家の再導入を論じたというわけではなかった。

---

(15) 因果関係というのは共変関係にある二変量間の関係を検証して見いだすものだから、独立変数の変数値が名前をつけただけのものであると、対応する従属変数の側の変数値がそれぞれ異なることは言えても、どのように異なっているかの議論に進めない。変数のありようについてはフローマンによる整理がある(Froman)。

第3章　政治過程論の展開

　国家論を明瞭に語るようになるのは、独立変数たる政策が、ロウィがいうように分類できるのなら、そのメルクマールは何かという問いに答える過程で、議論を国家論の復権に進めたからである。ロウィが最初にこの議論を行ったときには、人々の期待が分配政策、規制政策、再分配政策を決めると語った。しかし、まず期待するのは誰か、人々というが、人によって期待は異なるのではないかという疑義が呈された。さらに、分配、規制、再分配というのは、政治が分配を行っている、規制を行っている、再分配を行っていると解するならば、説明されるべき従属変数の変数値になっていないか、もしそうだとするならば、利益を分配的に配る(価値剥奪を行わず、小さな価値の付与だけを行う)ことが期待された分配政策が分配を行う政治を導いていると言っていることとなり、これは当たり前のこと、あるいは同義反復(トートロジー)になりはしないか(内生性問題とも言う)、という疑義が呈された。

　これへの答えが、期待するのは国家だ、とする議論なのである(Lowi 1970)。正統性のある強制力を有する国家が、これをどのように使おうとするかによって政策は定義される。分配政策はそもそも価値剥奪を行わないので強制をあまり使うことはない。規制政策は価値の競合があるので、国家は強制をもって臨むが、規制のルールを定めた上は社会諸勢力のルールに従った自由競争にこれを委ねる。強制力が発動されるのは競争に際してルール違反が行われたとき事後的に、である。再分配政策については、国家ははじめから強制力を用いて社会諸勢力の行動をリードする。たとえば自由競争に任せたのでは権利が守られない雇用契約に当たっては、労働者に団結権を認め、第二組合作りを違法とするなど、はじめから強制力を行為の環境に対して働きかける用い方をするのだ、というわけである。

　多元主義は国家を軽視してきた。ティリーの指摘にあるように国家が民主主義を支えている重要な要素であるならば(Tilly 2007：15)、あたかも民主主義と国家は排他的な観念であると信じ込んでいるかのような理論は欠陥を持っていたといわざるを得ない。ダールやイーストンのような、国家論を忘れていた時代のアメリカ政治学を代表する理論家たちは、むしろ積極的に国家を忌避する議論を展開している(佐藤成基：189-196.)。

3　国家の再導入と政策規定説

　ロウィの類型論はこうした正統学説に対する疑義をかなり早い段階で提起したシャットシュナイダーの「紛争の社会的拡大(socialization of conflict)」理論(Schattschneder 1960)に通じるところがある。シャットシュナイダーが社会的拡大の反対の極においたのが「私化(privatization)」であるが、これは他の容喙を許さない小さな権力核、たとえば鉄の三角形(iron triangle)を指している。ロウィの分配政策の政治過程も小さな排他的な利益配分の過程で、これが相互不干渉の状態で多島海よろしく並立している状況を指している。シャットシュナイダーが、バイアスを動員しながら政党が諸勢力の諸利害を統合しつつ紛争の社会的拡大を図るとした説明は、ロウィが連邦政府ははじめ分配政策のみを行い、後に、規制・再分配政策を行うようになったという説明と共鳴している。

　シャットシュナイダーが公共政策の適切な処理(私化に任せてよい領域はそのままに、私化が行われては正義の行われない領域は「社会的拡大」させ、公的に解決すること)を期待した政党は、ロウィにおいては社会集団に取り込まれている(capture)状況であったため、より理論的深化をはかり国家論の再導入に結びつくこととなった。シャットシュナイダーの「政策が政治を作る」は因果命題としての厳密さを追求され、複数の政策過程の特徴を描くことを超えて、独立変数としての国家の再発見に結びついたのである。

　ただ、厳密であるが故の困難もある。分配・規制・再分配への期待は人々の期待ではなく、国家の期待であるとして循環を切断したロウィは、国家が有する正統性ある強制をどのように使おうとしているかの意思の表明としての法の文言を検証することにより独立変数を確定しなければならないとした(Lowi 1978)。政策類型論において理論的展開を、これ以降あまり見なくなるのは、政策規定説の厳密な適用により、ある種の袋小路に入ってしまったからかもしれない。

　複数の政策過程を扱い、その違いに注目しながら政策過程、政治過程の観察を深めていく研究はロウィだけでなく、様々な研究者が行っている。まさにラニーが語ったように、政策に注目するのは政策自体に関心を持ちこれを分析しようとするのではなく、これにより政治過程のより深い観察ができるからである。政策類型論をロウィのような厳密な政

第3章　政治過程論の展開

策規定説のものばかりとみる必要はないように思える。

　政策により政策過程を分類しているようでありながら、実は、政治過程の様相を観察して、それにより政治過程をいくつかのものに区分けしているものも多い。(17)政治過程のより細かな観察によりその過程の特徴から政治過程をいくつかの類型に分けることは、政治過程の外に独立変数を置くわけではないので内生性問題から自由ではあり得ず、因果命題とはなりにくい。しかし、政策類型を用いながら政治過程の中に異なる政策過程を発見し分析していこうとするのは、政治過程の分析を進めようということであった。

　政策規定説はその議論のはじめから従属変数たる政策過程の展開のありよう、それらが構成する政治構造を見通している（因果命題を仮設として提言するのだから）のだが、それゆえに、理論構築が困難である。政治過程が複数の政策過程により成り立っているとみることは政治過程の理解を深める上で役に立つが、複数の政策過程を見ようとするとき、最初から、その政策過程の構造上の配置や体制を見通しておかないと議論ができないとするのならば、類型論を用いての複数の政策過程の議論に入っていくときの敷居が高い。ロウィが提起した国家を独立変数に据えた政策過程論の理論的意義は高く評価するべきではあるが、複数の政策過程のありようを発見的に探っていく作業が続けられるべきであるとするならば、われわれは類型論を発見的方法論として考えた方がよいだろうと思われる。

　（16）　フローマン、ソールズベリ、ウィルソンなど、いずれも政策が独立変数となっているのかどうかについては、厳密には疑わしいところがある議論であるが、政策規定説にこだわり続ける必要がないのならば、複数の政治過程を識別する魅力的な指標の提案を行ったものと読むことができるだろう。

　（17）　ロウィのものも当初はそういうものであったが、これが内生性批判を受けて、政策をより厳密に、その定義から、説明されるべき従属変数、政治過程の態様の要素を取り除いて強制概念の操作化による定義に発展させたと見ることができる。

4 前決定過程の理論
:複数の政策過程を導出する理論

　ダールの多元主義は、人々が支持を与えたり奪ったりすることにより多元的エリートの競争関係をコントロールすることで、自由主義的競争が民主主義をも実現するという論理構成であった[18]。その自由主義的競争を示す事例として三つの政策領域を選んでいるのだが(政党候補者指名、都市再開発、公教育：Dahl 1961：)、非決定理論(non-decision theory)と呼ばれる理論の提唱者バクラックとバラッツは、これらは自由主義的競争が顕現しているもののみを選んだ可能性を捨てきれず、政治には権力者がそうした競争の場に出すことを押さえつける課題もあるのではないかという疑義を示した(Bachrach and Baratz 1962, 1963)[19]。

　権力者が決定過程に現れないよう押さえつけているというのは、そうしたことがあるとしても、成功裏にこれが行われると具体的証拠を見つけることが困難である[20]。ただ、この問題を権力者の意図というある種の思い込み(先験的決めつけ)から離れて考えれば、なんらかのメカニズム、あるいは構造が特定の政策課題を、意思決定の必要なものとして浮上させたり、浮上させなかったりすることになっており、この過程を解明し

---

(18)　近代の民主主義が人々による支配を論じてきたのに対して、人々による(エリートの)コントロールを論じる方向で民主主義理論の修正を行わねばならないとしたのはシュンペーター(J. A. Schumpeter)であったが(シュンペーター1962：中巻)、ダールの議論が民主主義の弁証であるためには、この現代民主主義理論を媒介しなければならない論理構造となっている。

(19)　事例の選択については選択の偏向(selection bias)は避けられないので、選択が問題ないことの記述が少なくともなければならないが、ダールはこれを怠っている。アメリカの地域における民主主義の検討にこれらの事例が代表的であるというのは自明であると考えたのであろう。

(20)　その権力者による押さえつけが後に露見して、アジェンダに登る政策があれば、検証が可能になる。そうした成功例の一つに大嶽が挙げられる。

第3章 政治過程論の展開

なければならないという課題認識を生むことに繋がっていくことが判るだろう。こうして生まれたのが前決定過程の理論と呼ばれるものである。

前決定過程の理論が非決定理論の問題提起から生まれたものであることを考えると理解しやすいと思うが、前決定過程を検討すると、異なる決定過程を歩むことになる複数の政治過程を導き出すことができる。非決定からの類推で言えば、多くの参加者が観察される顕在化した政治過程と、人々の参加を求めない(非決定論者からすればエリート権力者が隠密裏に進める)政治過程が区別されるだろう。さらには、そうした先験的思い込みを離れて前決定過程を分析していくと、公的アジェンダとなっているものの間にも、参加するアクターの顔ぶれや、彼らの間で決定に至る相互作用のあり方に違いのある、別々の政治過程が析出されていくことになるだろう。

この章では政治過程論が古典的なモデルから、複数の政策過程をとらえる広がりを得ると同時に、時系列的にも前と後ろに拡張していく様を描くことを目的としているが、前決定過程こそが、その縦横の広がりを論理的に結合させる焦点なのである。

右の図は、そうしたところをわかりやすく図示しようとしたものである。まず、政策により異なる政治過程が展開しているととらえた見方が **図3-1** であるが、政策により別種の政治過程が区別されているということで、それぞれを政策過程と呼ぶと、政治過程全体は、そうした政策過程を束ねたものと理解される。そして、その政策過程は、それぞれ前決定過程と実施過程[22]を持つ。まずは単純に政策過程の束が政治過程であるということの図示を掲げる。

---

(21) 前節でかなり丁寧に説明したが、異なる政策過程が束となって全体の政治過程を構成しているという議論は多い中で、独立変数たる政策を、それでもって説明をなすべき従属変数たる政治の態様から定義したのでは内生性問題が生じるので、ロウィは定義を厳密に行う中で国家の再導入に導いた。しかし、その他のいわゆる政策類型論は、よく見ればほとんどが政治過程の特徴から政治過程の細分化を行っている。本書でも、政策類型論は発見的にこそ行われるべきだという考えから、ロウィのような厳密な政策規定説には立たない。

4 前決定過程の理論：複数の政策過程を導出する理論

図3-1 政治過程論の縦・横への拡張

政策Aの前決定過程	その決定過程	その実施過程	⎫
政策Bの前決定過程	その決定過程	その実施過程	⎬ 政治過程
政策Cの前決定過程	その決定過程	その実施過程	⎭

　たとえば、車検制度をめぐる政治過程は介護保険制度をめぐる政治過程とは異なるだろう、と考えるとき、別種の政策過程が政治過程の中にはある、ということになり、前者は政界・官界・業界のアクター[23]が硬く結びついた鉄の三角形[24]を構成し、他の容喙を許さず、排他的に政策を決め実施している一方で、後者は、官僚制の中からの発案が広く関係者の間で協議され、歩み寄り、調整が図られて決められていくというとらえ方ができることになっているだろう。参加する人々の顔ぶれ、広がりや、政策が決められていく手順自体も異なる別種の政策過程が複数、展開し、それらが束になっているのが全体としての政治過程であるという見方が成立する。

　この図は複数の政策過程を図示してはいるが、政策過程が並ぶだけで、

---

[22] 説明が前後するが、実施過程については次節で説明することになる。

[23] 55年体制下で語られたアクターは、自民党自動車整備議員連盟（族議員たち）、運輸省自動車交通局（所管部局）、日本自動車整備振興会連合会（自動車整備工場関連の業界団体）である。

[24] アイアン・トライアングル（iron triangle）。ベントリーの『政治過程論』が出てから、圧力集団の議会への圧力行動についての研究が多くなされることになったが、そうした研究の中で発見された利益を媒介とする三者の結びつきをペンドルトン・ヘリング（P. Herring）がこう名付け、広く用いられるようになった。よく似た用語で「政・財・官」の三角同盟というのがあるが、これは階級支配の体制について語る用語で意味するところは異なる。この語を使ってしまうと、異なる政策過程はおろか、政治過程の中で相争う政治的諸勢力も見えなくなってしまうので、政治過程論の文脈では用いられることはない。

第3章 政治過程論の展開

それぞれが持つ前決定の過程、実施の過程が個々の政策過程間でいかなる差異を見せるのかについては示せていない点で不十分である。そのことも含めて書き足さなければならないのだが、まず、実施について触れてからのことにしよう。

5　実施過程の理論

　決定過程が成功裏に終了しても、政策が対象に投入され何らかの成果が得られるようにするためには政策の実施がなされねばならない。法が成立し予算がつけられても、実施されねば何も生み出さないということだ。実施の理論は、政策が、法の成立や予算の通過とかで決定過程としては終了しても、実際にそれが現場に投入されるところまでフォローすると期待通りに進行しているわけではないことがわかることがあり、それは、政策決定の過程を見ていただけではわからなくて、実施の独自の論理に気づかねば見えないだろうという提言なのである。

　実施が理論的に初めて注目されたのは、プレスマンとウィルダフスキーの研究(Pressman and Wildavsky)が公刊されたときである。カリフォルニア州のオークランド市で実施された公共事業を追った事例研究であるが、その理論的問いは、この書物の副題のような形で表紙に掲げられた長い惹句に明瞭に掲げられている。曰く、「ワシントンの大いなる期待がオークランドでいかにして打ち砕かれたか、あるいは、連邦政府の事業がそもそもうまくいくなどということがなぜ驚くべきことなのか、本書はEDA(Economic Development Administration)を温かい目で見守った二人の観察者が打ち砕かれた希望から教訓を得ようとして記した物語である。」

　特に大きな反対もなく、オークランド市で実施される公共事業について連邦議会はこれを承認し、その政策の効果に期待もした。しかし、いざ実施に移してみると、いろいろと考えてこなかったような事態が起こり、さまざまなところでの齟齬から小さな遅延が起こり、これが累積し

5　実施過程の理論

て政策は失敗に追い込まれる。結局、失業者の雇用を創り出すという目的はかなえられなかった、という話である。

　この研究は実施という領域について、理論が何らかの形で貢献すべきところがあるのではないかという注目を呼んだが、この研究で指摘されている点は実施独自の問題というよりも、決定の過程での思慮不足、不備の問題ではないかという指摘もあり、独自の研究領域たり得るかについては議論のあるところである(伊藤・田中・真渕：62-63)。

　たとえば、海軍の空母搭載機が母艦の帰港前に先に離艦して地上の航空基地に降りるが、その際の空路が公共事業の航空機格納庫工事の場所と重なっており、設計変更を余儀なくされたという話など、予測不可能な話が実施段階で起こったとするのは無理があり、政策立案の際の調査が不十分であったということではないのかと思われる。[25]

　著者たちがこの書物で紹介したいくつかの漫画が、多数の段階を経て決定に至る経路を戯画的に示すもので、結構面白く、実際の政策の実施というものも同様に多数の陥穽があり、一つでもそれにはまると期待した結果は得られないということだろうと思わせてくれるが、さまざまな実施のさまざまな陥穽を含む経路はあるのだろうが、これを実施一般の理論にしていくのは難しい。ウィルダフスキーたちのキーワードは「遅延」であった。[26]

　ただ、この議論を第2・3節で展開した複数の政策過程の理論と組み合わせると景色は変わる。リプレーとフランクリンはロウィの政策類型を決定過程と実施過程にそれぞれ適用してみると、異なっている過程があると主張した(Ripley and Franklin)。端的には福祉政策だが、政策決定の段階で福祉を論じるとき、多くは再分配政策であると考えながらの

---

(25)　プレスマンはこの書物が出てすぐに物故するので、改訂版はウィルダフスキーによって用意されることになったが、プレスマン自身は、この研究は批判者の指摘の通り、理論的に実施が独自の研究課題として意味を持つのかどうか、疑問を抱き始めていた、ということである。

(26)　実施研究がその独自の存在意義を主張する理論的よりどころは論者により様々である。詳しくは7章参照のこと。

第3章　政治過程論の展開

議論となるであろう。富める者から貧しき者へ、持てる者から持たざる者へ、価値の再分配を行うということである。ところが、実施となると、福祉政策は個々の貧しい人々への少額の給付、個別ばらばらのサービス提供の形をとっているので、その態様は分配だというのである。日本でもその事情は同じであろう。本来は再分配で組み立てられる福祉政策ではあっても、実施局面が分配の形をとるが故に、「バラマキ福祉」になりやすい。価値剥奪を行わず、一方的に価値付与だけを行う分配の姿をしているが故にバラマキに陥りやすいということが言えそうである。

　実施を独自の研究対象として考えてみる必要があるかどうか、この福祉の場合のようなことが言えるものはないかと考えてみると、防衛政策もまた、これに当たるのではないかと思えてくる。防衛政策は巨額の予算を投入して装備の調達を行う。戦争の道具としての装備を調達し、戦争のプロとしての自衛隊員を雇用し、彼らに対して装備を用いて戦争を行うための訓練を行う。この論理からすれば、防衛政策の実施は戦争の遂行であろう。しかし、防衛政策の目的は抑止である。戦争になってしまうと、すなわち、実施が本当になされたときは、その政策の目的が破れたときとなるのである。つまり、戦争にならないように防衛の体制を整え、わが国に対する侵攻の意図と能力を持つ勢力に対してこれを思いとどまらせること、つまり抑止を行うことが目的であるので、実際に戦争が起これば防衛政策はまず、抑止という点では失敗したということになるのである。

　端的に言えば、防衛政策は論理的に実施がない領域に当たりそうだ。決定過程で決めた予算を用いて、装備の調達を行うところが実施となって現れているのだが、そこでとどまり、実際に武力の発動にまではいたらないということが政策目的にかなっているという、ややわかりにくい姿をしているのである。決定が目的を達するものであったかどうかは実施で評価を受けることになるが、防衛政策は、その意味では単純な評価が難しい。戦争に巻き込まれないですんでいるのは自衛隊が装備を調え、装備の更新を行い、適切な訓練を行ってきたからだと政府は語るかもしれないが、自衛隊は違憲であり、憲法9条こそが日本の平和を守ってきたのだという理屈もいまだ根強い。いずれにせよ、防衛政策において実施は何な

のだろうかと考えさせるところがこの政策の一大特徴であるとは言える。
　実施という政策決定過程の時間軸の後ろに伸ばした延長線上の対象に、決定過程とは別に議論するべき価値があるかを問えば、類型論の検討を通じて、意義が見えてくるという話である。プレスマンとウィルダフスキーのように、一般に決定過程とその後の実施過程として論じるあり方もあるが、その意義はなかなかとらえにくい。実施過程の独自の特徴と彼らがするものが決定過程からは見えないとは明瞭には言いがたく、実施過程で生じている問題は多くは決定過程との連続の過程と見て検討するべきではないのかという疑義から逃れられないからである。これに対して、政策類型論を媒介させることにより、福祉政策のように決定局面での論理と実施局面での論理が別物になっている、とか、防衛政策のように実施がないことがこの政策の特徴なのではないかと考えさせるとかが、まさに、実施を独自の研究対象として考えねばならないことを思い起こさせてくれるのである。

6　おわりに　縦横の展開
：複数の政策過程と時系列の区分

　最後に、図3-1を手直しして、複数の政策過程からなる政治過程の図に時系列の前後に区別するべき過程を描き、それらが理論的に別物として立てて議論する意義を確認する図として仕上げておきたい。
　図3-1は単純に異なる政策過程を並べて、それぞれの中を三分して前決定過程、決定過程、実施過程と記しただけのものだった。しかし、4節で論じたように、前決定過程こそが複数の政策過程を導出する鍵である。非決定理論の類推からもたやすく想像できるように、前決定過程により区別され、ある政策は顕在化した政策決定過程が見えない（非決定論者は権力者が押さえつけて公共の議論をさせないようにしていると言うだろう）。あるいは、決定過程で取り上げられる議題とはならないので、決定過程以降が動き出すことはない。前決定過程で解明されるメカニズムなり構造なりが特定のアジェンダが浮上しやすく、あるいは浮上しに

第3章 政治過程論の展開

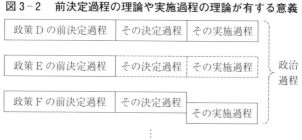

図3-2　前決定過程の理論や実施過程の理論が有する意義

くくしているからである。図3-2において、政策Eと描いている部分が、この現象を示そうとしている。公的な決定に現れているDと比較して、Eは点線で表現してみた。

　実施についても、5節で論じたことを図に表現しようとすると一工夫必要になる。政策Fとして描いているところがそれであるが、前決定過程で公的決定を求めて（福祉も防衛も公的決定を行わねばならないと認知されるのは当然だろう）、決定過程が動き出すが、いざ実施過程を見ると決定過程と別の論理に支配されている（福祉）、あるいは、実施が行われない、実施の行われ方が、使われないものを買うというやや矮小化した現れ方をする（防衛）というようなところを図示しようとすると、この図のように決定過程とはまっすぐにはつながっていないというような現れ方になるのではないだろうか。

　本書では、政治過程論が複数の政策過程という方向に広がる軸と、それぞれの過程が時系列的に前後に広がる軸とを縦横の広がりとしてとらえ、その理論的展開を説明することを目的としている。本章は、その全体像を簡単に説明した。

　以降の章では、そもそもの出発点たる古典的政治過程論、多元主義政治理論とはいかなる理論であったのか（第4章）、複数の異なる政策過程を政策類型から導き出す「横」への広がり（第5章）、類型論と時系列の拡張の論理的接合部をなす前決定過程の理論（第6章）、類型論がその存在意義を強く主張することになる実施過程の理論（第7章）と順に個別に説明を加えていく。

6 おわりに 縦横の展開：複数の政策過程と時系列の区分

[参考文献]

伊藤光利・田中愛治・真渕勝『政治過程論』（有斐閣アルマ、2000年）
エーリッヒ・フロム著、日高六郎訳『自由からの闘争』（東京創元社、1951年）
大嶽秀夫『現代日本の政治権力経済権力』（三一書房、1979年）
佐藤　満「ロウィの『権力の競技場』論」、『法学論叢』第一二一巻一号、四号、1987年。
―「アメリカの利益政治」川端正久・的場敏博編『現代政治』（法律文化社、1988年）、113〜131頁。
中野実編『日本型政策決定の変容』（東洋経済新報社、1986年）
―『現代日本の政策過程』（東京大学出版会、1992年）
福島徳寿郎編『講義　政治学』（青林書院、1981年）
Bentley, Arthur F., *The Process of Government : a Study of Social Pressure*, The University of Chicago Press, 1908, 喜多靖郎・上林良一訳『統治過程論』（法律文化社、1994年）
Dahl, Robert A., *Polyarchy : Participation and Opposition*, Yale University Press, 1971, 高畠通敏・前田脩訳『ポリアーキー』（岩波文庫、白29-1）
―, *Who Governs? : Democracy and Power in an American City*, Yale University Press, 1961.
―, *Modern Political Analysis, Third Edition*, Prentice Hall, 1976. 高畠通敏訳『現代政治分析』（岩波書店、1999年）
Froman, Jr., Lewis A., "The Categorization of Policy Contents", Ranney, A. ed. *Political Science and Public Policy*, Markham, 1968, pp. 41-52.
Gormley, Jr., W. T., "Regulatory Issue Networks in a Federal System", *Polity* Vol. 18, 1986, pp. 595-620.
Greenstone, J. D., "Group Theories", Greenstein and Polsby eds., *Handbook of Political Science*, vol. 2, 1975, pp. 243-318.
Herring, E. Pendolton, *Group Representation Before Congress*, The Johns Hopkins Press, 1929.
Hunter, F., *Community Power Structure : A Study of Decision Makers*, 1953
Kjellberg, F., "Do Policies [Really] Determine Politics? And Eventually How?", *Policy Studies Journal, Special Issue*, 1977, pp. 554-570.
Lowi, Theodore J., *At the Pleasure of the Mayor : Patronage and Power in New York City, 1898-1958*, The Free Press of Glencoe, 1964.
―, "American Business, Public Policy, Case Studies and Political Theory", *World Politics*, vol. 16, 1964, pp. 675-715.
―, "Decision Making vs. Policy Making: Toward an Antidote for Technocracy", *Public Administration Review*, vol. 30, May/June 1970, pp. 314-325.
―, "Four Systems of Policy, Politics, and Choice" *Public Administration Review*, vol. 32, July/Aug. 1972, pp. 298-310.

第3章　政治過程論の展開

——"Public Policy and Bureaucracy in the United States and France", Ashford, D. E. ed., *Comparative Public Politics, New Concepts and Methods*, 1978, pp. 177-195.

—— *The End of Liberalism, 2nd. ed.*, Norton, 1979. 村松岐夫監訳『自由主義の終焉　現代政府の問題性』（木鐸社、1981年）

—— *Arenas of Power*, Paradigm, 2009.

—— and Stone, Alan, ed., *Nationalizing Government : Public Policies in America*, Sage, 1978.

Pressman, Jeffrey L. and Wildavsky, Aaron, *Implementation, 2nd ed. Expanded*, University of California Press, 1979.

Ranney, Austin, "The Study of Policy Content : A Framework for Choice", Ranney, ed. *Political Science and Public Policy*, Markham, 1968, pp. 3-21.

Ripley, Randall B. and Franklin, Grace A., *Bureaucracy and Policy Implementation*, The Dorsey Press, 1982.

Rothman, S., "Systematic Political Theory : Observations on the Group Approach", *APSR*, vol. 54, 1960, pp. 15-33.

Schattschneider, Elmer E., *Politics, Pressures and Tariff*, Prentice-Hall, 1935.

——, *Semi-Sovereign People : A Realist's View of Democracy in America*, Holt, Rinehart and Winston, 1960. 内山秀夫訳『半主権人民』（而立書房、1972年）

Salisbury, R. H., "The Analysis of Public Policy : A Search for Theories and Roles", Ranney, ed. *Political Science and Public Policy*, Markham, 1968, pp. 151-175.

Salisbury, R. H. and John Heinz, "A Theory of Policy Analysis and Some Preliminary Applications", Sharkansky, Ira, ed. *Policy Analysis in Political Science*, Markham, 1970, pp. 39-60.

Spitzer, Robert J., *The Presidency and Public Policy : The Four Arenas of Presidential Power*, The University of Alabama Press, 1983.

Tilly, Charles, *Democracy*, Cambridge University Press, 2007.

Truman, D., *The Governmental Process : Political Interests and Public Opinion*, Knopf, 1951.

［佐藤　満］

第4章　集団過程論の展開

　本章では、政策過程論の祖型である政治過程論において、政治分析のための鍵概念として重視されてきた「集団」について取り上げる。これまで政治過程論では、政治の世界に参加する主体(アクター)を「集団」として理解する傾向があった。近代の政治理論の中心であった合理的市民や国家といった概念が、大衆民主主義時代の到来を前にその有意性を低減させるにつれ、それに代わる新たな政治過程の主人公として、この「集団」が多くの注目を集めるようになったのである。そして、その最たるものとして、政治に参加するアクターをすべて「集団」という概念で捉えようとする、現代政治学の一派である「集団過程論」(あるいは単に「集団理論(group theory)」)が登場した。

　以下では、この「集団過程論」の登場した背景とその内容について概観し、その意義と限界を確認する。そして、集団過程論に対し提起されたいくつかの批判を検討したのち、この分野の展開可能性が今後どの辺りにあるかを考察する。

1　「集団」理論の原風景

　20世紀は「集団の噴出」[1]の時代といわれる。その背景には、この時代

に(あるいはそれ以前から)、一方で既存の社会秩序の急速な解体が進むとともに、他方では新しい秩序の構築が模索されたことがある。たとえば、そのような秩序の解体の一例として、資本主義経済の拡大・発展を主因とする伝統的な農村共同体的秩序の解体と、その結果生まれた都市労働者階級の増大がある。資本の蓄積とそのために必要となる大量の労働力の確保という、資本主義経済に固有の論理によって駆り立てられた資本家たちによる活発な経済活動の展開は、それまで農村で営まれてきた家内工業的生産を次々と駆逐し、それにより居場所を失った多くの人々を工場労働者として大規模に都市へと吸収していった(エンゲルス)。しかし、そのようにして生まれた都市の労働者たちは、多くの場合、彼らを外的な影響から保護してきた共同体的紐帯からは引き離される一方で、他者との安定した関係はまだ形成できていないという、まったくの原子的(atomic)な「個人」として、現実社会の荒波の中に放り出されることとなった。いわゆる、「大衆社会化」とよばれる事態の進展である。

　こうした大衆社会化状況の深化の中で、まったくの「根無し草」的状態となった各個人は、そのままでは社会生活や政治に対する影響力などにおいて著しく不利な状態におかれかねない。それに抗するためには、個々人の利益や関心の共有を手がかりに、ふたたび他者との繋がりを構築していかなければならない。以上のような必要に迫られて、経済的、地理的あるいは文化的な各種の利益に基く多様な団体・結社が形成されていったのである。そして、その中からはやがて全国レベルで組織され、選挙区という地理的制約のために活動の幅に限界がある立法府の議員を迂回して、直接に政府機関と密接な関係を築こうとするものまで現れるようになった(的場：141)。

　また、さらに注目されるのは、こうした団体・結社の登場やその活動領域の拡大という現象は、主要国の中でもとりわけアメリカ合衆国で顕著に(あるいは、もっとも自然にといった方がよいかもしれない)みられたことである。これには、アメリカという国が有した特殊性が反映していた。

（1）　E・バーカー(Barker, E.)による有名な言葉である。

それは大きく二つに分けられる。一つは社会経済的特殊性であり、もう一つは政治・制度的特殊性である(2)。まず前者からみてみよう。米国には、その国土の広さから内部に自然環境上の、あるいは地理的条件におけるかなりの多様性がみられるが、そのことはまた様々な地域的・経済的利益をその中から生み出す原因となった。たとえば、比較的早くから工業化が進んだ東部に対し、南部には（かつて奴隷制を利用したことで北部と対立した）綿花栽培を中心とする農業地帯があり、また中部には広大な穀物地帯が広がるとともに、西部には最後のフロンティアとして開発が進んだ新興工業地帯がある、といった具合にである。しかも、こうした国土の地理的広大さから由来する地域的・経済的利益の多様性と並んで、アメリカは移民によって作られてきた国家でもあることから、人種的・宗教的多様性という点でも、きわめてヴァラエティに富む構成を有するようになった。こうした社会経済的要因が、集団活動の多様性とその発展に寄与したことは間違いない。

　さらに、集団活動の活性化を促した第二の要因として、アメリカの政治・制度上の特殊性が挙げられる。アメリカが建国当初からデモクラシーの国であったことはよく知られているが、その民主的ルールに基づく政治の運営は、徹底した三権分立など権力の集中を意図的に回避するように設計された諸制度によって支えられていた（ハミルトン・ジェイ・マディソン）。加えて、連邦制の国であるアメリカでは、州政府に代表される地方政府にも相対的に大きな権限が与えられていた。このような連邦—地方を通じてみられる政治制度の分権的特徴は、政策決定などにおいて影響力の行使を試みる各アクターに決定権限のある多様なアクセス・ポイント（あるいは、自らにとって不利な決定を阻止するという意味では「拒否権ポイント（veto point）」）を提供することになり、この複数の決定権限に比較的容易に接近できるという制度上の特徴が、各勢力の政治活動を積極的にするのに効果をもった。そして、さらにこのような傾向は、アメリカの政党がもつ固有の特徴によっても助長された。というの

（2）　以下の整理は内田に依っている。

第4章　集団過程論の展開

も、アメリカの政党は、二大政党(現時点でいえば共和党と民主党)という政党政治上に占めるその重みからみれば意外に思われるかもしれないが、組織の構成としては各地方単位の連合体というのに近く、いずれの党も政党としての一体性は必ずしも強くはないからである。組織としての政党に、政策の集約機能の主たる担い手としての役割を期待できないなら、それに代わるものとして「集団」が登場してきたとしても、ある意味自然な流れだったといえよう。これら政治・制度上の特殊性から、アメリカの集団活動はさらに活発となったのである。

　このように、他国に比してアメリカでは、集団の形成を通じた社会的・政治的活動というのは、例外というよりむしろ人々の日常活動の原風景に近かったといえるかもしれない。「アメリカにおけるほど、結社の原理が、…より成功的に用いられ、あるいはより惜しみなく適用されてきた国はない(内田：38)」というトクヴィルの言葉は、彼の他のアメリカに関する観察と同様に、まさに核心を衝くものであったといえよう(トクヴィル)。そして、このような土壌の中で誕生・発展してきたのが集団過程論であった。次節では、その特徴についてみていくことにする。

2　集団過程論の発展

　理論としての集団過程論は、トルーマン(Truman, D.)の *The Governmental Process* において一つの到達点をみたといってよい。それゆえ本節でも、以下ではこのトルーマンの議論を中心に、その内容を検討していくことにしたい。ただし、トルーマンの議論には重要な先駆者がいた。それが、トルーマンの著書が発表されるおよそ40年前、*The Process of Government*(邦訳『統治過程論』)というタイトルの著作を発表したベントリー(Bentley, A. F.)である。トルーマンはしばしばベントリーを再発見したと評されるように、両者の議論は基本的な部分で酷似しており、前者が後者から多大な影響を受けていることは(トルーマン自身も述べているが)明白である。そこでまず、トルーマンの議論を検討する前に、

ベントリーの議論から概観し、そのトルーマンとの異同を確認することにしよう。

　ベントリーの議論の最大の特徴は、「集団」という概念を社会・政治分析の中心に置いた点にある。彼は、社会現象の分析において、真に有意な対象となり得るのは観察可能なものだけであり、そしてこの観察可能な現象とは基本的に「活動」という形態で現れる、とした。つまり、社会全体の進歩であるとか、社会全体を代表する意志の存在といった類の議論は、実在する「活動」からまったく遊離した観念の産物でしかないとみなしたのである。この点で、彼がスモールやスペンサー、イェーリング、ダイシーといった当時の名だたる理論家たちを批判の俎上にのせているのは印象的である。政治をその一つに含む社会現象は、人々の活動によって全体が構成されているのであり、全体が人々の行為を規定するのではない。そして、その人々の活動とは、必ず「集団」という形で顕在化する。ゆえに彼の議論では、「活動」と「集団」は同義であり、しかもその「活動」は、それが「活動」である以上、一定の方向性を持って形成される。その方向性こそがいわゆる「利益」であり、そのため彼の議論では「活動＝集団＝利益」となるのである（田口）。以上の議論から、ベントリーは社会現象とはこれら集団間の相互作用として理解されるとするが、これは言い換えれば、たとえば「政治」という現象を理解するためには、「政治」に関わる「利益」をもとに「活動」する「集団」間の相互作用を観察し、記述すればよいということになる。まさに統治とは、このような不断に続く集団間の相互作用という「過程」と同一視されているのである。

　ただし、ベントリーはこうした集団間の相互作用が、それ自体は永続的に変化するものであるとしながら、全体としては安定した均衡に至ると主張する。そしてその根拠として、集団メンバーのクリスクロスと習慣背景(habit background)を挙げる。集団メンバーのクリスクロスとは、人々が複数の集団に重複して加入することで、その中の一つが過剰に勢力を拡大するのを抑止する機能を果たすことを指す。つまり、人々が複数の集団に同時に加入している場合、その中の一つだけが勢力を伸張させると、同じくメンバーが所属している他の集団の利益を不当に圧迫す

第4章　集団過程論の展開

ることになる。その際に、人々の心理的側面に交差圧力が働き、圧迫する側の集団活動を抑制することで、全体として個々の集団活動の自由は維持されるとするのである。他方、習慣背景とは、ある特定の集団が強力となり、他の集団を圧倒するように思われたとき、民主的な「ゲームのルール」を守らせるという「利益」によって登場してくる集団の、その「利益」の背景を構成する規範や価値観のことである。こうした習慣背景に基づく利益を軸として登場する対抗勢力の存在が、集団間の力の均衡を大きく崩すことを回避しているとベントリーは考えている。

　以上のようなベントリーの議論は、後述するように、「集団」という概念を政治分析の鍵概念とすることと、集団間の相互作用は均衡状態へと至り全体として安定するとみている点において、トルーマンの集団理論の原型をなすものである。また、事実を重視し、観察可能な動的現象のみを分析対象にしようとするその姿勢は、「科学としての政治学」を志向したアメリカ政治学のまさに先駆となるものであった。しかしながら、このような革新性をもったベントリーの議論は、彼が著作を発表した当時はほとんど省みられなかった。アメリカ政治学においてさえ、まだ大陸欧州型の哲学的思考の影響が強かった当時においては、彼の主張は早すぎたのである。その成果が再び注目されるには、トルーマンが彼を再発見するのを待たねばならなかった。

　ただし、ベントリーの業績以後、トルーマンの登場まで、政治研究の世界で「集団」の存在がまったく重視されなかったかといえば、もちろんそうではない。たとえば、合衆国憲法の成立過程を経済的利益間の駆け引きとして描こうとしたビアード(Beard, C.)の業績や、スムート・ホーリー関税法をめぐる利益団体間の圧力政治を分析したシャットシュナイダー(Schattschneider, E. E.)の研究など、この間にも優れた業績が発表されている。これらの業績はいずれも、(ベントリーが重視しながら皮肉にも彼自身は行わなかった)緻密な実証分析による成果であった。しかしながら、理論の純度という点からみれば、これらの諸研究はいずれも事実の解説により関心があり、さらに踏み込んだ理論的研究を志向するものではなかった。そうした理論のレベルをもう一段上げる作業に従事したのが、トルーマンだったのである。

2 集団過程論の発展

　トルーマンの集団過程論は、上述のように、ベントリーの議論から大きな影響を受けており、その論理構造はベントリーのものときわめてよく似ている。たとえば、トルーマンも現代政治の分析において、鍵となる主体は社会にあまねく存在する諸利益を具現化した「集団」であるとするし、それら集団間の相互作用こそが「政治過程」を構成するとみている点でベントリーと共通している。また、そうした集団間の相互作用は、全体としては社会を安定した均衡状態へと導くとする点でも両者の議論は一致している。しかしながら、トルーマンとベントリーの議論には一つ重要な相違が存在する。それは、ベントリーが直接議論の対象とはしなかった集団形成のロジックを、トルーマンが意識的に論じていることである。

　ベントリーにとって、「活動」こそが政治分析における唯一観察可能な対象であり、そしてその活動は、上述のように必ず「集団」という形態をとって現れることから、集団以外のレベル（個人や国家など）をそもそも分析の対象とする必要性を彼は感じなかった。だが、それではやはり集団自体が形成され登場してくるプロセスを問わないこととなり、理論の中に大きな「ブラックボックス」を残すことになるだろう。トルーマンはこの点に意識的に取り組み、理論の空白を埋めようとしたのである。そしてそのために、彼が提示した概念が「共有態度（shared attitude）」とよばれるものであった。

　人々はなぜ、あるいはどのように集団を形成するのであろうか。その答えをトルーマンは社会心理的側面に求めた。たとえば、人は多くの場合、客観的に他の人と共通する幾つかの属性をもっている。それは身体上の特徴であったり、社会的地位や生活態度におけるものであったりするであろう。しかし、単に共通する属性を有しているだけでは、人々は「集団」を形成したりはしない。そこに、一定の属性をもつ人々の間に共通した反応を引き起こす何らかの刺激が外部から加わり、その刺激に対して同じ方向性をもつ複数の人々の反応が生じてはじめてそれは「集団」となるのである。こうした外部からの刺激について集団メンバーが評価解釈する際のいわば「準拠枠」となるのが「共有態度」である。そして、トルーマンはこの「共有態度」をまた「利益」であるともした（中

第4章　集団過程論の展開

野：235-236)。つまり、「利益」という共有した態度に基づく、外部からの何らかの刺激に対する人々の集合的反応が「利益集団(interest group)」なのであり、その反応が向かう先が政治的な利益であれば、それは「政治的利益集団(political interest group)」とよばれるのである。それゆえ、この意味での利益集団には組織化された団体や結社だけが含まれるのではない。むしろ、そこには状況に応じて様々にその様態を変化させていく、一種の運動体ともいってよいような人々の集合的活動が含まれているとみなすべきであろう。そして、トルーマンによれば、政治過程とは、このようなある種の利益集団の登場がそれ自体刺激となって別の集団を発生させながら永遠と続いていく、利益集団間の相互作用の連鎖であるとされる。すなわち、社会レベルの諸利益が集団という形によって必要に応じて出現し、政策など政治の果実の獲得を目指して他の集団と交渉や妥協を行う、そういったイメージで政治は理解されているのである。

　では、こうした集団間の相互作用という政治過程の中で「政府」あるいは「国家」はどのように位置付けられるのであろうか。ベントリーもそうであったが、トルーマンも(そして、集団理論をその一つとする「多元主義(pluralism)」の議論一般も)社会の諸利益から超然とした共同体全体の意志の執行者という意味での「国家(state)」という概念は、形而上学的な思弁の産物であり実証的分析には耐えないとして、理論に位置づけることを拒否している。そしてその代わりに、彼らが多用したのが「政府(government)」という概念であった。トルーマンの議論において、この「政府」という概念は、たしかに各利益集団が政治的決定のオーソライズを求めて接近してくる権力の集中核であるとされてはいるが、しかしそれは伝統的な意味での「国家」がそうであったような、自らの意志を社会アクターに押し付けてくるような存在ではない。あくまで「政府」が政治過程の中ではたす役割は、そこで展開される諸集団間の相互作用の調整役か、もしくは「アンパイヤー」に過ぎず、その意味で受動的で

---

　　(3)　ただし、トルーマンの議論でも、政治的影響力の行使という点では組織化された団体の方がより安定しているとはされている。

あり消極的なものであった。集団過程論にとって、政治の中心はあくまで(社会レベルの利益を基礎とする)「集団」であり、もし政府がその一員として政治に参加してくるとすれば、それはまた数多くある集団の一つとしてであって、他の集団とレベルが異なるものとしてではないのである。

そして、トルーマンもベントリーと同様に、これら利益集団間の相互作用を、それ自体は常に変化する動的なものでありながら、全体としては安定した均衡状態へと社会を導くと考えている。この点に関するトルーマンの説明は、ベントリーのものとほぼ同じである。ベントリーが集団メンバーのクリスクロスや習慣背景とよんだものを、トルーマンは「重複メンバーシップ(overlap membership)」と「潜在集団(potential group)」と表現した。すなわち、前者は人々が複数の集団に同時に加入することで、特定の集団が突出することを抑止する効果があることを示唆するものであり、後者は一部の集団が強大化し自由な集団活動の展開といった民主的な「ゲームのルール」が侵害されたときに、それが契機となって普段は潜在化している利益が顕在化し、ルールの遵守を求める新たな集団として登場してくることを意味している。いずれも、多元的な集団活動の展開が民主主義と両立可能であること(あるいは、民主主義の不可欠な要素であること)を論じるための重要な道具立てであり、ベントリー以来の集団過程論の中核をなしているといってよいだろう。

以上が、トルーマンやベントリーの集団過程論についての概観である。あらためてその内容を、政治の中の集団という視点と、集団それ自体の形成に関する説明という視点の二つから整理し、その含意を確認しておこう。まず、前者についていえば、とくにきわだっているのはその社会還元論的性格である。社会レベルにおける集団の活動を政治の本質とみなし、「国家」など政治学にとって馴染みの深い概念を用いることをあえて拒否するその姿勢は、政治分析にとって重要なのは「国家」か「社会」かという二分法が成り立つとすれば、明らかに後者を支持する立場に立っている。このような特徴は、単に集団過程論のみならず、(他章でもみたように)多元主義の議論一般に共通する傾向だが、集団過程論は政治に参加するアクターをすべて「(利益)集団」という概念に単純化しているだけに、そのスタンスをさらに徹底させているということができ

よう。すなわち政治過程の中では利益集団こそが主役であり、また唯一の存在なのである。

　第二に、集団形成の説明という点からみると、集団過程論は集団活動を比較的容易に、いわば自然発生的に顕在化するものとみなす傾向がある。これはトルーマンの議論にとくに典型的だが、社会的な諸利益は環境から刺激を受けるとそれに応じて(つまり、共有態度に即して)直ちに集団化し、政治に参加してくると集団過程論では考えられているところがある。そしてそのために、人々の多様な利益は集団活動を通じて政治に反映され、民主的な政治の運営が保証されることになるのだが、同時にこの多元的で流動的な集団の政治参加は、システム全体を均衡させそれを安定化させるという観点からも、理論上欠かせない要素となっているのである。

　このような集団過程論にみられる二つの特徴は、平明で一貫性のあるその仮定から、集団過程論の一般理論化という点においては大いに資するものであったが、しかしその単純さゆえに、批判者からはもっとも攻撃が集中するポイントともなった。次節では、集団過程論が、その後どのような批判を受けることになったのかをみていくことにしよう。

3　集団過程論の限界

　政治に参加するあらゆるアクターを「(利益)集団」へと還元してしまうベントリー・トルーマン流の集団過程論は、理論の純化もしくは一般化という意味では相当の高みに達したといえるかもしれないが、極端とも思えるその前提を維持しようとするその姿勢は、同時に多くの批判を受けることにもなった。それらの批判は、前節の最後で整理した政治の中の集団の捉え方に対しても、集団形成に関する説明に対してもともに向けられた。これら二つの批判は、相互に関連させながら論じることも可能だが、その論点をより明確にするために、以下ではとりあえずそれぞれ分けて検討することにしたい。

　まず、政治の中の集団、とくに社会に遍在する諸利益を代表した集団

3 集団過程論の限界

間の利害の相互調整という政治の捉え方に対する批判としては、ロウィの「利益集団自由主義」批判およびそこから導き出された「依法的民主主義」の議論が挙げられる。ロウィは、集団過程論にもっとも典型的にみられる、社会経済的利益は政治において広範に代表されているとみる多元主義一般の想定を批判し、実際には組織化に成功し、政府機関と安定した関係を築いた一部利益のみが政策の決定などで優位な地位を占めているとした。ゆえにそれら組織と政府との関係は、政策領域ごとに一部特定の団体に特権的なアクセスを与え、それら団体の利益の維持を主な目的とする「圧倒的に組織志向」、「既成勢力志向」で「反革新」なものとなる。言い換えれば、組織化に十分成功していない諸利益は政府の保護の対象とはならないというのである。まさに「組織されたものにとっての社会主義、組織されざるものにとっての資本主義」であった(Lowi 1979：279)。ロウィはこのような状況を「利益集団自由主義」とよび批判した。

とりわけ、ロウィにとって問題であったのは、これら特定の団体と政府機関との間に成立した利益共同体に実質的な権限の委任が行われ、この両者間の無原則な取引によって政治が運営されてしまうことである。これは政府が本来有していた統治の正統性を足元から掘り崩すことになりかねない。ところが、多元主義の議論は、政府を集団間の相互作用の延長線上にあるものとして位置づけるため、こうした団体と政府機関との結託をむしろ正当化するイデオロギーに堕してしまっている。この状態から政府の正統性を回復するには、あらためて公式のルールに則った政治の決定を重視する、法の支配の原理へと回帰しなければならない(それゆえ、彼の主張は「依法的民主主義論」と称される)。そしてそのためには、政府の正統性がそもそも「正当な強制力の行使」に由来することを正しく認識しなければならないとするのである。多元主義者は全般的に、政府による強制力の行使を否定的にとらえる傾向があり、その結果、集団間の自主的調整に過大な期待をかけるようになってしまった。しかし、もし政府の活動の根拠がそのような集団間の相互作用(つまり政治過程)に帰し得ないとすれば、その理論上の位置づけもまた考え直さなければならないことになる。以上のロウィの議論からは、いわゆる「国家論の

第4章 集団過程論の展開

復権」へとつながる理論上の導線をみてとることができよう。

　ただし、ロウィの「利益集団自由主義」批判はどちらかといえば規範的な角度からの集団過程論(多元主義)批判だと解することができるが、視野をさらに広げてみると、実際にも集団と政治との関係は集団過程論が想定するような多元的で流動的な特徴をもつものばかりではないことがみえてくる。たとえば、北欧や中欧の諸国では、全国的によく組織化され集権的な権限を有した特定の巨大組織(頂上団体という)が、ときに政府を仲介役としながら、重要な政策決定で互いに協調しながらイニシアティブをとる政治のあり方が定着している。このような団体政治の型を政治学では「コーポラティズム(corporatism：団体協調主義)」という(Schmitter and Lehmbruch)[4]が、こうしたコーポラティズム的な団体と政治との関係は、アメリカにおける団体と政治との関係とはかなり様相を異にしている。もともとアメリカにおいて多様な集団による政治活動が活発に展開されたのは、第1節でみたように、複数の決定権限ポイントにアクセスすることを可能とする多元的な政治制度上の構造があったことがその理由のひとつであった。だとすれば、異なる政治制度の下では、そこで展開される集団の政治活動のあり方も自ずと異なるであろうことが十分予測される。集団過程論は、こうした比較政治の観点からも、その理論の普遍性をあらためて問われることになったのである。

　ところで、もしロウィがいうように、アメリカにおける集団の政治活動の特徴が実際には一部の特定組織の既得権を守るためのものでしかないとすれば、何故それらに対抗する集団活動が新たに登場してこないのであろうか。トルーマンの理論によれば、ある集団の活動は社会的な刺激となって他の集団の出現を促すはずである。そうでないとすれば、集

（4）　コーポラティズムとは、もともとはイタリアのファシズム体制における団体と国家の関係を表現した用語であり、権威主義的体制に固有の団体政治の一形態と考えられてきたところもあったが、西欧の民主的体制においても類似の構造が存在することが見出されるにつれて、より一般的な政治分析上の用語として普及することになった。しかし、その際には旧来のコーポラティズムとは区別するために「ネオ・コーポラティズム」とよばれることがある。

3　集団過程論の限界

団形成に関する集団過程論の説明にはどこか問題があるということになろう。この点を考える際に、ヒントになる議論としてオルソン(Olson, M.)の「集合行為問題」に関する理論がある。そこで次に、集団過程論による集団形成の説明に対する批判へと焦点を移し、オルソンの学説を中心にその内容をみていくことにしよう(Olson, 1971, 1982：訳書 1983、1982)。

　オルソンによれば、集団を構成するメンバーがすべて自らの選好の最大化を目指す合理的存在だとすると、集団の形成は集団過程論が想定するようには容易には進まないとされる。なぜなら、集団活動を通して各人が得る便益は、多くの場合、公共財(あるいは集合財)としての特徴を有するからである。公共財とは、市場で一般的に取引される普通財とは異なり、排他性と競合性がない財のことだとされる。排他性とは、その財を得るために費用を払ったものだけにその財の提供を限定することであり、競合性とはある人の消費が他の人の消費をその分だけ妨げることをいう。公共財の代表的な例としては、国防や治安などがよく挙げられるが、これらのサービス(といってよければ)はそのために費用を払ったものだけにそれから得られる便益を限定するのが困難な場合が多い。そして、もし人が上述の意味での合理的存在なのだとすれば、こうした公共財(集合財)の便益を得るために、進んで費用を負担したりはしないだろう。というのは、費用を負担しないものも同様に便益を得ることができるからである。このような提供される財の性質から発生する集合行為に関わる問題を「フリーライダー」(つまり、タダ乗り)問題という。集団がその構成員に提供する便益は、しばしばこの公共財(集合財)の特徴を有するため、以上のようなフリーライダー問題を発生させやすい。それゆえ、集団活動は集団過程論が仮定するように、社会的な刺激を受ければ自然発生的に現れるようなものとみなすことはできないのである。

　しかもオルソンによると、集合行為におけるフリーライダー問題は、集団の規模が大きくなればなるほど深刻になるという。集団の規模が大きくなれば、その構成員一人が得る便益はそれだけ細分化されることになる。また、個々の構成員の活動を監視し、集団活動に問題なく貢献しているかを確かめる費用も上昇してしまう。これらの理由により、大規模集団におけるほど実際にその集団を形成・維持していくことは困難と

なり、このことは見方を変えれば小規模集団ほどこの種の問題に左右されることが少ないことを意味している。しかし、そうだとすれば、比較的広範にわたる利益ほど集団としては代表されず、小規模の集団ほど政治過程において優位を占めるということになろう。かつてチャーチルが述べたように、民主主義が頭をかち割るかわりに頭数を数えるものだとすれば、少なくとも多数派の利益が少数派の利益より（少数派の意見に配慮は必要だとしても）冷遇されることがあってはならないだろう。しかし、オルソンの理論によれば、現実の政治でそうした事態が生じる可能性は決して低くない。そして、この結論は、前述のロウィの観察とも相通じるものがある。このように、従来の集団過程論は、政治の中の集団の位置付けとともに、集団形成に関する説明においても、重大な挑戦を受けているのである。

4　結びにかえて
——集団過程論を超えて？

　ここまでみてきたように、古典的な集団過程論は現在、様々な角度から批判を受けており、そのままの内容でかつてのような有力な学説としてのポジションを維持することは難しくなっている。もちろん、政治と集団との関係について理論的に考える際のもっとも重要な最初のスタートであることには今でも変わりはないが、政治過程論のバージョン・アップを、とりわけ「政策過程論」への展開という点から目指すのであれば、その内容は少なからず修正されざるを得ないであろう。では、今後の集団理論には、どのような展開があり得るだろうか。確たる方向性が明らかなわけではないが、本章ではその可能性を示唆するものとして、従来の「利益」の政治（に代わるとまではいえないにせよ）と並ぶ「アイディア（idea）」の政治の重要性について指摘する議論を紹介し、稿を閉じることにしたい。

　「アイディア」という概念が何を意味するかは、論者によって考え方に幅があり一概にいえないところもあるが、ここではゴールドスタイン（Goldstein, J.）とコヘイン（Keohane, R. O.）の整理にならい、大きくみる

4 結びにかえて

とそれは「世界観(world views)」(宗教や文化的言説など)と「道義的信念(principled belief)」(善悪の価値判断など)と「因果的信念(causal belief)」(学説や専門知識など)の三種類に分けられると考えることにしよう(Goldstein and Keohane)。後者になるほど中味の具体性が増し、それだけ分析上の操作性が高まることが期待できるが、いずれに注目するにせよ、アイディアをそれまでの利益に代わるものとして政治分析の舞台に上げるとすれば、それが利益では説明が難しい問題に対する解を与えてくれるからと考えるのが順当であろう。では、利益ではなくアイディアによる説明が有効な場合とは、どのようなケースが考えられるであろうか。

たとえば、少し極端な例かもしれないが、革命について考えてみたい。周知のように、革命とは現体制を実力を用いて転覆し、それに替わる新しい体制を樹立することであるが、その成功のためには比較的広範囲にわたる人々からの支持と実力行動への参加を求める必要がある。ところが、前節でみたオルソンの理論に従えば、このような性質の革命運動は、人々が合理的な個人であればあるほど、まず成功しないということになる。革命運動に対して、体制側はもちろん全力でその弾圧を試みるであろう。そしてそれによって、人々がそれに支持を表明したり、実際に運動に参加したりすれば、ときには生命の危険をともなうコストを負うことになる。さらに、よしんば革命が成功したとしても、広範な参加者それぞれに与えられる便益は(一部の指導的エリートを除いて)それほど多くないことが十分予想され、しかもそのわずかな便益さえ与えられるかどうかは高い不確実性の下にある。このような状況下で、革命が成功する(あるいは、そもそも革命運動が起きる)理由は基本的に考えられない。多くの人々は、フリーライドを決め込むことになろう(Tullock)。

オルソンの議論が、合理的選択論(rational choice)の立場から「利益」に基づく人々の行動をもっとも洗練化された形で説明したものであるとするならば、革命という現象はそれによってはうまく説明されない。しかしながら、頻度は多くないとはいえ、革命という現象は実際に起こるのである。その説明のためには、「利益」とは違った何らかの要因が考えられねばならないであろう。

あるいは、革命のような稀なケースに依らずとも、同じことは従来の

第4章　集団過程論の展開

政策決定パターンに挑戦し利益分配構造の大幅な組み換えを試みる政治の活動全般に当てはまるといえるかもしれない。いわゆる「改革の時代」とよばれる時期における、通常のルーティンとは異なる政治過程の出現に関する説明がそれである。たとえば、ダーシックとクァークは、専門家から示された規制緩和に関する「アイディア」(学説)が、従来の政策関係者間で形成されていた利益共同体(連邦議会議員、行政機関、利益団体の三者によるいわゆる「鉄の三角形(iron triangle)」)に挑戦する政治家たちに利用されることで、それまでとは異なる政治過程のパターンが現出した事例を紹介している(Derthik and Quirk)。この「改革の時代」における「アイディア」の政治において、目立った特徴として認められるのはその「開放性」である。すなわち、利益関係者で結託し、外部からの干渉をできる限り排除しようとする既存の「利益」政治のパターンに対して、それを専門家の知識などを駆使しながら広範な支持を動員することで覆そうとする「アイディア」の政治は、結果的に開放的な性格をもつ傾向が強くなるのである。この点については、H・ヘクロウの「イシュー・ネットワーク(issue network)」の議論が参考になるかもしれない(Heclo)。ヘクロウは、利益共同体型の「鉄の三角形」と並び、それとは異なる知識・関心を共有した専門家たちを中心に形成された政策形成における人的ネットワーク、すなわちイシュー・ネットワークがアメリカ政治の中で一定のパターンとして定着していることを指摘する。このイシュー・ネットワークが、鉄の三角形と顕著に異なるのは、その人的構成における開放性である。特定の専門能力を根拠とし、問題の解決という公共的な関心に動機づけられてネットワークに参加してくる専門家たちは、その参加も比較的旺盛であるかわりに、自身の意見が採用さ

---

(5)　ただし、アイディアをめぐる政治が常に開放的となるわけではない。たとえば、言説を政治経済分析に取り上げた先駆的論者であるシュミット(Schmidt, V.)は言説を「調整的(coordinative)」言説と「伝達的(communicative)」言説の二つに分類しているが、前者を閉鎖的な利益関係者間での合意形成のための言説であるとし、後者の広く大衆に訴えるタイプのものと区別している(Schmit)。

4 結びにかえて

れる見通しが失われたり、課題自体の性格が変化したりすると、そのネットワークから容易に退出してしまう。このような流動的状況の下で、専門性や知的関心に訴えて互いに影響力を競い合うアクター間の政治過程が、利益をめぐる政治とは別に存在するのである。

さらに、類似の関心に基づき政策過程研究を進めている議論としてサバティア(Sabatier, P. A.)やジェンキンス＝スミス(Jenkins-Smith, H. C)らによる「提唱連合(advocacy coalition)」のモデルも挙げられよう。彼らも、政策過程における個人や組織をベースとしたアクター間の競合、交渉、あるいは提携・連合といった従来の集団過程論が関心を示してきたのと同様の政治の局面について、彼らなりの各種の仮説を立て、その実証を試みているが、彼らの議論が古典的な集団過程論と異なるのは、アクターの活動動機として科学的ないしは技術的な専門知識を重視していることである。そしてそれによって、短期的な利益をめぐる交渉や妥協のプロセスだけでなく、長期的な政策過程の展開に対する視座をもち、また利益共同体の安定性ではなく、政策の比較的ドラスティックな変化を理論の中に組み込もうとしている。今後の展開次第であるが、アイディアに着目した議論の一つとして注目されよう。

トルーマンの「共有態度」あるいは「利益」の定義についてみた際に確認したように、集団過程論がそもそも考えていた「利益」とは、(しばしば誤解されているが)いわゆる物質的(material)なものに限られている訳ではなく、一見「アイディア」に含まれるような規範や知識といったものもその中に包摂する、より一般的な概念として構想されていた。そのため、日本語の語感でいえば、彼らがいうinterestとは「利益」と訳すよりも「関心」と訳す方が正しいかもしれない。しかしながら、そのようにinterestを広範な対象を含み得る概念として扱ったことにより、かえってその中にあるかもしれない各「利益」間の質的差異を捨象してきた向きが、古典的な集団過程論にないとはいえない。「利益」と「アイディア」の区分は、そのような違いを前提として、政治の中の集団活動や集団形成の論理について分析上の新局面を開く可能性がある。集団理論の今後の展開の一つは、その辺りにあるのかもしれない。

第 4 章　集団過程論の展開

[参考文献]

内田満『アメリカ圧力団体の研究』(三一書房、1980年)

エンゲルス、F. 一條和生・杉山忠平訳『イギリスにおける労働者階級の状態』〔上・下〕(岩波文庫、1990年)

田口富久治『社会集団の政治機能』(未来社、1969年)

トクヴィル、松本礼二訳『アメリカのデモクラシー』全4巻(岩波文庫　2005-08年)

中野実『現代国家と集団の理論』(早稲田大学出版会、1997年)

ハミルトン、A・ジェイ、J・マディソン、J、斎藤眞・中野勝郎訳『ザ・フェデラリスト』(岩波文庫、1999年)

的場敏博『政治機構論講義──現代の議会制と政党・圧力団体』(有斐閣、1998年)

Beard, Charles, *An Economic Interpretation of the Constituion of the Unites States*, 1913

Bentley, Arthur F., *The Process of Government : A Study of Social Pressures*, The University of Chicago Press, 1908　喜多靖郎・上林良一訳『統治過程論』(法律文化社、1994年)

Derthik、Martha and Quirk, Paul J., *The Politics of Deregulation*, Brookings Institution, 1985

Goldstein, Judith and Robert O. Keohane eds., *Ideas and Foreign Policy : Belief, Institutions and Political Change*, Cornell University Press, 1993

Heclo, Hugh, "Issue networks and the executive establishment," in King A., ed., *New American Political System*, American Enterprise Institute, 1978

Lowi, Theodor J., *The End of Liberalism*, 2nd. ed., Norton, 1979　村松岐夫監訳『自由主義の終焉』(木鐸社、1981年)

Olson, Mancur, *The Logic of Collective Action : Public Goods and the Theory of Groups*, 1971　依田博・森脇俊雄訳『集合行為論──公共財と集団理論』(ミネルヴァ書房、1996年)

──, *The Rise and Decline of Nations*, Yale University Press, 1982　川野辺裕幸他訳『国家興亡論』(PHP研究所、1991年)

Sabatier, Paul A., and Jenkins-Smith, Hank C., *Poicy Change and Learning*, Wetview, 1993

Schattschneider, E. E., *Politics, Pressures and Tariff*, Prentice-Hall, 1935

Schmidt, Vivien A., *The Futures of European Capitalism*, Oxford University Press, 2002

Schmitter, P., and Lehmbruch, G. (eds.), *Trends toward Corporatist Intermediation*, Sage Publications, 1974　山口定監訳『現代コーポラティズム』Ⅰ(木鐸社、1984年)

Truman, David, B., *The Governmental Process*, Alfred A. Knopf, 1951

Tullock, Gordon, "The paradox of revolution", *Public Choice* 9 (Fall) 1971, pp. 89–99

[藤井禎介]

政策過程研究を推し進めた理論家たち①

レイモンド・A・バウアー(Raymond A. Bauer：1916–77)

　バウアーはガーゲン(Kenneth J. Gergen)との共著 *The Study of Policy Formation*(政策形成の研究、Free Press, 1968)の序章を書いていて、政策決定、意思決定(policy making, decision making)に替わる政策形成(policy formation)という語を提案した。政策は「決める」のではなく「決まる」と考えるべきだということである。ただ、「決まる」と言い出すと政治過程論の均衡論的側面から「定めなき漂流(ミルズらによる均衡論批判の言説)」の世界観に与していくことになりそうだが、彼は、知的過程(intellectual process)と社会的過程(societal process)という魅力的な概念をも提起することで、ここに陥ることを回避している。政策形成の過程は、合理的決定論者が指し示しているような、知的決定者が合理的計算の解を求めるようなものではなく、社会的な相互作用の中で進むのだが、その過程の中には知的過程が埋め込まれていて、社会の動きが響導されていくようになっているのだ、と説明する。われわれは彼によって「政策形成」という語を得、知的な問題解決と社会的な相互作用の連関について考える手がかりを得たのである。　　　　　　　　　[佐藤　満]

第5章　政策の類型化——T. J. ロウィの所論を中心に

　　ロウィによる1960年代から70年代にかけての政策類型論の提起を受けて、政治過程を複数の政策過程の束として考察する先鞭がつけられた。本章では、1節で、ロウィがその着想をいかに得たのかを主に4章で解説した集団過程論、多元主義との関連において確認する。2節では、政策類型論の内容を概観した上で、ロウィが主著『自由主義の終焉(第2版)』のなかでどのようにそのアイディアを用いてアメリカ史を検証したのかも見る。3節では、ロウィの理論と実証が出揃った後の議論動向を概観する。これらを受けて4節では、政策を類型化することの意義について若干の検討を加える。

1　ロウィによる政策類型論の登場とその背景

　アメリカにおける政治過程、また統治の概念は、4章で詳説したように、政治に関する利益をめぐる集団間の永続的な相互作用と結び付けて理解され、さらにそれらは安定的な均衡を得るものとして捉えられてきた。そこでの関心は、2章の解説になぞらえれば、専ら政治の「過程」に着目したものとなっていた。しかし、こうした集団過程論をはじめとする伝統的な政治過程論は、守備範囲を「過程」に絞り込むことによって、「はじめに」で述べたように、政策内容や価値の問題に触れること

なく、すなわち規範的な議論に踏み込むことを避けながら、経験的な考察を進めることができた。

ただし、その一貫した学問的態度と理論化の進展は、平板なあるいは一様な政治過程の理解と隣り合わせであった。それを乗り越えようとした議論の一つが、本章で見る政治過程の内容の多様性を提起したロウィ(Lowi, T. J.)を嚆矢とする政策類型論であり、もう一つが、6章で扱う前決定過程論であった。その登場までのオーソドックスな説明は2章から4章でもしており、本節では、ロウィが政策類型論の着想をどのように得ていったのかを、最新の著書『権力の競技場』での回顧を詳細に辿りながら確認する(Lowi 2009：1-5)。注目しておきたいのは、前決定過程論の展開と同様に、地域権力構造(Community Power Structure)をめぐる論争に接しつつも、ロウィが社会とは質的に異なる公的な存在たる政府(国家)に関心を向け、政治の「構造」を主張していく経過である。

ロウィに言わせれば、ベントリー(Bentley, A. F.)からトルーマン(Truman, D.)に継承された集団過程論は、理論というよりも方法であった。その影響は、ロウィが博士課程の大学院生として学んだ1950年代前半のニューヘヴン、イェール大学には届いておらず、多元主義という用語は、そこでの主要な論者たるダール(Dahl, R. A.)やリンドブロム(Lindblom, C. E.)によって言及されることもほとんどなかったという。ロウィは、1956年の『民主政理論序説(*A Preface to Democratic Theory*)』の出版までダールが自覚的な政治理論家ではなく、まして多元主義あるいは多元的民主主義の理論家ではなかったと見る。とはいえ、ダールのクラスを受講するなかで多元主義の萌芽を見出し、またギルフォードタウンを対象としたコミュニティ研究を通じて、ダールが1961年に公刊する『統治するのはだれか(*Who Governs?*)』を執筆していく様子を感じ取っていた。

もっとも、社会学者を軸とするエリート主義者からの攻撃にさらされるまで、イェール大学は理論的にも実証的にも多元主義の拠点ではなかった。たとえば、ポルスビー(Polsby, N. Y.)は多元主義を擁護する必要に迫られて、それを社会階層のありようが権力のパターンを規定しているという「コミュニティの成層理論」と括った上で批判し、1963年に『コミュニティ権力と政治理論(*Community Power and Political Theory*)』を出

第 5 章　政策の類型化

版したのだった。このような環境のなかで、ロウィは1956年には多元主義者(pluralist)になっていたというが、ニューヨークにあるコロンビア大学との間を往復するなかで自らの関心を深めていくこととなる。1960年には、助手として仕えたセイヤー(Sayre, W. S.)とカウフマン(Kaufman, H.)による『ニューヨークを統治すること(*Governing New York City*)』が出版されるが、その知見との関係で博士論文の完成を目指そうとした。

　ニューヘヴンは19世紀の都市であり、ニューヨークは20世紀の都市であった。ニューヨークは1957年においてさえ現代的な国民国家のようであり、多元的な社会ではあったが、そこに巨大で自律的な市政府自体によって構成される「権力構造」を見出したという。この両市の違いへの気づきが、ニューヘヴンを舞台として政策ごとに異なるエリートの権力を析出した『統治するのはだれか』や、そこでの政治システムを「社会政治的過程」、「配分の技術」、そして(後に政府(国家)の意思としての「強制」との関係で参照する)「統制の技術」に目録化していたダールとリンドブロムによる1953年公刊の『政治、経済、福祉(*Politics, Economics and Welfare*)』への距離感となって表れていく。具体的には、多元主義者は、「社会構造」を強調したエリート主義者に対して「政治過程」を強調するものの、政府(国家)をそれに付帯する現象と見る点においては同じであり、ロウィはそれを致命傷と見て、伝統的な多元主義の理解から離れていったのである。

　政府(国家)という点についていま少し議論を追うと、エリート主義者は、地域権力構造を現代版の封建国家の派生物として見ていた。つまり、以前からある社会構造に付随するものとして政府を措き、それによる法や規則は富や社会的地位の産物だというわけである。また多元主義者は、政府を社会の異質なアクターによる「政治過程」の反復から生じる「権力構造」、つまり社会の派生物として扱っていた。ロウィによれば、両者は、①(政治)過程が政策を作り出すこと、②その「過程」における成功と失敗の割合としての利益の分配が地域権力のモノサシであること、そして③成功の規模とパターンがエリート主義や多元主義などの名義を体制に与えていること、といった点において一致しているのである。

　ロウィは、こうした議論を「政治が政策を生み出す」ものとしてまと

めるが、ワシントンD. C. のブルッキングス研究所での研究などを通じて、「政策が政治を生み出す」という逆転の発想をするようになっていく。これが政策類型論に結実するのであるが、それは徐々に政府(国家)を重視するステイティスト(statist)になっていったという回顧と深く結びついている。こうした関心は、1951年のラスウェル(Lasswell, H. D)のパイロット研究としての『エリートの比較研究(*The Comparative Study of Elites*)』によって触発されたとされ、後述のニューヨーク市長の研究は、地域権力構造を超えるアメリカ政治発展論(American Political Development)の分析に向けて、魅力的なものだったとしている。これが、実証的な一方で規範的な色彩を帯びる主著『自由主義の終焉(第2版)』(Lowi 1979)につながっていくのである。

2 ロウィの政策類型論と『自由主義の終焉(第2版)』── 理論と実証

　ロウィの政策類型論の直接的な芽生えは、19世紀末から20世紀半ばまでのニューヨーク全12市長による役職の政治的任命に関する博士論文およびそれを出版した1964年の『市長の仰せのままに(*At the Pleasure of the Mayer*)』に見られる(Lowi 2009：5-10)。ロウィは政治任命職に就く者の属性の特徴を調べるなかで、重要なのは以前に政党の主要な地位を占めていたこと(政党リクルートメントという属性)、しかし、時代を経るにつれて政治任命職に占めるその割合は低下し、様々な属性から任命されるようになったことを明らかにしている。これは多元主義的な観察と合致する知見であるが、ロウィは、さらに政治任命職が行政部局のトップでもあることに着目して、後に政策類型論の基礎となる部局の機能による四類型を用いて、政党リクルートメントや他の属性の状況を調べる。その結果、政治任命職に就く者の属性は、まさに部局の機能の区分に沿っていることがわかったのである。

　ロウィの一都市におけるこのような関心が、どのように1960年代半ばから70年代初頭にかけて政策類型論として精緻化されていったのか。以

第5章 政策の類型化

下では、その経過および理論的な含意と限界の検討に詳しい佐藤(1987a)を下敷きにしながら、また、3章での解説を周辺の議論を含めて補完しながら、整理していこう。

ロウィは、バウアー(Bauer, R. A.)・プール(de Sola Pool, I.)・デクスター(Dexter, L. A.)による1950年代から60年代にかけての関税政策の研究『アメリカのビジネスと公共政策(American Business and Public Policy)』への「1964年書評」では、政治過程は争点ごとに異なる政策過程が現れるのであり、その意味で「政策が政治を生み出す」と主張した(Lowi 1964)。そこで政策の機能に着目して複数の事例研究の整理から帰納的に示された三類型は、しかし、具体的な政策をどの類型にあてはめるかの基準が明確ではない点や、現実の政策を分類しきれない点について批判を受けた(佐藤 1987a：66-68)。それに応える「1970年書評論文」は、『権力の競技場』(Lowi 2009)には未所収だが、4章で解説したオルソン(Olson, M.)の『集合行為論(The Logic of Collective Action)』、またリンドブロムの『政策作成過程(The Policy-Making Process)』、ドロア(Dror, Y.)の『公共政策作成再考(Public Policymaking Reexamined)』、バウアーとガーゲン(Gergen, K. J.)の共著『政策形成の研究(The Study of Policy Formation)』という4作品に対して執筆された(Lowi 1970)。これらの著者の政治過程の理解の視点はあくまでも多元主義的な観点からの社会における利益調整に置かれており、むしろロウィが主張したかったのは、正統性のある政府(国家)による強制(coercion)の導入の重要性とそれに基づいて演繹的に導く政策類型論、政策規定説であった(佐藤 1987a：68-76)。

「1972年論文」は、1964年書評および1970年書評論文での政策類型の理論化の試みをもって、1979年の主著『自由主義の終焉：現代政府の問題性』(原著初版 1969)とも関連するニューディール期の政策と政治の実証的な分析に進んでいる点で、完成度が一層高められたものとして位置づけられる(大嶽：24-26、212)。その論文は、「政治学の用語は、政府の機能と政策の間の区分について豊かではない」という指摘からはじまり、1970年書評論文での知見を継いで、政府が社会や個人の行為を統制する手法のなかでも、強制を伴う規制(regulation)の重要性に言及するのである(Lowi 1972)。

2 ロウィの政策類型論と『自由主義の終焉(第2版)』

　政策類型は、二つの軸、四つのカテゴリーで構成されている。縦軸は、政府(国家)による強制の可能性が、①「遠い(間接的である)」か、②「近い(直接的である)」かというものであり、横軸は、強制の適用のありかたが、③「個人の行為に対して」なのか、④「行為の環境を通じて」なのかというものである。1964年書評は類型化の際の基準が曖昧だったとはいえ、1970書評論文や1972年論文と一定の連関を保ち(佐藤 1987a；曽我：135-142)、かつ類型の中身について最初に具体的な記述が与えられていたため、それも参照しながら見ておこう。

図5-1　ロウィによる政策の類型化

		強制の適用のありかた	
		③個別の行為に対して	④行為の環境を通じて
強制の可能性	①遠い(間接的)	分配政策	構成的政策
	②近い(直接的)	規制政策	再分配政策

(出典)Lowi 1970：321.

　第一は、①と③からなるカテゴリーに位置する分配政策(distributive policy)である。この政策は、短期的には資源(resources)の有限性を無視しうることを背景にしており、個人や企業のそれぞれに対して間接的に行われるきわめて個別的、分散的なもので、それらを積み上げたときに影響が判明するようなものとされる。具体例には、古典的な19世紀の国有地の処分や関税政策などが挙げられている。ここでの「個別的」という表現はアクター間の「相互不干渉」ということもでき、シャットシュナイダー(Schattschneider, E. E.)が1930年代の関税政策の研究のなかで描いた政治過程と重ねられている(Schattschneider 1935)。

　第二は、②と③からなるカテゴリーに位置する規制政策(regulative policy)である。この政策は、資源の有限性が無視しえなくなる状況を背景とし、(個人というより)集団の間での対立が現れるなかで、それぞれに対して直接的に働きかけるものとされている。テレビ放送や航空路線に関する許可に関する規制が例として挙げられており、イメージされる政

第 5 章　政策の類型化

治過程は、バウアーらも観察したような多元主義的な観点から説明されるものである。

　要するに、この二つの政策においては、政府(国家)による強制の適用の可能性には程度の差があるが、強制のあり方は影響を受ける側の個々に向けられている点で共通しているわけである。一方、同じく強制の適用の可能性には程度の差を認めつつ、政府が自らの正統性と強制力を背景に一義的に行為の環境を操作し、社会の側の望ましい対応を期待することを表しているのが、残る二つの政策である。

　第三は、②と④からなるカテゴリーに位置する再分配政策(redistributive policy)である。この政策は、規制政策と同様に、資源に有限性があることを背景とし、影響を受ける人々の範囲がきわめて広範で、持てる者と持たざる者といった一定の社会の「層」の間の対立について、直接的に行われるものである。具体例には、信用、累進課税、社会保障の連邦準備制度による管理が挙げられている。社会の「層」という点に着目し、かつ 1 節でのロウィの回顧を思い出してみると、ここでの政治過程は、エリート主義者によって説明されるものと重なることがイメージできるだろう。

　第四は、①と④からなるカテゴリーに位置する構成的政策(constituent policy)である。この政策は、1972年論文までに十分な説明が与えられておらず、3 節でも若干触れるような論争的な課題を残しているが(佐藤 1987a 1987b；曽我：138-142)、1 節で引いたロウィの回顧をもとに、ここまでの記述に即して解説を試みておく。それは、分配政策と同様に、短期的には資源に有限性が明瞭に意識されない状況で、影響を受ける個人や集団の範囲はきわめて広範であるが、「行為の環境」自体を組み直すという意味で間接的に行われるものである(Lowi 2009)。1972年論文の具体例には、議席の配分、新機関の設置、プロパガンダが挙げられており、政府(国家)の意思の「配分」や「設置」を通じた社会の「構成」が考慮されているものと考えられる。

　このような政策類型論は、ロウィにとってアメリカ史を把握する分析枠組みの役割を担っており、連邦政府がどのように各カテゴリーで例示したような事業や施策を担うようになったのかを、『自由主義の終焉(第 2 版)』を通して実証することとなった(佐藤 1987b；岡田：52-61)。「(フ

2 ロウィの政策類型論と『自由主義の終焉(第2版)』

ランクリン・D・)ローズヴェルト革命」が行われたニューディール期は、連邦政府の規模の拡大にもまして、その機能がそれまでの分配政策に規制政策、再分配政策が徐々に加わり多重化したこと、特に社会の「行為の環境」に働きかける点で再分配政策は質的に異なっていることが重要とされている。ニューディール期以前は、ロウィによって「第一共和制」と呼ばれ、建国以来、連邦政府は分配政策のみを行い、規制政策と再分配政策は州政府および地方政府によって担われていた。一方で、ケネディ政権以降は、その両政策が連邦政府の仕事として定着していくなかで「第二共和制」と名づけられた。ここで、政策のカテゴリーの分配政策、規制政策、再分配政策という時系列的な展開が、シャットシュナイダー、多元主義、エリート主義が観察したものと並行していることに気づけば、各論者が主張していたものは、一様に政治過程の部分であったことが理解しやすいだろう。裏を返すと、ロウィによって複数の政策過程からなる政治過程の理解が進んだのであり、政治過程論はこうして政策過程論と結びついているのである。

　追記しておきたいのは、資源の有限性を背景に個人や集団に直接的に働きかけるその規制政策と再分配政策が、公共哲学(public philosophy)の異なるレベルの政府によって担われた点である。すなわち州政府および地方政府は、事業や施策の内容に踏み込まないような態度たる「コンサバティブ」の観点から行ったのに対し、統治上の役割が増大する最中にあった連邦政府、特に大統領とその行政は、それに踏み込むがゆえに正統性ある合理的な「管理」を行う準備をするような態度たる「リベラリズム」の観点から行ったのである(ここでいう「リベラリズム」は、レッセフェールや夜警国家という用語から思い浮かべるような、消極的な政府(国家)観ではないことに注意したい)。このように「第二共和制」の定着と軌を一にする「リベラリズム」であるが、4章で解説したように、集団過程論、多元主義的な社会の理解が浸透していたなかにあって、連邦政府の「管理」の機能は広く認められつつも、かえって積極的に利益が調整される政治過程のなかに引き入れられた。その結果、公的存在たる政府(国家)の正統性は掘り崩され、分配政策的な「法なき政策」が決定されるばかりの、ロウィが「利益集団自由主義」と批判的に名づけた状況が

現れたのである。ロウィはこれに対抗する観点から「依法的民主主義」を唱え、立法府による「法の支配」の確立とそれによる公共政策の再構築を希求したのであった(佐藤 1987b；中野：304-309)。

　ここまで、ロウィの理論的な考察である政策類型論とその実証研究としての『自由主義の終焉(第2版)』の試みを概観した。ロウィの政策類型論は、前述のように、また次節で見るように、構成的政策を中心に課題を抱えており、多くの批判を受けることとなった。またアメリカ史の把握の仕方に関しても、ウィルソン(Wilson, J. Q.)の論評に見られるように(Wilson 1990)、立法府への期待は裏切り続けられるだろうという見方が大勢を占めている。とはいえ、本章のように政治過程論、政策過程論の深まりを確認するという観点からは、理論と実証の一連の作業行程自体が高く評価されよう。

3　ロウィの政策類型論をめぐる論争
——1980年代以降を中心に

　1964年書評以来、「具体的な政策をどの類型にあてはめるかの基準が明確ではない点や、現実の政策を分類しきれない点について」の批判は絶えなかった。前節で参照した研究のほか、1970年代から90年代前半の議論の簡便な整理も見られるが(McCool：244-250)、本節では、ロウィも加わった1980年代後半の論争と『権力の競技場』(Lowi 2009)に関する評価に絞って批判と反批判を辿る。やや堅い話が続くが、繰り返し現れる論点とは何かに注目するなかで、政策の類型化という営みへの理解を深めることが期待される。

　ロウィの政策過程論を現実に合わせて細分化する方向で修正を加えながらも基本的な枠組みを維持しようとした代表的な議論に、スピッツァー(Spitzer, R. J.)の『大統領制と公共政策』がある(Spitzer 1983；大嶽：27-32)。1950年代から70年代にかけて、大統領の望む法案内容が政策(立法)過程の特徴を規定しているのかが、八つの事例研究、その期間の全ての法案の計量分析およびそのなかから選び出された法案の分析を

通じて検証されている。その結果、①大統領の影響力の程度は、構成的政策、再分配政策、分配政策、規制政策の順に、②大統領の介入とその成功の程度については、再分配政策、構成的政策と分配政策が同程度、続いて規制政策の順に、③社会アクターとの政治的衝突の程度については、その規制政策、再分配政策、分配政策、構成的政策の順に、強くまたは高くなっていることが明らかにされている。ロウィの議論に引きつければ、①大統領の影響力は「行為の環境」に働きかけるカテゴリーで強い傾向にあり、②その介入と成功の程度もこれと類似した傾向を有してはいるが、特に再分配政策こそが大統領の中心的プログラムと捉えられていることが特徴であり、③政治的衝突の程度については、大統領による強制の可能性が「近い(直接的である)」カテゴリーで高まるということになるだろう。

なお、スピッツァーの「現実に合わせて細分化する方向で(の)修正」とは、ロウィのいう四つのカテゴリーのそれぞれについて、「純粋型」と「混合型」を設定し、さらにその後の議論動向を受けて、規制政策に関しては、古い規制としての「経済的規制」と新しいそれとしての「社会的規制」を設けた点にある(Spitzer 1987)。このように議論を進めるなかで、ロウィの政策類型論は「単純な個別的カテゴリーの代わりに、程度の問題として考えることこそが完全に論理的で、一貫的でもある」と強調し(Ibid.: 684-685)、スピッツァーなりにその根底にある論理を擁護した。

ケロー(Kellow, A.)は、スピッツァーが上記のように再修正を行ったことは、ロウィの政策類型論のエレガンスを損なっている、すなわち、現実を説明するために新たな基準を逐次的に持ち込んでしまっていると厳しく批判する。しかし、スピッツァーの議論にそれ以上触れることはなく、本節冒頭で再確認したようなロウィの政策類型論全般に対する批判や前節で触れた構成的政策への問題性などにも言及した後、自らの政策類型を提示した(Kellow 1988)。それに向けてはじめに確認されているのは、シャットシュナイダーもバウアーらの研究への書評を書いていた点である。1964年書評において、両者はともに関税政策を研究したものの、前者は規制政策として、また後者は分配政策として捉えていたことはすでに見たが、ケローは、シャットシュナイダーが両政策の違いを、

第5章　政策の類型化

　6章で詳述する社会における「紛争の拡大」という観点(Schattschneider 1960)から理解していることを指摘する。さらにケローは、シャットシュナイダーが、何がその場の課題であるかの定義にかかわる「紛争の選択およびその選択による権力の配分」に関する議論や、その結果としての「紛争の範囲」や政治過程の変化を論じていることに着目しながら、ロウィの政策類型論との統合を図ろうとしたのである。

　その際に強調されているのは、ロウィの政府(国家)による強制の可能性とそのあり方への理解とは反対に、主に4章で解説したオルソンの『集合行為論』などにも示唆を得た、政治に参加する個人および組織への視点である。すなわち社会のアクターは、強制の適用の仕方などは考慮せず、自らの利益や機会の持ち方などにしたがって、参加を考えるというわけである。そうした観点から、さらに「エレガンス」の維持というケローの目的から、縦軸に、便益が①公的であるか、②私的であるか、横軸に、費用が③公的であるか、④私的であるか、を措いて、政策の選択がどのような政治のカテゴリーをもつのかを示した。①と③によるカテゴリーは政党が主たる役割を担うイデオロギーに基づく再分配型(redistributive)、②と③によるのはロウィのいう分配政策と類似する個別利益の配分に見られるような分配型(distributive)、②と④によるのは同じく規制政策と類似する古典的な多元主義の政治のような私益規制型(private interest regulatory)、そして①と④によるのがプラシーボ反応(placebo response)と併記される公益規制型(public interest regulatory)となっている。この型の例としては、7章で解説するような実施の失敗によって、無傷で既得権益が残る一方で、公益団体への支援は打ち切られるといった消費者政治および環境政治が挙げられている。

　ケローの関心が専ら社会のアクターの動態の把握に向けられていることはわかるが、それにもましてロウィの政策類型論ではその点を捉えられないという批判が含まれている。しかし、ロウィは、次のように反論した(Lowi 1988)。類型化の狙いは区別しようとするものを固定するような(static)営みにあり、ケローが捉えたい動的な様子の理解は動的でないものをも捉えることによってこそできること、また特に自身が行おうとしたのは、そうした観点から政策を類型化することおよび四つの政

3 ロウィの政策類型論をめぐる論争

策カテゴリーのそれぞれと関連する政治の動態の認識にあったことを改めて強調する。そして、こうした議論が(『自由主義の終焉(第2版)』に加えて)アメリカ全史的な検討にも耐えうることを、(最終的に『権力の競技場』となる)新著の予告を通じて表明したのである。

またロウィは、ケローによるロウィの政策類型論への理解は概ね正しいとしつつも、ケローの政府(国家)の強制の捉え方には強く反発している。ケローが強調した社会における「参加」に引きつけていえば、ロウィは強制のありようこそが「参加」を必然的なものにする、すなわち規定すると考えるからである。ケローは、政策の「予測される影響(expected impact)」、すなわち政策の社会に対する影響を論じた1964年書評に手がかりを得て自身の議論を展開しているが、政策類型論の展開からすれば、それは出発点であって、1970年書評論文や1972年論文で「強制」を論じた到達点ではないことが、議論のすれ違いに影響していると考えられる(Lowi 1988：725；McCool：244-245；Spitzer 1989a：353-354)。

その後スピッツァーは、ケローが自身の論文に対する実質的な検討をほとんど行わなかった点は横に置き、「エレガンス」を論点として議論を進めた(Spitzer 1989a)。具体的には、そもそもロウィが複数の事例研究を帰納的にまとめることを通じて政策類型論を提起したことを挙げ、ケローがそうした作業を軽視していることに反対したのである。また、ケローのように、費用と便益に着目して演繹的に政策類型論を提起したとしても、社会におけるアクターの動態の把握を中心に、政治的闘争に与える政策の提案とその政策の提案をめぐる政治的な闘争の役割を見ると、政治と政策の関係は循環してしまうこと、これに対して1970年書評論文や1972年論文では政府(国家)による強制の概念を持ち込むことで分析の視点を固定し、その循環を断ち切ろうとした点が理解されなくなると指摘した。その後の両陣営の議論は抽象度を上げ、政策の類型化という方法への考え方や立場に移っていく。演繹的な類型化の重要性を強調するケロー(Kellow 1989)と、帰納的なそれの意義を積極的に認めるスピッツァー(Spitzer 1989b)という構図を維持したままこの論争は閉じられている。

ちなみに、費用と便益の関係に着目して1970年代に政策類型論を提示したのは、トルーマン以降の団体政治論を牽引したウィルソンである

109

第5章 政策の類型化

(Wilson 1995：327-346)。ウィルソンの政策類型論は、（実際の便益ではなく）認知される便益が、①分散しているか、②集中しているかという縦軸と、認知される費用が、③分散しているか、④集中しているかという横軸からなる。①と③からなるカテゴリーは、負担も利益も社会全体に広がることから主に政党が関与する多数派政治(majoritarian politics)、②と③からなるカテゴリーは、負担も利益も小規模な集団による組織化が進む利益集団政治(interest-group politics)、②と④からなるカテゴリーは、受益者の組織化が行われやすい一方で負担者のそれが難しいなかで進む顧客政治(client politics)、そして①と④からなるカテゴリーは、特定の集団の負担により社会の広範な便益が望める政治的企業家政治(entrepreneurial politics)とされている(Birkland：257-260；今村：97-101；岡田：44-46)。こうした独自の観点からウィルソンは、政策のカテゴリーを跨ぐ権力や集団の行動の変化などを指摘し、こと規制政策については「鉄の三角形」が躍動する激しい政治ばかりではなく、穏当な集団の活動が見られることなどを論じ、ロウィに対する主要な批判者の一人となった(Moran：189-193)。ケローの一連の議論を見ても、大きな影響を後世に与えているといってよい。

　最後に、より体系的な政策類型論が期待されてきた『権力の競技場』(Lowi 2009)の出版後の議論を見ておこう。いち早く反応したケローは、それが概ね既刊の論文集であったことから書名の変更を迫るも、ロウィの学問的な来歴や貢献は重ねて高く評価する。重要なのは、ロウィの政策類型論が停滞していると見て、その理由を1972年論文における第4のカテゴリーとしての構成的政策の問題性に求めていることである(Kellow 2009)。ケローは、新行政組織の設置などを通じて社会を構成するような構成的政策が他の三つのカテゴリーと質的に異なること（したがって、同一の政策の類型化に収めるべきではないこと）と、（強制に関する）費用と便益という観点から分配政策と再分配政策は政策類型の同じ行ないし列に配されうることを例示しているが、要するに、政策のカテゴリーや政策類型を構成する二つの軸の関係性の適切さを問うているのである。もっともロウィは、政府（国家）による強制の適用のありかたを表す横軸（「個人の行為に対して」と「行為の環境を通じて」）とは別に、強制の可能

性を表す縦軸について、ハート(Hart, H. L. A)の『法の概念(The concept of law)』を受けて、市民への義務(duties)を課す第1次的ルール(「近い(直接的である)」)と、権能(power)や便益を与える第2次的ルール(「遠い(間接的である)」)をもとに精緻化し、二つの軸を独立(相互に排他的)と考えることで(大河原:68-76)、第4のカテゴリーとしての構成的政策を政策類型論に位置づけていた(Lowi 1970, 1972)。だが興味深いことに、ケローは同じくハートの議論を公共選択論(public choice approach)の観点から読み込んで、第1次的ルール(義務)と「便益」を、また第2次的ルール(権能)と「費用」を重ね合わせられるとの理解を示して、出発点としての1964年書評に示唆を得た自らの政策類型(Kellow 1988)を修正し、完成版としての1972年論文と対応させる形で演繹的な観点を維持した政策類型を提案したのである(ただし、そこでの四つのカテゴリーの名称や内容に変化はない。)(Kellow 2009)。

　ロウィは、まず構成的政策に関して、構成的機能(constituent functions)に注目することは国家への特別な関心(interest)を意味することだと強調し、他の三つの政策カテゴリーとは質的に異なることを積極的に認める(Lowi 2010)。また、各カテゴリーの成立を担保する演繹的な政策類型の基準は、二つの軸が独立であり、かつ四つのカテゴリーが事例を網羅することが確認される。その観点からみてロウィは、そもそも縦軸において強制の可能性が「近い(直接的である)」あるいは「遠い(間接的である)」という場合に、それらの程度が連続的に捉えられていることと、事後的に決まるその程度を事前に決めた政策自体の分類に持ち込むことは議論を循環させてしまうため、二つの軸の独立性への疑義を生じさせることを自覚していた。それゆえ、ハートの議論を参照して法の作成や実施の前に、「どのような法があるのか」を問うことで循環を絶とうとしたのだった。政治過程を見る際、ロウィはケローのように社会に焦点を合わせようとはせず、法の文言にもとづいた政府(国家)の政策こそが、すなわち(ダールとリンドブロムから学んだような)「統制の技術」が望ましい将来を選択するのだと主張したのである。

　以上の議論の含意については節を改め、本章を整理するなかで見ていくことにしよう。

第 5 章　政策の類型化

4　政策類型論の意義と今後

　本章では、ロウィの所論の背景、内容、論理構成や、批判および反批判を参照しながら、どのように政治過程を複数の政策過程の束として考察するための道筋がつけられてきたのかを確認してきた。シャットシュナイダーの「新しい政策が新しい政治を創出する」(Schattschneider 1935：288)という指摘と対応する、「政策が政治を規定する」(Lowi 1972：299)という政策規定説はロウィの議論を代表しているが、そこに至る理論と実証の積み重ねは政策過程論の展開にとっても重要な営みとなった。

　稿を閉じるにあたり、本節では政策を類型化することについて、若干の検討を加えておこう。政治過程および政策過程を分析する際の視点に着目すると、3節で見たように、ケローやウィルソンらは社会からの見方を、ロウィやスピッツァーは社会の動態を軽視するわけではないにしても政府(国家)からの見方をそれぞれ維持し続けた(岡田：53-60)。議論がすれ違い続けた理由の探索は、多元主義者とロウィの社会観や国家観を含めた検討(真渕：128-129)にまで遡っておく必要があるだろう。それはまた、政治過程および政策過程へのミクロな関心とマクロな関心の違い、あるいは2章や4章との関係で見ると、「過程」への関心と「構造」への関心の違いと言い換えられそうである。論点は、政策の類型化に対する考え方や立場にも現れた。特にロウィにおいては、帰納的に類型化した1964年書評への批判に応えるように、1970年書評論文以降、政府(国家)による強制とそれを具現化した法の文言に照らす演繹的な類型化を提示したのだった。

　ただし、政策規定説を維持しようとすると、スピッツァーのようにそれを実証し擁護する議論でさえ、説明できない現象をその分析枠組みに取り込もうとして帰納的に議論を進める必要に迫られた。また行論の関係上触れていないが、イデオロギーとかかわる「道徳」をめぐる課題の扱いが論点となった際に、ロウィは政策規定説を維持したまま、従来の主流政治(mainstream politics)に新たなカテゴリーとしてのラディカル

政治(radical politics)を設けるというやや苦しい対応をした(Lowi 1998：岡田：62-64)。1964年書評以来の批判は、政治過程には多様な要因が含まれるといういわば当然の現実ならびに政治過程および政策過程の適切な理解のための分類の困難性を突きつけたのであり、その後の多くの研究による修正は帰納的な類型化を活用する方向で進められている。複数の事例の帰納的な把握から体系的な政治過程の理解の端緒が開かれ、それを飛躍的に深める論争の中心となった演繹的な政策類型論あるいは政策規定説は、いまや孤高の趣さえ漂う。

政策科学、さらに公共政策学の展開を的確に整理した秋吉は、今日の政策類型論の展開の低調さを記している(秋吉：39-45)。それを裏付けるようにモラン(Moran, M.)は、1964年書評が「古典」であるのかを問うなかで、ダールの『現代政治分析(Modern Political Analysis)』やウィルソンとディルリオ(Dilulio, J. J.)の『アメリカ政府論(American Government)』、またダイ(Dye, T. R.)の『公共政策を理解すること(Understanding Public Policy)』といった政治学や公共政策学の代表的な入門テキスト、また6章で詳説するキングドン(Kingdon, J. W.)の『アジェンダ・選択肢・公共政策』のような有力な研究において、ロウィの政策類型論への言及がほとんどないか、皆無となっていることを報告している(Moran：188-189)。政策規定説がこのような状況にある理由の一端は、政治過程および政策過程の理解を深める際にロウィが分析枠組みに求めた希求水準の高さが影響しているのだろう(佐藤 2014：40-46)。前述のように、ロウィは政策類型を構成する二つの軸が独立であることと各カテゴリーが説明できる事例の包括性を重視しているが、その現況を考察することは、より精緻に政策を類型化することの意義と同時に、有効な類型化を行うことの困難性(同上：46-49)をも示している。

その意義と困難性の両面の考察において示唆的な研究の一つは、ロウィとその批判者であるウィルソンの共通の関心としての政策の政治への影響の認知に焦点を合わせた政策デザイン論であるかもしれない。たとえば、シュナイダー(Schneider, A. L.)とイングラム(Ingram, H.)は、集団の政治権力が、どの程度①強いか、②弱いかという縦軸と、社会的構成(social constructions)、すなわち集団の文化的な性格または公的な

第5章 政策の類型化

イメージが、③支援に値すると思われるか、④それに値すると思われないかという横軸から、政策決定者(政府)が実施する集団、すなわち政策の対象となる公衆(target population)を場合分けする。政策の対象となる公衆は、①と③からなる企業や科学者のような優位者(Advantaged)、②と③からなる子供や母親のような依存者(Dependents)、①と④からなる富裕層や大規模労働組合のような対抗者(Contenders)、そして②と④からなる犯罪者や薬物中毒者のような逸脱者(Deviants)として認識されるが、加えて、政策がどのように対象となる公衆ごとに受益と負担を扱うかという観点からも論じられている(Schneider and Ingram：334-347)。この議論にはロウィの政府(国家)による強制の視点やウィルソンの費用と便益に関する視点が組み込まれており、ある公共政策のデザインが、公衆の認識に、さらには民主主義に影響を与える論理が明示されているのである。

　こうした研究の系譜は広がりを見せているが(Pierce et al.：1-29；Schneider et al.：105-149)、それらと関連づけうるピアソン(Pierson, P.)の研究が、ロウィとウィルソンの政策類型論に言及しつつも、両者が政策の帰結を説明するにあたって極めて情報節約的な理論(an extremely parsimonious theory)であることから、距離をとっている点も見ておきたい(Pierson 1993：624-628)。というのも、ピアソンにおいては、個々の政策は様々に政治と連関してその帰結にも多様な影響を持ちうることや、取り巻く環境にも影響される可能性を考慮するからである。前述のロウィの政策類型論全般に見られた批判と類似する部分はあるが、とりわけピアソンのように時間の経過やその政策への影響を重視すれば(Pierson 2004)、政策類型論が適用できる分析の範囲は狭く見えるのだろう。2章の解説と関連づければ、ロウィの議論の国家論的な性格とピアソンのそれの新制度論的な性格との違いが、双方の理解の違いに影響しているといえようか。

　もちろん、政治過程および政策過程を理解する試みは、必ずしもロウィの議論を経由するもののみに限られるわけではない。たとえば、バークランド(Birkland, T. A.)による定評のある政策過程のテキストでは、相互に排他的ではない複数の類型化の方法が例示されている。取り上げられている政策は、実体的か手続き的か、物質的か象徴的か、私的財か公

共財か、コンサバティブかリベラルかといった観点から対比的に類型化されている(Birkland：260-267)。また近年、日本でも注目され、議論が蓄積しつつある政策類型論と関連づけうる研究には、7章で解説する政策への関心の高低に関するイシュー・セイリアンス(issue salience)あるいは公衆の認知や影響力に関するものがある。事例としては、著作権法、刑事政策、パブリック・コメントなどが取り上げられており(京 2011、2015；原田：3-13)、具体的な政策過程の分析に適用する際の考察に有用であろう。

そのなかでも佐藤は、日本の福祉政策をロウィのいう再分配政策と見立てた後、関連する三つの事例研究を用いて、「厚生労働省の政策過程類型」を試論的に提示している(佐藤 2014：193-197)。具体的には、縦軸にセイリアンスが①高いか、②低いかを、また横軸にイシュー・ネットワークの一体性が③高いか、④低いかをとって、①と③には介護保険法が、②と③には確定拠出年金が、①と④には法臓器移植法の政策過程が位置づけられている。空欄とされる②と④のカテゴリーの検討は、ロウィが意識していた二つの軸の独立性や事例の包括性にかかわる論点であるだけに今後の課題として留保されている。佐藤は、こうした限界を自覚しつつ、上述のような政策規定説の状況を踏まえて演繹的な研究戦略は採らず、事例研究を帰納的に用いて、政策過程の特徴を発見することやそれにもとづいて仮説を構築することの重要性を強調している。

政策の類型化は、政策過程の現状認識や予測可能性を高めうる(秋吉：44-45；Birkland：249-250)。現実の政治過程が複雑であるからこそ情報を巧みに排除し、観察する事例の意義や限界を検討しながら理論化あるいは抽象化を進め、またそれとは別の事例の観察によってその理論の妥当性を確かめるといったことが重要となる(大嶽：31-32；曽我：142-146；山口：5-7)。最後に重ねて、ロウィもまた理論と実証を往復していた点を想起しておきたい。政治過程および政策過程の理解を深めることが主たる関心事項であるならば、政策の類型化において重要なのは、政策類型論にとどまらない類型論一般の研究成果(Collier et al.：217-232)も意識して、何のための類型化なのか、どのような観点からの類型化なのかを問い続けることだろう。

第 5 章　政策の類型化

[参考文献]

秋吉貴雄「公共政策とは何か？」秋吉貴雄・伊藤修一郎・北山俊哉『公共政策学の基礎 [新版]』（有斐閣 2015年 25-45頁）

大河原伸夫『政策・決定・行動』（木鐸社 1996年）

大嶽秀夫『政策過程』（東京大学出版会 1990年）

岡田憲治「批判的プルーラリストと『政治発展』：T. ローウィにおける「政策」の概念について」『早稲田政治公法研究』（38号 1992年 37-67頁）

京俊介『著作権法改正の政治学：戦略的相互作用と政策帰結』（木鐸社 2011年）

──「イシュー・セイリアンスの測定：刑事政策を事例にして」『中京法学』（50巻 2 号 2015年 83-143頁）

佐藤満「T. J. ロウィの権力の競技場論（1）」『法学論叢』（121巻 1 号 1987年 a 47-77頁）

──「T. J. ロウィの権力の競技場論（2・完）」『法学論叢』（121巻 4 号 1987年 b 83-100頁）

──『厚生労働省の政策過程分析』（慈学社 2014年）

曽我謙悟『アメリカの都市政治・政府間関係：P. E. ピーターソンの所論を中心に』（東京大学都市行政研究会 1994年）

中野実『現代国家と集団の理論：政治的プルラリズムの諸相 [新装版]』（早稲田大学出版部 1997年）

原田久「政策類型と官僚制の応答性・再論：政策のセイリアンスと政策の複雑性に着目して」『季刊行政管理研究』（152号 2016年 3-13頁）

真渕勝「アメリカ政治学における「制度論」の復活」『思想』（761号 1987年 126-154頁）

山口二郎「政策の類型」西尾勝・村松岐夫編『講座行政学』（5 巻 有斐閣 1994年 1-32頁）

Birkland, Thomas A., *An Introduction to the Policy Process : Theories, Concepts, and Models of Public Policy Making* 4th. ed., Routledge, 2015.

Collier, David, Jody LaPorte, and Jason Seawright, "Putting Typologies to Work : Concept Formation, Measurement, and Analytic Rigor," *Political Research Quarterly* Vol. 65, No. 1, 2012, pp. 217-232.

Kellow, Aynsley, "Promoting Elegance in Policy Theory : Simplifying Lowi's Arenas of Power," *Policy Studies Journal* Vol. 16, No. 4, 1988, pp. 713-724.

──, "Taking the Long Way Home? A Reply to Spitzer on the Arenas of Power," *Policy Studies Journal* Vol. 17, No. 3, 1989, pp. 537-546.

──, "Arenas of Power by Theodore J. Lowi, Edited and introduced by Norman K. Nicholson," *Australian Journal of Public Administration* Vol. 68, No. 4, 2009, pp. 484-491.

Lowi, Theodore J., "American Business, Public Policy, Case Studies and Politi-

cal Theory," *World Politics* Vol. 16, No. 4, 1964, pp. 675–715.
―, "Decision Making vs. Policy Making : Toward an Antidote for Technocracy," *Public Administration Review* Vol. 30, 1970, pp. 314–325.
―, "Four Systems of Policy, Politics, and Choice," *Public Administration Review* Vol. 32, 1972, pp. 298–310.
―, *The End of Liberalism : The Second Republic of the United States* 2nd. ed., Norton, 1979. 村松岐夫監訳『自由主義の終焉：現代政府の問題性』（木鐸社 1981年）
―, "An Assessment of Kellow's "Promoting Elegance in Policy Theory,"" *Policy Studies Journal* Vol. 16, No. 4, 1988, pp. 725–728.
―, "New Dimensions in Policy and Politics," Tatalovich, Raymond and Byron W. Daynes eds., *Moral Controversies in American Politics : Cases in Social Regulatory Policy* expanded ed., M. E. Sharpe, 1998, pp. xiii–xxvii.
―, *Arenas of Power*, Paradigm Publishers, 2009.
―, "Struggle for Hegemony : A Reply to Aynsley Kellow's Review of Arenas of Power," *Australian Journal of Public Administration* Vol. 69, No. 1, 2010, pp. 98–102.
McCool, Daniel C., *Public Policy Theories, Models, and Concepts : An Anthology*, Prentice Hall, 1995.
Moran, Michael, "Theodore J. Lowi, American Business, Public Policy, Case-Studies and Political Theory," Balla, Steven J., Martin Lodge, and Edward C. Page eds., *The Oxford Handbook of Classics in Public Policy and Administration*, Oxford University Press, 2015, pp. 182–194.
Pierce, Jonathan J., Saba Siddiki, Michael D. Jones, Kristin Schumacher, Andrew Pattison, and Holly Peterson, "Social Construction and Policy Design : A Review of Past Applications," *Policy Studies Journal* Vol. 42, No. 1, 2014, pp. 1–29.
Pierson, Paul, "When Effect Becomes Cause : Policy Feedback and Political Change," *World Politics* Vol. 45, No. 4, 1993, pp. 595–628.
―, *Politics in Time : History, Institutions, and Social Analysis*, Princeton University Press, 2004. 粕谷祐子監訳『ポリティクス・イン・タイム：歴史・制度・社会分析』（勁草書房 2010年）
Schattschneider, Elmer E., *Politics, Pressures, and the Tariff*, Prentice Hall, 1935.
―, *The Semisovereign People : A Realist's View of Democracy in America*, Holt, Rinehart and Winston, 1960. 内山秀夫訳『半主権人民』（而立書房 1972年）
Schneider, Anne L. and Helen Ingram, "The Social Construction of Target Populations : Implication for Politics and Policy," *American Political Science Review* Vol. 87, No. 2, 1993, pp. 334–347.

Schneider, Anne L., Helen Ingram, and Peter deLeon, "Democratic Policy Design : Social Construction of Target Populations," Sabatier, Paul A., and Christopher M. Weible eds., *Theories of the Policy Process* 3 rd. ed., Westview Press, 2014, pp. 105–149.

Spitzer, Robert J., *The Presidency and Public Policy : The Four Arenas of Presidential Power*, University of Alabama Press, 1983.

――, "Promoting Policy Theory : Revising the Arenas of Power," *Policy Studies Journal* Vol. 15, No. 4 , 1987, pp. 675–689.

――, "From Complexity to Simplicity : More on Policy Theory and the Arenas of Power," *Policy Studies Journal* Vol. 17, No. 3 , 1989a, pp. 529–536.

――, "Complexity and Induction : A Rejoinder to Kellow," *Policy Studies Journal* Vol. 17, No. 3 , 1989b, pp. 47–549.

Wilson, James Q., "Juridical Democracy versus American Democracy," *PS : Political Science and Politics* Vol. 23, No. 4 , 1990, pp. 570–572.

――, *Political Organizations* updated ed., Princeton University Press, 1995.

［森　道哉］

政策過程研究を推し進めた理論家たち ②

グレアム・T・アリソン（Graham T. Allison：1940〜）

『決定の本質』（宮里政弦訳、中央公論社、1978年、原著は *Essence of Decision : Explaining the Cuban Missile Crisis*, Little Brown, 1971）の著者である。アリソンはこの研究で、われわれは特定の概念レンズに導かれて「決定」を見ていると示した。同じものを見ても異なる色眼鏡をかけてみれば違う見え方がするだろう、ということである。彼は三つの概念レンズ、第 1 モデルとして合理的政策モデル、第 2 モデルとして組織過程モデル、第 3 モデルとして官僚政治モデルを提起したが、それぞれ、合理的意思決定論、組織論、政治過程論に対応している。それぞれの色眼鏡によると政策は、第 1 モデルでは選択としての政策、第 2 モデルでは組織的出力としての政策、第 3 モデルでは政治的ゲームの帰結としての政策と見られていると示したのである。われわれは彼によって合理モデルの持つ偏狭さに気づかされ、多くの情報を集めて政策過程分析を進めることの重要性を教えられたのである。　　　　　　　　［佐藤　満］

第6章　前決定過程論の展開

　「前決定」を見ることには、どのような含意があるのだろうか。本章では、1節で、「前決定」が注目されるようになった経緯およびそこで議論が深まりを見せた権力論の展開を確認し、2節では、それを背景として行われた実証研究の例を見る。3節では、アジェンダには、考慮され続けるものもあれば、排除されるものもあることを図式的にまとめる。その後4節において、政策の窓モデルの骨子とそれまでの議論との関係を振り返ることで、前決定過程の理解を深める。5節では、「『前決定』が注目されるようになった経緯」が見直されるなかで進展している議論を概観する。

1　前決定過程への注目と三つの権力観

　政策決定と聞くと、法律などの重要なアジェンダ(agenda：議題)が、人気のある首相と彼・彼女が率いる政権党の支援を受けて制定される場面を思い浮かべるかもしれない。だが、数あるアジェンダの中から、ラスウェルのように(Lasswell, H. D.)、誰が、いつ、どのようにそれを「重要な」ものと位置づけたのかを遡って問うてみることは、視野を広げて政治と向き合う契機となる。他に「もっと重要な」アジェンダはなかったのか、と問うことをも促しうるからである。本章が概観する「前決定

第6章　前決定過程論の展開

過程」とは、ある政策決定が行われる際の、その前の段階にあるアジェンダおよびその浮沈をめぐる政治に注目することを指しており、2章で解説した政治過程論の展開との関連では、政治過程におけるその「過程」にもまして、「構造」の重要性を再発見したところに特徴がある。

　前決定過程は1970年代頃から注目されるようになったが、直接の契機となった議論は二つある（笠 1988a、1988b）。第一は、シャットシュナイダー（Schattschneider, E. E.）による紛争の規模と拡大・抑圧に関する議論である。「政治の核心をなすものは、まず第一に、一般大衆が紛争の拡大に参加する様式であり、第二は、一般大衆と紛争との不安定な関係が制御される過程」（Schattschneider：3＝訳書：6）とも表現される。この言明は、4章で解説した古典的集団過程論への批判を含んでいる。古典的集団過程論によれば、およそあらゆる利益は組織化を通じて顕在化していくことが想定されている。その意味において、この議論は参加重視のアメリカの伝統的な民主主義観と親和的であることから受容されていた。しかし、シャットシュナイダーは、実際にはそれが、紛争に加わる少数のエリート（権力者）の組織化に目を向ける一方で、規模に勝り、かつ当該紛争の帰結を左右する観衆としての公衆を軽視してきた点を問題視するのである。

　もっとも、争うエリートたちは、利益をそれぞれに私的な領域に囲いこもうとする（privatization）けれども、その過程では敗者が生じる。敗者あるいはその可能性がある側は、公衆を巻き込み、紛争の規模を社会的に拡大させていくことで（socialization）、主導権を握り返そうとする。こうした議論のなかで、後述の非決定作成論と密接にかかわりをもつ、「組織とは偏向の動員である（Organization is the mobilization of bias.）」という表現が注目されることとなった。

> 組織とは、偏向を動員したものであるのだから、あらゆる形態の政治組織はある種の紛争を利用し、それ以外のものはおさえる、といった偏向を持っている。争点のなかには政治に組みこまれるものもあるが、排除されるものもある（Schattschneider 1960：71＝訳書：100）。

1 前決定過程への注目と三つの権力観

　紛争に抑制、また排除されるものがあるとすれば、「市民」たる公衆に期待を寄せる「アメリカの伝統的な民主主義観」の危機と映るだけに、こうした知見は注目された。シャットシュナイダーの著書の副題にあるように、それこそが現実主義者の権力の見方(a realist's view)だというわけである(Studlar：123-136)。そうした「危機」は、要するに、従来の研究がエリートに分析の焦点を絞ったことの結果ということができようし(笠 1998a：55-58)、後述するコブ(Cobb, R. W.)とエルダー(Elder, D. E.)のような、詳細に「危機」の背景を論じ、公衆が参加しうる条件や場を検討する研究も著されたのである。

　第二は、2章でも解説しているように、1950年代から60年代にかけてアメリカで行われた地域権力構造(Community Power Structure：CPS)をめぐる論争で注目された非決定作成論(non-decision making)である。ハンター(Hunter, F.)らのエリート主義者とダール(Dahl, R. A.)やポルスビー(Polsby, N. Y.)らの多元主義者の間で、分析対象とされている地方都市を治めているアクターは誰なのかということが問われた。前者は、利益を共有する少数のエリートであることを、また後者もエリートに注目するものの、その構成は多元的であり、支配的なエリートはいないことを主張した。

　これらの主張を裏付ける調査方法も、それが分析者の民主主義観、権力観の表明と結びついていたことから、争点となった。エリート主義者が、分析者が当該都市の事情通を通じて有力者候補を絞り込んだ後、候補者間での評判によって権力を持つエリートを絞り込めるとする(声価法［reputational approach］)のに対し、多元主義者は、分析者が重要と考える争点となっている複数の政策領域でのエリートの重複の程度を調べて、その分散を強調し(争点法［issue approach］)、分析の優位性を競った。しかし、前者には後者から、エリートと「思しき」アクターが把握できるにとどまることに、また、後者にも次のような批判が集まった。

　代表的な批判者としてのバクラック(Bachrach, P.)とバラッツ(Baratz, M. S.)は、エリート主義を批判した多元主義者の関心も、「実際の観察可能な紛争にともなって生ずる中枢的ないし重要な争点をめぐって作成される決定行動に焦点を」限っており(Lukes 2005：18＝訳書：18)、「重

第6章 前決定過程論の展開

要な争点」と「重要ではない争点」を区別することも、争点をエリート自身にとって「安全なもの」に限定している可能性も扱いきれていないと指摘した(Bachrach and Baratz 1962, 1963；Lukes 2005)。つまり、多元主義者は、観察可能なアクターの参加および決定過程のみを分析対象としているという意味において、政策決定における権力の一側面を捉えているにすぎず、「決定作成者の価値や利益に対する潜在的あるいは顕在的な挑戦の抑圧、ないし妨害をもたらすような決定」(Bachrach and Baratz 1970：44；笠 1998a：53)という、組織が有する「偏向の動員」を伴う権力のもう一つの側面を捉え損なっているという主張であった(Lukes 2005；伊藤：62-63；早川：14-61；笠 1988a：52-54)。

　前決定過程が注目される直接の契機となった二つの議論は、このようにして結びついているのである。なお、ルークス(Lukes, S.)は、多元主義による議論を「一次元的権力観」、バクラックとバラッツが提起した非決定作成論を「二次元的権力観」と呼び、それらは、利害の意識的な表明や観察可能な紛争を想定しての権力の行使の局面に関心を寄せているという点においては同様であると批判した。その上で、「社会的諸力や制度上の慣行の操作をとおして、あるいは個々人の諸決定をとおして、〈潜在的争点〉が政治から排除される種々の手法について考察する」とともに、「おそらく巧みに回避されてきたであろう実際の観察可能な紛争が不在のときに見出されるようなもの」として、「三次元的権力観」を提起した。ルークスは、それは「権力を行使する人々の利害と彼らが排除する人々の〈真の利害〉とのあいだの矛盾に根差している〈伏在的紛争〉」となるだけに、表面化もしなければ、そもそも人々の意識に上ってくることもないだろう、と説明する。そうした権力の行使は、「至高の、そして最も陰険」ものとなるから(Lukes 2005：25-29＝訳書：34-40；大嶽・鴨・曽根：58-62)、従来からすれば、ルークスの著書の副題のように、先鋭的な見方(a radical view)だというわけである。こうした説明は、政治過程における「過程」そのものとは別に、「構造」を視野に収めない限り、出てこない。

2　前決定過程と権力の可視化への挑戦

　バクラックとバラッツによる「二次元的権力」は反対者の抵抗を抑制するという意味で、またルークスによる「三次元的権力」は反対者の意識に（場合によっては推進者の意識にも）上らないという意味で、いずれも権力の作動を検証しにくいという困難がつきまとう。本節では、1節における学説史的また理論的な議論動向を踏まえ、かつ政治過程の「構造」の析出において定評のある実証研究のうち三つを概観し、「権力」の奥行きを理解する助けとしたい。

　第一は、大企業や政治・行政の無活動（「制度的権力」の作動）を考察することによって「二次元的権力」と「三次元的権力」の境界線上の関心を示した（Lules 2005：43-50＝訳書：74-88）、クレンソン（Crenson, M. A.）の『大気汚染の非政治：諸都市における非決定作成の研究』である。1940年代から60年代にかけてのアメリカの同規模の複数の都市を対象に、同程度の大気汚染にもかかわらず、対策が採られたり、採られなかったりするのはなぜかが問われている。丹念な調査の結果、対策が進んだ市には複数の鉄鋼企業がある一方で、対策が遅れた市には大きな鉄鋼企業があり、かつ政党組織が治めるという違いがあり、これが決定的な原因とされた。対策が遅れた市では、規制に乗り出すと大きな鉄鋼企業が同市から撤退し、またそれに伴って生じるであろう様々な損害や負担を恐れた。とはいえ、その企業は明示的に圧力をかけたとはいえず、クレンソンは当該都市の政治形態や慣行を通じた市当局による「予測された反応（anticipated reaction）」（Bachrach and Baratz 1963；Friedrich 1937）を分析することで、「観察可能な政治的行動範囲の外側の地点から」黙示的な影響力が行使されたというのである（Crenson：107）。

　第二は、大嶽の『現代日本の政治権力経済権力：政治における企業・業界・財界［増補新版］』のうち、「経済組織の政治的影響力」およびそれに対する「政治権力の限界」を問うた2章である。ある自動車会社が

第6章　前決定過程論の展開

生産工程上の不備から「欠陥車」を生産する一方、発見に応じて内密に回収、修理し、「網にかからない車」は放置されていることが、大手新聞社が張ったキャンペーンや同社のディーラーから成る組織の告発で明るみに出た。1970年前後のことである。全自動車会社における実態の公表や善処を受けて、騒動は一旦沈静化するものの、「消費者団体兼事故被害者団体」が「欠陥車」による交通事故被害を取り上げた。「紛争の拡大」に伴い、同社の民事および刑事責任が追及されたが、結論的には法的責任はないとされた。「二次元的権力観」を視野に収める大嶽の分析では、一方で被害者団体が、財政的基盤の脆弱さから長期的な訴訟活動が困難であったことや活動上の自らの不手際が目立つなかで世論の逆風を受けたことが、他方で自動車会社は、まさに大企業であることによる組織の「体力」や企業秘密・専門知識などの資源（resources）を用いてアジェンダ化を抑制し、かつ通産省、運輸省といった官庁との日常的・恒常的な「機能的協力関係」のなかで公衆の監視を免れていた様子などが論じられたのである。

　第三は、ルークスの下で学び、三つの次元の権力が作用するメカニズムの図式化を通して「三次元的権力観」の実証に挑んだガヴェンタ（Gaventa, J.）の『権力と無力：アパラチアの一集落における沈黙と抵抗』である。まずは分析対象のアメリカの貧困地域において、1890年代に外資系石炭会社が社会経済的な構造をなしたこと、1930年代には坑夫が組合を作ろうとするも解雇や嫌がらせを受けて弱体化したこと、そしてメディアを握る地域のエリートが地域内外の情報を統制する門番（gate-keeper）として機能したことなどによって、いかに抑圧的な権力関係が形成されたかを歴史的に明らかにする。その後、1950年代から70年代頃を対象とした、選挙の分析、すなわち、企業城下町では比較対象の群庁所在地や農村地域などよりも企業が推す候補者に投票したことや、ある選挙区における組合内部の改革の分析、すなわち、坑夫は改革を望んだにもかかわらず結局反対に回ったことから、権力関係の維持・強化を論じた。以上を踏まえた1970年代頃の露天掘りによる環境破壊や土地の独占管理への抵抗の分析では、抵抗が地域の人々が主導する諸プログラムの運営との絡みで始まったこと、しかし、地域のメディアはそれを報じ

ず、また地方政府、地域のエリートなどから妨害されたことによって、分断されていった様子も描いた。ガヴェンタは、長期に渡る日常的な抑圧や敗北自体が、人々の心理および活動に与える影響、すなわち「三次元的権力」の大きさを伝えているのである。

3　アジェンダ設定の段階・レベル

　以上のように、理論と実証の両面において、政策決定、特に前決定における公衆の位置づけ方が問われるようになった。コブとエルダーは、シャットシュナイダーの組織が有する「偏向の動員」という知見を背景に、集団間の資源や地位の配分をめぐる紛争に関する公衆の機能とはどのようなものかという関心を正面に据えて、争点が拡大する過程を、その管理者でありかつ権威的意思決定者たる政府の認識と関連づけて分析することで、前決定過程の理解を推し進めた。具体的には、アジェンダ構築(agenda building)という語を用い、政策決定から抑制ないし排除されている公衆、集団が自己の要求を争点として公的な決定の場に持ち込むには、特にメディアの影響力を動員しつつ争点に関するシンボル操作を成功させることによって世論の関心を集め、政府内で無視できないアジェンダとなるまで紛争を拡大していく必要性を論じたのである(Cobb and Elder：1-190)。

　政治的なアジェンダとされるものの中身をもう少し詳しく見ておくと、コブとエルダーは、それを二つに大別している。一つは、「かなり抽象的で一般的な項目」を含んでいるところの、「公衆が注目に値すると同時に既存政府の正統的な管轄権内でも重要であると、政治的コミュニティの構成員によって認識されるあらゆる争点」としての「体系的アジェンダ(systemic agenda)」である。もう一つは、「より特定化され具体的な項目」で数も限定的であるところの、「権威的意思決定者の積極的かつ真剣な考慮の対象となった一連の項目」としての「公的アジェンダ(public agenda)」である。争点が「公的アジェンダ」となるには、「体

第6章 前決定過程論の展開

系的アジェンダ」を経由しない場合もコブとエルダーにおいて想定されてはいるが、一般的には抑制ないし排除されている集団が「体系的アジェンダ」にすることから始まるとされている(Cobb and Elder：85-87；立石：386；笠 1998b：64-66)。

　アジェンダ設定の研究に精力的に取り組むボームガートナー(Baumgartner, F. R.)が整理するように、この分野の議論は、コブとエルダーを契機として急速に進展しており、アジェンダの概念も呼称も多様なものとなってきている(Baumgartner 2001)。たとえば、グリック(Glick, H. R.)は、集団や個人が認識する問題の全ての項目である「公衆アジェンダ(public agenda)」やそれから絞り込まれて解決策が考慮される項目である「政府アジェンダ(governmental agenda)」などを採用している(Glick：31-32)。なお、前者はコブとエルダーの「体系的アジェンダ」に、後者は「公的アジェンダ」にあたる概念である(両者とも「public agenda」という語を用いているが、意味内容を踏まえて訳語は使い分けている)。ボームガートナー自身の研究(共同)は、グリックの整理に引きつけると、マス・メディアに着目して研究を進めながら①前者から後者への流れ、②それとは反対に、後者から前者への流れ、③さらには、前者から後者そして再び前者への「自己補強的」な流れなどがあることを見出している(Baumgartner and Jones 1993；伊藤：53-58)。コブとエルダーは、自らの研究を「システム論、権力論、意思決定論、集団理論」の合流点(Cobb and Elder：17-35；笠 1988b：63)と位置づけ、かつそれらに批判的な観点から公衆の機能を強調していたのだが、かえってエリートによるマス・メディアへの戦略などを軽視してしまっているとの指摘もある(立石：391-393；笠 1998b：68-70)。この点を踏まえれば、ボームガートナーらの研究は、両者の関係性を組み込んだ前決定過程の研究を展開していることがわかる。

　またバークランド(Birkland, T. A.)は、定評のある政策過程のテキストにおいて、アジェンダ設定のレベルを四つに分けた上で、それらが同心円状に広がっているという観点から説明する(Birkland：200-205)。最も外側にあり、最大の(largest)レベルに位置づけられるのが、どの社会においても取り組まれうる全てのアイディアのリストとしての「アジェ

ンダ領域(agenda universe)」である。そのすぐ内側に位置づけられるのが、コブとエルダーと同じく「体系的アジェンダ(systematic agenda)」である。なお、これが「既存政府の正統的な管轄権内」を指す概念であることはすでに見たが、「アジェンダ領域」はその管轄権外にあるとされている。さらに内側に位置づけられているのは、コブとエルダーによる「公的アジェンダ(public agenda)」と同義としての「制度的アジェンダ(institutional agenda)」である。そして、最も内側に置かれるのが、政府の中枢たる執政(executive branch)のなかで扱われる「決定アジェンダ(decision agenda)」である。バークランドは、「アジェンダ領域」を設定することで、政府内外でアジェンダとなる可能性のある事柄全てに目配せをしているのである。

このようなレベルあるいは「場」といったアジェンダの区分自体は、前決定過程の動態的な部分を捉えにくくし、たとえばコブとエルダーが想定しているような、いくつかの段階を経てアジェンダ化が進まない場合を捕まえにくいものの、その全体像をつかむのには有用である。また、こうした区分は政府内で考慮されていくアジェンダに載らない場合に、その理由を、政策に影響を与えようとする公衆、集団の能力や政府を取り巻く社会経済的な環境、加えて技術的な事柄にも求めうる点で優れている。裏を返せば、前節までで確認したような、エリートによる紛争の抑制や排除といった権力論の観点から政治過程を説明できる範囲を限定的なものと見ることを可能にする。

4 前決定過程の政策決定過程への統合的理解の進展

前節までの議論を補う視点を提供している研究に、キングドン(Kingdon, J. W.)によるアメリカ連邦政府の政策決定過程の分析がある。キングドンは、複数年のエリートなどへのインタビュー調査を通じて、保健と運輸という対照的な政策領域におけるアジェンダの指標を作成し、「なぜ、変化が起こるのか、そして、なぜ、ある問題は他の問題より主題化

第6章　前決定過程論の展開

されるのか」という過程自体に関心を寄せる問いに、複数の事例研究によって答えようとした。そして、「政策の窓(policy window)モデル」を提起して、前決定過程の政策決定過程への統合的な理解を進めた(Kingdon 1995)。ここまで参照してきた論文やテキストにも精緻な解説があり、本節でもそれらを参照するが、主要な先行研究としての「ゴミ缶(Garbage can)モデル」に触れた後、前節までの解説の到達点を踏まえる形でモデルの骨子をやや詳細に記し、前決定を構成している要因を確認していこう。

　さて、コーエン(Cohen, M. D.)、マーチ(March, J. G.)、そしてオルセン(Olsen, P. O.)は、政策決定は、「組織化された無秩序(organized anarchies)」と形容できるような「問題」、「解」、「参加者」、「選択機会」といった四つの不確かな、また不確実な流れの偶然の合流と考える。あたかもそれは、様々な問題や解決策がゴミ缶に臨機応変に投げ込まれるようなものであるとするのである。政策決定に関するモデルの原型を、問題の存在を前提として解決策を探すという合理モデルに求めるとすれば、偶然の強調は新しく、それへの批判を含むものとなる(Cohen et al.：1-25；笠 1988b：96-102)。

　キングドンは、このゴミ缶モデルを修正し、政策決定において相対的に独立した三つの「流れ」があると考える(Kingdon：90-195)。第一は、「問題」の流れである。すなわち、多くの問題の中から特定の問題が注目されるようになるという流れであり、その要因は三点挙げられている。①調査の結果に基づく数値や指標(indicator)、それを補強する②大惨事や大事件(focusing event)、③政府における既存のプログラムの評価(feedback)による契機である。つまり、こうした要因の予期しない結果が政策決定者の注意を引きつけるのである。ただし、「問題」は当該問題に限らず次々と発生するわけであるから、「参加者」の関心を長期間引きつけておくことは難しい。

　第二は、「政策」の流れである。様々な可能性のある多くのアイディアの中から、特定のそれが政策として提案され真剣に論じられるようになるという流れである。ここでは、政治家・官僚・学者などの政策企業家(policy entrepreneur)と呼ばれる人々が自らの資源を投入しつつ、自

身の選好に沿った政策を提出し、他の人々の説得にあたる。したがって、様々なアイディアが存在しうるが、ある政策を検討する政策コミュニティ(policy community)内で生き残る政策の基準は三点挙げられている。①技術的実行可能性(technical feasibility)、②専門家の価値観の一致(value acceptability)、③将来的な制約の予想(anticipation of future constraints)である。たとえば、技術的な問題がクリアされ、予算の確保や世論の賛同も期待でき、公平・平等といった価値観とも対立しないならば、その政策は生き残る可能性が高くなるのである。

第三は、「政治」の流れである。多様な政治的諸勢力が特定の活動を受容するようになるという流れである。要因としては政権交代や議会の議席配分の変化が考えられるが、国全体の雰囲気のようなもの(national mood)、すなわち、世論も影響を及ぼすとされる。これらは、参加者間の取引を通じてなされる意思形成において、あるアジェンダの設定を促進したり、他のそれを制約したりする要因となるのである。

そして、これら三つの「流れ」の合流(coupling)の機会が、「政策の窓」と称される。それは「問題の窓」か「政治の窓」によって開かれ、政府関係者による「アジェンダの設定」が行われる。また、「政策」の流れは「選択肢の特化」を促進している。この合流の鍵は政策代替案であり、「流れ」から独立してその間を移動する可能性を認める政策企業家は、サーファーが大波に乗るのを待つことに比喩されるように、自らのそれを持って「問題」と「政治」の流れを待ち、好機を得たものが「決定アジェンダ」となるのである。もし、時期を逸してしまうなら、次に「窓」が開くときを待つことになるが、既述のように、「問題」は複数存在しうるので、二度と機会がめぐってこないこともある。

「政策」と「問題」との区別については、政策代替案は与えられた問題の解決以上のものに発展するという点が重要とされている。たとえば、参加者が問題Aについての解決策を持っているときに、より切迫した問題Bが発生し、しばしばそれを解決することに用いられることが考えられる。これらを区別しないならば、そのような場合において何が起きているか、またなぜ、様々な合流が可能であるのかを理解できないとされるのである。また、「政策」と「政治」とを区別するのは、それぞ

第6章　前決定過程論の展開

れの「流れ」のコミュニティにおける人々の違い、すなわち、専門家であるか、政治家であるかといったアクターの違いが、費用対効果分析、データの収集、選挙対策といった各アクターの「優先的な関心」に差異をもたらしており、議論の空間も異なると考えられているためである。

　キングドンは、このように三つの「流れ」を独立させる理由を示す一方で、「政策の窓」が開く以前に何度も合流の機会はうかがわれていることも認識し、その過程は緩やかに連結した(loosely coupled)ものとして捉えられている。「組織化された無秩序」を主張するゴミ缶モデルを下敷きにした政策の窓モデルも、合理モデルへの批判という意味では「無秩序」に目がいくが、キングドン自身は、「組織化された」に力点を置くことがゴミ缶モデルとの相違だとしている。また、「組織化された」について見たとき、ゴミ缶モデルは決定の機会に焦点を合わせた上で、それを規定する構造的要因から決定を結びつけるけれども、政策の窓モデルは決定に至る「過程そのもの」の構造の存在を強調しているという意味において異なる。だが、こうした議論の展開に対し、2章での解説のような、「新制度論」の立場からウィーア(Weir, M.)は、政策の窓モデル(初版 1984)は歴史に無関心で、あまりにも流動的だから、三つの「流れ」に分けることには限界があると指摘し、「流れ」は時間を超えた重要な要因によって結びつくのだと主張した(Wier：191-192)。キングドンはこうした批判に応えようとして、第2版における追加の事例研究では制度的な要因を明示的にしたことを主張するようになったのである(Kingdon：229-230)。

　以上のように、前決定過程の政策決定過程への統合的理解が進められてきたとはいえ、政策の窓モデルも一長一短がある。たとえば、それは確かに政策過程におけるアクターの期待や予測などを織り込んでおり、制度的権力を通じた非決定作成を視野に入れている。また三つの「流れ」の検討も踏まえると、政治過程の「構造」が意識されていることは明らかである。ただ、キングドン自身は多元主義の立場にあり(Kingdon：65-67)、政策の窓モデルは、政策形成に関心を寄せて「過程」の側面を彫琢したという見方ができようし、それによって、(予測可能性というよりも)決定過程の現実の説明への応答可能性を高めたモデルを提示してい

るともいえる(大嶽 1990：97-110；松田：39-45；笠 1998b：116-125)。一方で、あくまでも政策決定過程に焦点を絞ったモデルであるという意味では、競合関係にないアジェンダは分析対象にならず、「二次元的権力」に関する実証研究には制約が残る。また、公衆、世論やマス・メディアの影響力については、コブとエルダーとは反対に、かなり限定的に捉えていることといった特徴も有している(大嶽 1990：104；立石：397-399；森 2016：9-10；笠 1998b：116-125)。本章で紹介してきた議論は、程度の差こそあれ、政治過程におけるまさにその「過程」に傾斜した多元主義への批判を受容するなかで、「構造」を強調するに至っているのである。

5　前決定過程への今日的着目と理論の深化

　本章では、前決定過程の研究を進めた系譜として権力論とアジェンダ設定の主だった議論を概観し、登場時期を踏まえながら両者の連関についても補足してきた。またこれを通じて、普段ニュースなどで目にする華々しい政策決定の背後には、そこに辿り着けなかった無数のアジェンダがあり、前決定に働く政治過程には「過程」にもまして「構造」という観点があること、そして、それを想像することの重要性を伝えようとしてきた。本章を閉じるにあたり、本節では、昨今の前決定過程の研究の方向性を二つに分けて概観しておきたい。

　第一は、とりわけ前決定過程への着目の契機と関わる、権力論の重要性の再認識という方向性である。ガヴェンタは、1980年に出版された自身の研究の結論のなかで、次のように述べることを通じて歴史的な研究の重要を主張している。「権力は権力を創出することに仕える。無力は無力を再強化することに仕える。ひとたび創られた権力関係は、自己強化的である。不平等の側面における沈黙は、まさにその状況の慣性の観点から理解しうるかもしれない。こうしたわけで、所与のコミュニティにおける権力は、所与の時点での観察によって決して単純に理解しえない」(Gaventa：256)と。1節と2節の内容を踏まえると一層含蓄のある

第6章　前決定過程論の展開

コメントであるが、「二次元的権力」や「三次元的権力」の観察には、困難を伴うことなどから永らく取り組まれなくなっていた(Baumgartner 2001)。

2章で触れた「新制度論」の旗手の一人と位置づけられるピアソン(Pierson, P.)は、この点に加えて、(アメリカの)今日の政治学の研究課題や分析の仕方の傾向を整理しながら、それらと権力論の接合性が低いことを、またそれによって、紛争、アジェンダといったものの、いわば「氷山の一角」しか捉えられなくなっていることを指摘している(Pierson 2015)。ピアソンは、そうした研究が非決定作成などの理解を進めている部分も評価しつつも、自らの主張を裏付けるべく、モー(Moe, T.)による制度が特定の集団に対して利益を促進する力学への指摘(Moe：215-233)や、まさに権力観が議論の磁場となっていたCPS論争やその後の議論動向を再訪する。そのなかでピアソンは、これらの研究を今日の研究に「権力を取り戻す(Bringing power back in)」ためのテコとしていく。その上で、権力が権力を生じさせる仕方を論じ、権力の経路依存性(強固な現状維持)、またその自己強化的な側面を考えようとしている。こうした視点は、分析における時間的射程を前後に延ばすことの重要性などを指摘してきたピアソンならではのものであり(Pierson 2004)、今後の進展を見る必要がある(Pierson 2016；西岡：43-59；森 2016：7-18)。

ハッカー(Hacker, J. S.)、ピアソン、そしてセーレン(Thelen, K)は、副題にもある「制度の変化の隠れた側面」を表現している「漂流(drift)」と「転換(conversion)」という考え方を論じている(Hacker, Pierson, and Thelen：180-208)。「漂流」は、制度や政策が意図して作られたか否かにかかわらず、それらが置かれた文脈によってその有効性が変化していくことを、一方で、「転換」は、アクターがそれらの元来の意図を超えて自らの目標に向けて別の目的のために使うときに生じることを指す。いずれの概念も、一見すると、現行の制度や政策に変化が起こっていないなかにある権力を捉えようとするもので、政治家や利益集団といったアクター(エリート)によって埋め込まれるものとされている。上述のピアソンの議論(Pierson 2004、2016)とあわせて理解することで、前決定過程はもとより、政治過程の「構造」への理解が深まるだろう。

5　前決定過程への今日的着目と理論の深化

　非決定作成の重要性は、日本ではたとえば、公害・環境を事例とする研究のなかで論じられることがあるが、最近では東日本大震災の前後の複数の政策決定と非決定作成とを「政治学的想像力」を働かせて論じたという、辻中編(2016)のような研究もある。たとえば、そこに所収されている論考から、本章の課題について、さらに具体的なイメージを持っていくのもよいだろう。また、「政治学的想像力」そのものを鍛えるという関心があれば、ルークス(2005)をめぐる論争を見ておくのがよいだろう。『政治研究批評(*Political Studies Review*)』で2006年に特集が組まれたように、ルークス自身の初版(1974)との理論の変化と継続が問われている(評者たちへのルークスの応答は、Lukes 2006を参照)。またそうした理論面での議論が、実証研究を行う場合にどのように資するのかを考える契機も残されている(Shapiro：146-155)。加えて、政策が行われる現場と理論の「間」を考えてみたいなら、現場にかかわる際の知識自体が有する権力についても検討してみる必要があるかもしれない(Gaventa and Cornwell：465-471)。

　第二は、キングドンの研究の受容と応用という方向性である。たとえば、ジョーンズ(Jones, M. D.)らが包括的に整理するように、アメリカ連邦政府における対照的な政策領域としての保健と運輸の事例研究から始まった政策の窓モデルも、「多重ストリーム論(Multiple Stream Approach：MSA)」と呼ばれる知的潮流に組み込まれ、政策領域を超え、中央および地方の各政府レベルのほか、国際関係においても検討が進められている。もっとも、研究の数は増えてきているにしても、汎用性が高い議論だけにかえって三つの流れ、政策の窓、政策企業家といった概念をつまみ食い的に使う研究がありはしないかという指摘もある(Jones et al.：37-58)。キングドンが、そのモデルを提起するに至った経緯や用い方の基本に立ち返る必要性を訴えているようにも見える。

　日本でも多様な学問分野で政策の窓モデルを用いた研究が行われているが、ここでは4章で解説した伝統的集団過程論の政治過程の見方に対するシャットシュナイダー、バウアー(Bauer, R. A.)、ヘクロウ(Heclo, H.)らの議論を踏まえた後に、このモデルの政策過程論上の位置づけを明示して、複数の事例研究を行った佐藤(2014)を最近の成果の一例とし

て挙げておく。佐藤は、アジェンダ化された確定拠出年金法、臓器移植法、介護保険法の政策過程における「政策」および「政治」の流れと政策企業家を活写すると同時に、それらの比較を通じて、5章とも関連するような政策類型の提案を行っている。本章との関連で触れておきたいのは、佐藤も自覚的なように、アジェンダ化された事例を扱うことで、「問題」の流れ、まさにその過程が分析の後景に退いていることである。これは、前節末で述べたように、政治過程における「過程」自体に力点を残す政策の窓モデルが、争点となっているアジェンダと直接かかわりのない部分を捉えにくいというモデルの特性と関連している。同書は、政策の窓モデルの意義と限界を示す到達点としても読むことができる。

　キングドンの研究の応用の広がりは、たとえば、サバティア(Sabatier, P. A.)とウェイブル(Weible, C. M.)が編んだ政策過程のテキストに見られるように、政策の窓モデル単体だけでなく、それと関連する政策過程の理論、またそれらの関係性の検討も行われていることからも、高い評価の一端がうかがえる。一例としては、生物学的な知見の分析枠組みへの導入や政策企業家の概念の考察を通じて、政策の窓モデルが、ボームガートナーが旗振り役を務める「断続平衡理論(Punctured Equilibrium Theory：PET)」に与えた影響の検討が挙げられよう。最近、訳書が刊行され、また『政策研究ジャーナル(*Policy Studies Journal*)』で2016年に特集が組まれたことに見られるように(たとえば、Cairney and Jones：37-58を参照)、キングドンの研究の見直しは続くのだろう(Baumgartner 2016)。それが前決定過程の理解にどのように資するものになっていくのか。注目してみるとよいだろう。

[参考文献]
伊藤修一郎「アジェンダ設定：どの政策課題を検討するか」秋吉貴雄・伊藤修一郎・北山俊哉『公共政策学の基礎［新版］』(有斐閣 2015年49-66頁)
大嶽秀夫『政策過程』(東京大学出版会 1990年)
――『現代日本の政治権力経済権力：政治における企業・業界・財界［増補新版］』(三一書房 1996年)
大嶽秀夫・鴨武彦・曽根泰教『政治学』(有斐閣 1996年)

5　前決定過程への今日的着目と理論の深化

佐藤満『厚生労働省の政策過程分析』（慈学社　2014年）
立石芳夫「アジェンダ構築とメディア機能：コブとエルダーの理論モデルを軸に」『立命館法学』（245号　1996年　370-406頁）
辻中豊編『政治過程と政策』（東洋経済新報社　2016年）
西岡晋「政策発展論のアプローチ：政策の長期的時間構造と政治的効果」縣公一郎・藤井浩司編『ダイバーシティ時代の行政学：多様化社会における政策・制度研究』（早稲田大学出版部　2016年　43-59頁）
早川純貴「前決定過程」早川純貴・田丸大・大山礼子・内海麻利『政策過程論：政策科学への招待』（学陽書房　2004年　14-61頁）
松田憲忠「キングダンの政策の窓モデル」岩崎正洋編『政策過程の理論分析』（三和書房　2012年　31-46頁）
森道哉「政策過程の研究のなかの公衆：政策フィードバック論の地平」『公共政策研究』（16号　2016年　7-18頁）
笠京子「政策決定過程における『前決定』概念（1）」『法学論叢』（123巻4号　1988年 a　48-71頁）
――「政策決定過程における『前決定』概念（2・完）」『法学論叢』（124巻1号　1988年 b、91-125頁）
Bachrach, Peter, and Baratz, Morton S., "Two Faces of Power." *American Political Science Review* Vol. 56, No. 4, 1962, pp. 947–952.
――, "Decisions and Nondecisions: An Analytical Framework." *American Political Science Review* Vol. 57, No. 3, 1963, pp. 632–642.
――, *Power and Poverty: Theory and Practice*, Oxford University Press, 1970.
Baumgartner, Frank R., "Agenda: Political" Smelser Niel J. and Paul B. Baltes eds., *International Encyclopedia of Social and Behavioral Sciences: Political Science*, Elsevier Science and Pergamon, 2001, pp. 288–291.
――, "John Kingdon and the Evolutionary Approach to Public Policy and Agenda Setting," Zahariadis Nikolaos ed., *Handbook of Public Policy Agenda-Setting*, Edward Elgar, 2016, pp. 53–65.
Baumgartner, Frank R. and Brian D. Jones, *Agendas and Instability in American Politics*, University of Chicago Press, 1993.
Birkland, *An Introduction to the Policy Process: Theories, Concepts, and Models of Public Policy Making* 4th. ed., Routledge, 2015, pp. 199–239.
Cairney, Paul, and Michael D. Jones. "Kingdon's Multiple Streams Approach: What Is the Empirical Impact of this Universal Theory?" *Policy Studies Journal* Vol. 44, No. 1, 2016, pp. 37–58.
Cobb, Roger W., and Charles D. Elder, *Participation in American Politics: The Dynamics of Agenda Building* 2nd. ed., Johns Hopkins University Press, 1983.

第6章 前決定過程論の展開

Cohen, Michael D., James G. March, and Johan. P. Olsen, "A Garbage Can Model of Organizational Choice," *Administrative Science Quarterly* Vol. 7, 1972, pp. 1-25.

Crenson, Matthew A., *The Un-Politics of Air Pollution : A Study of Non-Decisionmaking in the Cities*, Johns Hopkins University Press, 1971.

Dahl, Robert, *Who Governs? Democracy and Power in an American City*, Yale University Press, 1961. 河村望・高橋和宏訳『統治するのはだれか：アメリカの一都市における民主主義と権力』（行人社 1988年）

Gaventa, John, *Power and Powerlessness : Quiescence and Rebellion in an Appalachian Valley*, University of Illinois Press, 1980.

Gaventa, John and Andrea Cornwall, "Power and Knowledge," Brodbury Hilary ed., *The Sage Handbook of Action Research* 3rd. ed., Sage Publications, 2015, pp. 465-471.

Friedrich, Carl J., *Constitutional Government and Politics : Nature and Development*, Harper, 1937.

Hacher, Jacob S., Paul Pierson, and Kathleen Thelen, "Drift and Conversion : Hidden Faces of Institutional Change," Mahoney James and Kathleen Thelen eds., *Advances in Comparative-Historical Analysis*, Cambridge University Press, 2015, pp. 180-208.

Hunter, Floyd, *Community Power Structure : A Study of Decision Makers*. University of North Carolina Press, 1953. 鈴木広監訳『コミュニティの権力構造：政策決定者の研究』（恒星社厚生閣 1998年）

Jones, Michael D., Holly L. Peterson, Jonathan J. Pierce, Nicole Herweg, Amiel Bernal, Holly Lamberta Raney, and Nikolaos Zahariadis, "A River Runs Through It : A Multiple Streams Meta-Review," *Policy Studies Journal* Vol. 44, No. 1, 2016, pp. 37-58.

Kingdon, John. W., 1995, *Agendas, Alternatives, and Public Policies* Updated 2nd. ed., Harper-Collins College Publishers, 1995. 笠京子訳『アジェンダ・選択肢・公共政策：政策はどのように決まるのか』（勁草書房 2017年）

Lasswell, Harold D., *Politics : Who Gets What, When, How*, Whittlesey House, McGraw-Hill, 1936.

Lukes, Steven, *Power : A Radical View* 2nd. ed., Palgrave Macmillan, 2005. 中島吉弘訳『現代権力論批判』（未來社 1995年）

――, "Reply to Comments," *Political Studies Review* Vol. 4, No. 2, 2006, pp. 164-173.

Moe, Terry, "Power and Political Institutions," *Perspective on Politics* Vol. 3, No. 2, 2005, pp. 215-233.

Pierson, Paul, *Politics in Time : History, Institutions, and Social Analysis*,

Princeton University Press, 2004. 粕谷祐子監訳『ポリティクス・イン・タイム：歴史・制度・社会分析』（勁草書房 2010年）
――, "Power and Path Dependence," Mahoney James and Kathleen Thelen eds., *Advances in Comparative-Historical Analysis*, Cambridge University Press, 2015, pp. 123–146.
――, "Power in Historical Institutionalism," in Orfeo Fioretos, Tulia G. Falleti, and Adam Sheingate eds., *The Oxford Handbook of Historical Institutionalism*, Oxford University Press, 2016, pp. 124–141.
Polsby, Nelson, *Community Power and Political Theory*, Yale University Press, 1980. 秋元律郎監訳『コミュニティの権力と政治』（早稲田大学出版部 1998年）
Sabatier, Paul A., and Christopher M. Weible eds., *Theories of the Policy Process* 3rd. ed. Westview Press, 2014.
Schattschneider, Elmer E., *The Semisovereign People : A Realist's View of Democracy in America*. Holt, Rinehart and Winston, 2016. 内山秀夫訳『半主権人民』（而立書房 1972年）
Shapiro, Ian, "On the Second Edition of Lukes' Third Face," *Political Studies Review* Vol. 4, No. 2, 2006, pp. 146–155.
Studlar, Donley T., "E. E. Schattschneider, 'The Semi-Sovereign People : A Realist's View of Democracy in America," Balla, Steven J., Martin Lodge, and Edward C. Page eds., *The Oxford Handbook of Classics in Public Policy and Administration*, Oxford University Press, 2015, pp. 123–136.
Weir, Margaret, "Ideas and the Politics of bounded innovation," Steinmo, S., Thelen, K. and Longstreth, F., eds., *Structuring Politics : Historical Institutionalism in Comparative Politics*, Cambridge University Press, 1992, pp. 188–216.

［森　道哉］

第6章 前決定過程論の展開

---- コラム ----

国と地方の力関係
　　　関空連絡橋税を事例に

　地方自治体の独自課税制度に関する要件が緩和されて十数年が経過した。この要件緩和は、1999年の地方分権一括法成立に伴い、国と地方自治体は対等な関係になったとみなされたことの象徴のような意味合いを持つ。これを契機としてユニークな法定外課税を検討し導入する自治体が増えている。その中でも、国と基礎自治体の対立から最終的に導入を認める形で決着した事例として、大阪府泉佐野市の関空連絡橋税を取り上げてみよう。

　泉佐野市の対岸にある関西国際空港は、開港後10年が経過した2005年頃、利用客の増加を見込めず、多額の有利子負債を抱えていた。そのため、国は、2009年4月、関空の島と対岸を結ぶ関空連絡橋を国有化することにより、関西空港会社の固定資産税の減免を計った。このことの影響を直接受けたのが泉佐野市であり、年間約8億円の減収となる。この減収を埋め合わせる対抗手段として関空連絡橋税の導入を検討したのである。

　一度は、総務省の説得に新税の導入を断念した泉佐野市であったが、国の誠実な対応が見られないことを理由に、2011年2月から課税再検討を本格化させた。泉佐野市は、独自課税を認めさせるため、大阪府等の関係自治体の同意を得て、国と総務省の諮問機関である地方財政審議会で堂々と論戦を展開した。審議会は、市・国交省に個別の意見聴取を行ったが、両者の意見は歩み寄りを見せなかった。結局、2012年4月11日、地方財政審議会は、税額が少額であることから導入することを認め、2013年3月に泉佐野市の関空連絡橋税の条例施行となり、100円の関空連絡橋税を導入するに至ったのである。

　この関空連絡橋税の決着の仕方を見ると、従来の税に関わる議論とは異なる様相を示していると思われる。税の話は概ね論理的一貫性が好まれ、このような政治的妥協のような決着が赤裸々に見られることは珍しかった。背景には当時、民主党が政権を握っていたということもあるのだが、大きなトレンドの中で見れば、中央地方の政治アクター間の力関係が新しい世紀に入ったところで、地方側に大きく傾いたことを示しているように思われる。　　［鶴谷将彦］

第7章　政策実施

　決定された政策を対象者が享受し、成果をもたらすためには、政策が実施される必要がある。法が成立し予算が割り当てられたとしても、それが実施されなければ何も生み出さない。政策実施研究は、実際に現場で政策が実施される段階まで観察すると、政策決定で期待された効果をもたらしていないことがあり、それは政策決定過程の研究だけでは不十分で、政策実施の過程を研究することではじめて発見できるということを主張してきた。それでは、政策実施研究には意味があるのか。具体的には、政策決定過程と政策実施過程を区別し、独自に政策実施過程を研究する意義はあるのか。本章では、これまでの政策実施に関わる研究を整理し、政策実施研究の意義について説明する。

1　政策実施に注目する意義

　なぜ政策実施に注目する必要があるのか。それは、政策決定の段階で意図された効果が、政策実施の段階で変化し、期待された結果を生み出さないときがあるからである。本章では、変化の理由を次の三つに整理する。
　第一は、政策設計段階の準備不足である。政策実施を円滑に進めるた

第7章　政策実施

めには、政策設計の段階で準備しておくべきいくつかの事柄がある。公共施設を建設する場合、法律を策定し予算を付けるだけでなく、建設会社への依頼、土地の確保や買収、周辺住民を含めた関係者への説明が必要である。こうした準備が不十分である場合、政策実施の段階で計画が変更される、最悪の場合は中止に追い込まれることになる。計画が変更された例としては、成田国際空港（新東京国際空港）の建設がある。1960年代、当時の東京国際空港（羽田空港）が手狭になり、年々増大する国際航空需要に対応するため、首都圏に新国際空港の建設が構想された。政策設計の段階では、成田市三里塚が新国際空港の建設予定地となった。三里塚は、国有地で宮内庁下総御料牧場があることに加えて、戦後開拓農民が入植していたため、土地の買収が容易であると判断されたからである。しかし、住民の一部は、買収に反対し、新左翼とともに反対運動を展開した。その結果、着工、開港の遅れ、計画の見直しが必要になった。候補地の選択、住民への説明や説得に問題があった（森脇：124-127）。つまり、政策設計段階での準備不足が事態を紛糾させたのである。最近では、特殊なデザイン、建設費用の高騰によるデザインの見直しが行われた新国立競技場建設も同様の例である。

　第二は、時間の経過によるニーズの変化である。政策はなんらかの必要性があって企画・設計される。しかし大型公共事業の実施には、着工から完成まで多くの時間がかる。その間にニーズが低下し、事業を見直す、あるいは中止する必要が出てくる。中止された事業の例としては、中海干拓事業がある。戦後、政府は食糧難に対応するため、全国各地で開墾や干拓を奨励し、食糧増産をはかった。1955年、政府直轄事業として島根県と鳥取県にまたがる中海を干拓し農地を作るという中海干拓事業が計画された。1959年ごろ中海干拓によって鳥取県境港の港湾機能が破壊される可能性が指摘され、調査が必要になったことから工事は大幅に遅れ、1968年12月にようやく着工となった。しかし、その間、経済状況や食糧事情は大きく変化した。特に大きな変化としては、稲作のための農地拡大の必要性がなくなってしまったことである。また、高度経済成長による問題として大気汚染や水質悪化が大きく取り上げられるようになり、中海干拓事業についても環境悪化が懸念され、事業そのものの

意義が問題視されるようになった。1988年、島根県と鳥取県は農林水産省に延期を申し入れた。事実上の凍結であった。そして14年後の2002年、正式に中止が決定された(森脇：125-127)。他には、中止となった多くのダム事業も、時間の経過とともにニーズが低下した例である。

　第三は、政策を実施するアクターの裁量による変化である。現代社会では、政策過程のそれぞれの段階で分業が行われており、政策を決定するアクターと政策を実施するアクターは異なっている。現代民主制の場合、政策を決定するアクターは政治家であり、政策を実施するアクターは官僚(行政)である。この場合、政治家は官僚に決定した政策の実施を委任している。しかし、政治家と官僚の持つ利益や政策選好は、一致するときもあるが、異なる場合もある。加えて、政治家は、決定されたとおりに政策が実施されているかどうか、官僚をコントロールしようとするが、完璧にコントロールすることは難しい。したがって官僚は、裁量によって、つまり独自の判断を加えて、政策実施の段階で政策内容を変化させる可能性がある。

　以上が変化の理由であるが、第一、第二の理由と第三の理由の間には、大きな違いがある。第一、第二の理由は、政策決定の段階で問題を抱えている。加えて、なぜ判断を誤るのか、なぜ将来の変化を見通すことができないのか、もっと早くに中止できないのか、という、アクター間の関係や組織構造の問題ではなく、人の能力を問題としている。そもそも結果論で評価することは容易いが、政策決定の段階で様々なことを予測し評価することは、人の能力では限界がある。したがって、こうした点を解明することは政治学・行政学の課題となりにくく、政策実施研究として注目する意義はあまりないと考えられる。これに対して、第三の理由は、政策決定の段階では問題がなかったが、実施の段階で、決定するアクターと実施するアクターとの利益や政策選好の違いや不十分なコントロールによって政策が変化するという議論である。この議論は、政治学・行政学で課題とされてきた蓄積のある議論であり、政策実施研究として意義のある議論だと考える。そこで、次節以降、この政策実施がどのような構造を持っているのか、具体的に見ていこう。

2　政策実施の構造

　先に述べた第三の理由は、政策実施研究の嚆矢であるプレスマンとウィルダフスキーの『実施』で提示された意義である。彼らの問いは「ワシントンの大いなる期待がオークランドでいかにして打ち砕かれたのか」であった。アメリカ連邦政府の経済開発プログラムが、政治的合意を得て、財源を確保したにもかかわらず、地方で失敗に終わる、つまり雇用の創出という目的を達成することができなかったのはなぜか。彼らは、政策決定とは異なるステークホルダーが政策実施に関わることから、政策決定の段階で設定された目標が歪曲され、転用されると主張した（Pressman and Wildavsky）。すなわち、政策決定の段階とは異なるアクターが政策実施に関わること、また、そのアクターが複数存在し、政策決定に関わるアクターとは異なる利益を持ち、独自の判断を行うことから実施の段階で政策変化が生じるのである。つまり、政策実施の段階で政策変化が生じるのは、政策過程の分業と委任の構造にある[1]。

　この政策実施の構造について、日本の例で見ていこう。既に述べたとおり現代民主制の場合、基本的には、政策を決定するアクターは政治家で、政策を執行するアクターは行政組織（官僚）である。ただし、執政制度や中央地方関係制度によって、その構造が異なる。日本の国レベルの執政制度は議員内閣制（国民が議員を選出し、議会から内閣総理大臣が選出される仕組み）であるので、政策を決定するアクターは内閣と国会である。そして、内閣と国会で決定した政策の実施を財務省、厚生労働省などの省庁に委任している。一部の政策は全国各地に設置している国税局・税務署、労働局・労働基準監督署などの出先機関を通じて実施されるが、

（1）　曽我は分業と委任によって現代の行政を説明しているが、本章ではこれを参考にして、分業と委任によって政策決定と政策実施の関係を説明している。

2　政策実施の構造

　多くの政策は国レベルの政策であっても都道府県、市町村に委任され実施される。日本の中央地方関係制度は、分離型ではなく、融合型をとっているからである。

　分離型・融合型という中央地方関係を測る軸は、天川によって提示されたものである。一般的に、中央地方関係は集権・分権という軸で測定されるが、それだけでは中央政府と地方政府の役割分担が測定できないとして、天川は分離・融合という軸を追加し、中央・地方関係を分類するモデルを提示した。集権・分権の軸は、地方政府の意思決定の問題としている。すなわち、集権は地方に関する意思決定を中央政府が行い、地方政府とその地域の住民の自主的な決定の範囲を狭めようとすることである。逆に、分権は地方政府とその地域の住民の自主的な意思決定の範囲を拡大することである。これに対して分離・融合軸は、中央政府と地方政府の行政の機能、政策実施の関係を問題としている。地方政府の区域内の政策について、地方政府が決めた政策を実施し、中央政府の政策は中央政府の出先機関が実施するという形が分離である。中央政府の政策であっても地方政府の区域内であれば、地方政府は自身が決めた政策とあわせてそれを実施するという形が融合である。イギリス・アメリカなどアングロ・サクソン諸国は分離型、日本や大陸ヨーロッパ諸国は融合型をとっている(2)。

　したがって、地方政府の政策には、地方政府が決定し実施する政策と、中央政府が決定するが、中央政府の出先機関が実施するのではなく、地方政府を通じて実施する政策がある。前者を自治事務、後者を法定受託事務と言う。法定受託事務とは、国が本来果たすべき役割のある事務であって、国においてその適正な処理を特に確保する必要があるものとして法律、政令で定めるものであり、事務処理が義務付けられている。また、是正の指示、代執行など、国の強い関与が認められている(3)。自治事務は地方政府の処理する事務のうち、法定受託事務を除いたものであり、

　（2）　中央地方関係に関する詳細は、稲継、村松2010を参照。
　（3）　2000年に地方分権一括法施行される前まで、法定受託事務は機関委任事務と呼ばれていた。

第7章 政策実施

地方政府自らが決定し実施するものである(4)。

日本の地方レベルの執政制度は二元代表制(住民が首長と議員をそれぞれ別に選出する仕組み)であるので、政策を決定するアクターは首長(都道府県知事と市町村長)、地方議会(都道府県議会、市町村議会)である。したがって、自治事務に関しては、首長と地方議会が決定し、都道府県、市町村が実施する。

省庁や地方政府は、政策を直接実施するのではなく、半官半民のグレーゾーン組織に実施を委任する場合がある(5)。グレーゾーン組織とは、政府の外郭団体や民間の業界団体であり、具体的には日本国有鉄道、日本電信電話公社、日本専売公社などの公社、国民生活金融公庫、農林漁業金融公庫、中小企業金融公庫などの特殊法人、社団法人、財団法人など公益法人がある。高度経済成長以降、行政の業務は拡大し続けたが、国会公務員の数は抑制され、その代わりに政策の実施を担ったのがグレーゾーン組織であった。

戦後の時期では、グレーゾーン組織はどちらかと言えば政府部門に近い存在であったが、1980年以降の新自由主義改革の流れの中で、公社や特殊法人の多くは民営化され、民間部門に近い存在になりつつある。たとえば、日本国有鉄道、日本電信電話公社、日本専売公社は、1980年代、中曽根内閣のときに、それぞれJR、NTT、JTとして民営化された。また、国民生活金融公庫、農林漁業金融公庫、中小企業金融公庫は、2008年、株式会社日本政策金融公庫として統合された(6)。

2000年代に入ると政府部門と民間部門の政策実施における役割を見直し、実施部門を民間企業のように位置づける改革や、民間企業に実施を委ねる改革が進められている。第一は、独立行政法人である。1999年に制定された独立行政法人通則法によって、実施部門を独立行政法人とし

---

(4) 地方分権推進委員会の勧告によれば、自治事務と法定受託事務の割合は55対45とされている。
(5) 以下のグレーゾーン組織、政府部門と民間部門の役割の見直しについては、曽我:311-376を参照した。
(6) 株式会社と言っても100%政府が出資している政策金融機関である。

て運用することが可能となった。独立行政法人とはイギリスのエージェンシーを参考にして設計された制度で、実施部門を企画部門から切り離し、独立して運営することで効率化を目指すものである。現在では、大学、博物館、病院、研究機関などが独立行政法人として運用されている。
第二は、民間委託である。2003年の地方自治法の一部改正によって指定管理者制度が導入された。それまでは地方政府の保有する施設の委託先を、地方政府やその外郭団体に限定してきたが、民間企業やNPO(Non-Profit Organization：非営利組織)に委託することができるようになった。現在では、球場、体育館、動物園、図書館などの多くが指定管理者制度を利用し、民間企業やNPOによって運用されている。また、2006年に制定された公共サービス改革法(競争の導入による公共サービスの改革に関する法律、市場化テスト法とも呼ばれる)では、市場化テスト(官民競争入札)を導入し、政策実施の効率化を図っている。民間企業が対象事業となった例では、登記の証明書、国民年金保険料収納、公営住宅の滞納家賃徴収などがある。

以上の日本の政策実施の構造をまとめたのが**図7-1**である。細い矢印は委任の方向を、太い矢印は実施の方向を示している。この図を見ると政策決定の主体はシンプルであるが、政策実施の主体は政府部門から民間部門まで幅広く、異なるレベルで存在していることがわかる。それに加え、政策実施に関わるアクターの数は、政策決定に関わるアクターの数に比べてかなり多い。2017年の時点で、国会議員の数は衆議院475人[7]、参議院242人のあわせて717人である。これに対して国家公務員の数は約58万人である。また地方レベルでは、都道府県知事は47人、都道府県議会は2,657人、市区町村長は1,739人、市区町村議会議員は30,334人である(2016年12月31日の時点)。一方、地方公務員は約274万人である。NPOの認定法人数は約5万であり、民間企業で働く人数は公務員の人数よりも多い。決定過程に比べて実施過程は、様々な主体が存在し、数が多いこと、それゆえ、その過程が複雑で多様な利害が関係していることが特徴である。したがって、実施過程で裁量を活用し、自らの利益を

（7） 2017年10月22日からは465人である。

第7章　政策実施

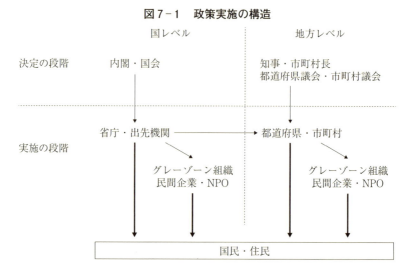

図7-1　政策実施の構造

反映しようとするアクターが出てくる。これが決定段階で設定された目的が実施段階で変化する主な理由である。次節では、この変化の理由について説明する。

3　政策実施の変化

　図7-1で示したとおり、政策実施の委任の方向としては、省庁(官僚)に対する委任、地方政府(都道府県・市町村)に対する委任、民間部門に対する委任がある。

　政治家の官僚に対する委任は、本人・代理人(PA：principal agent)理論によって研究されてきた。[8] 政治家が追求する主な目標は、再選、昇進、政策の実現の3つである(Fenno)。一方、官僚の目標は、予算の最大化(Ni-

---

（8）　本人・代理人論による政治家と官僚の関係については、曽我：17-114を参照。

skanen)や組織権限の拡大(加藤)などがよく定義として用いられる。このように両者の利益は異なっているので、政策選好が一致する場合もあるが、異なる場合も出てくる。政策選好が異なる場合、政治家と官僚は持っている専門知識や政策情報に差(情報の非対称性)があるので、エージェンシー・スラック(agency slack)が発生してしまう可能性がある。エージェンシー・スラックとは、政治家の利益に反して官僚が自身の利益を優先した行動をとることである。そうすると、政策決定の段階で設定された目的を政策実施の段階で官僚に変えられてしまうことになる。

次に、地方政府に対する委任について村松(1988：114-143)を参考に説明する。村松は中央政府によって決定された政策が、市町村によってどのように実施されるのかを分析し、政策実施の段階で、地方政府はできるだけ地方の事情を反映させる傾向があることを明らかにした。地方政府は中央政府の定めるサービス受給資格をゆるめ、サービスの程度については「上乗せ」する傾向がある。また、府県の媒介の役割は大きく、媒介者として府県のとる見解は、府県の政治的事情を反映している。したがって、中央政府の政策意図に対する府県の対応には違いがあり、府県は政策意図を独自判断する傾向にある。

民間部門に対する委任については、まだ導入された時期から年数が経っていないこともあり、研究の蓄積が少ない。また地方政府と指定管理者の間で利害が衝突するような事例の報告もない。しかし、地方政府が地域の利益を重視するのに対して、民間企業は利潤を追求するので、政策選好の違いが生じて、実施過程で政策が変化する可能性がある。安藤は、図書館経営に指定管理者制度を導入した地方公共団体(教育委員会)67団体と公立図書館(指定管理者図書館長)107館を対象にサーベイを行っているが、これによって地方政府と指定管理者の指定管理者制度に対する意識の違いを見ることができる。制度導入後に生じた問題点として「長期的な視点に基づく図書館経営が実施できない」という回答への割合が、地方政府は20.3％、指定管理者は44.9％で、その差は24.6％と、両者に共通する質問項目の中では一番大きな差であった。したがって、この回答からは、指定管理者は地方政府に比べて長期的な経営を実施することが難しいと認識しており、短期的な経営を行う可能性が高いこと

第 7 章　政策実施

を示唆している。

　ここまでは組織レベルで政策実施を説明してきた。しかしながら、実際に国民や住民と日常的に接触し、公共サービスを提供したり、取り締まりを行ったりするのは、現場の公務員である。政治家がどんなに良い政策を決定したとしても、現場で実施する公務員がいなければ、その政策は日の目を見ない。また公共サービスの受給者は、政策を決定するアクターと接触する機会はほとんどないが、政策を実施する現場の公務員とは直接接触することになるので、現場の公務員は国民・住民に大きな影響を与える存在である。この現場の公務員の行動を理論化したのがリプスキーの第一線職員論(street-level bureaucracy：ストリート・レベルの官僚制論)である。[9] 第一線職員とは、組織から高い自律性と裁量を持ち、対象者と直接接触し、個別に給付、規制などのサービスを提供している公務員である。具体的には、警察官、税務調査官、福祉事務所に配属され生活保護を担当するケースワーカーなどが挙げられる。彼らは、国民・住民の個別の事情に対応するため、独自の判断を加えることになる。その結果、決定レベルよりも審査の基準が厳格になりすぎたり、緩くなりすぎたりして、政策本来の目的を変化させてしまう可能性が出てくる。生活保護の審査基準を緩くしすぎてしまい、不正受給者が増加することや、逆に、窓口で申請書を渡さずに生活保護の増加を食い止める「水際作戦」を展開することは、生活保護の本来の政策目的を歪めてしまうことになるだろう。

4　政策実施のコントロール

　決定した本来の目的を実施するには、政策実施を委任する相手に対してコントロールをかける必要がある。政治家の官僚に対する委任の例で

（9）　第一線職員についてLipskyの他、田尾、真渕：101-129を参照した。

言えば、政策を決定する政治家は政策を実施する官僚をコントロールする必要があるということだ。コントロールには、事前コントロールと事後コントロールがある。事前コントロールの手段としては、人事や政策実施のルールの策定がある。政治家は人事を通じて政策選好が近く、能力の高い官僚を選抜しようとする。政策実施のルールは、具体的には行政手続法などで、許認可の基準を明確化したり、処理の手順や期間を定めたりしておくことによって政策実施の裁量を狭めることができる。また、事後コントロールは、官僚の行動の結果によって賞罰を与えるという手段によって行われる。賞罰は個人レベルで行われるものもあれば、組織レベルで行われることもある。個人レベルでは、政治家の望む政策を実現した場合、昇進や昇給が与えられる。逆に、失敗した場合、ポジションや賃金を下げるということもある。組織レベルでは、組織に与える権限や予算、人的資源を事後的に剥奪したり、配分したりすることが考えられる。

地方政府に対する委任、民間部門に対する委任についても、基本的には選抜方法、手続きやマニュアルの策定などの事前コントロールと事後コントロールが有効である。地方政府に対する事前コントロールとして、政権政党が政策選好の近い首長や地方議員を選出する、あるいは、法の策定の際、手続きを明確化するという手段がある。事後コントロールの手段としては、補助金の活用が挙げられる。関は、生活保護が厚生労働省のルール変更や首長の政策方針の影響を受けていることを明らかにしており、第一線職員の裁量が大きいとされる生活保護の実施であっても、事前コントロールが有効であることを示している。

また、民間委託に対する事前コントロールとしては、自身の目的を忠実に実施してくれる民間企業を選抜すること、あるいは、委託内容を明確化するという手段がある。一方、民間委託先の企業が目的を果たさないときには、違約金を求めたり、契約を打ち切ったりする事後コントロールがある。

---

(10) 政治家の官僚に対するコントロールについては、曽我：17-45を参照。

しかしながら、政策を実施するアクターを事前コントロールすることには限界がある。第一に、選抜方法については、政策を実施するアクターの数は非常に多いので、本人(政策を決定するアクター)がすべての代理人(政策を実施するアクター)を適切に選抜することは困難である。第二に、政策実施のルールやマニュアルを明確化したとしても、政策を実施するアクターの行動を縛ることは困難である。なぜなら、ルールは増加するほど、多くの矛盾を抱えることになり、自分に都合の良い部分のみを適用する可能性が出てくるからである(畠山)。

したがって政策実施をコントロールする手段としては、事後コントロールが中心になりがちである。ただし、事後コントロールをかけるためには、政策実施が適切に行われているかを監視する必要がある。監視の方法には、警察巡回型(police patrols)と火災報知器型(fire alarms)がある(McCubbins and Schwartz)。警察巡回型監視とは、政策を決定するアクターが自身で正しく政策が実施されているかどうかを直接監視する方法である。しかしながら、この監視方法は、政策を決定するアクターの数と比較して、政策を実施するアクターの数が多いので、困難である。そこで火災警報器型監視、すなわち国民・住民、利益団体など公共サービスの受給者や、マスコミに監視してもらい警報器を鳴らしてもらう、つまり政策が適切に実施されていない場合には、そのことを知らせてもらう方法に依存することになる。

5　政策実施の類型

リプレーとフランクリンは、ロウィの政策類型を決定過程と実施過程に適用すると、異なった過程があると主張した(Ripley and Franklin)。それでは、本章で説明してきた政策実施過程には、どのような類型が考えられるだろうか。

本章では、政策実施で政策変化が生じる理由として、アクターの利害関心の強さを重視してきた。争点の重要性や有権者の関心の高さから政

治過程を説明する議論としてイシュー・セイリアンスに注目するアプローチがある(京)。これを参考に、政策決定と政策実施に関わるアクター、それぞれの関心の高さと低さに注目して政策類型を考えてみたい。

政策を決定するアクターは政治家である。政治家が利害関心を持つのは、選挙の争点になりやすく、有権者が高い関心を持つ政策領域である。イシュー・セイリアンスによれば、セイリアンスが高い政策領域である。この場合、政治家は、政策実施に対して熱心にコントロールをかけようとする。先に述べたとおり、事後コントロールと、そのための火災警報器型監視が重要であるが、セイリアンスが高い政策領域では、有権者、利益団体は政治家に通報するインセンティブを持つ。したがって、政策を実施するアクターは逸脱行動をとりにくく、実施の段階での変化は起こりにくい。つまり、セイリアンスが高い場合、決定過程では多くの政治家、利益団体が関与する「賑やかな」政治過程になるが、それとは対照的に、実施過程では「静かな」政治過程となる傾向にある。

一方、選挙の争点になりにくく、有権者の関心が低い政策領域には、政治家は利害関心をあまり持たない。つまり、これはセイリアンスが低い政策領域である。この場合、政治家は、政策実施に対して熱心にコントロールをかけようとはしない。有権者、利益団体も政治家に火災警報器を鳴らすインセンティブを持たないので、政策を実施するアクターは逸脱行動をとりやすく、実施の段階での変化が発生しやすい。したがって、決定過程は「静かな」政治過程となるのに対して、実施過程は変化が生じやすい傾向にある。

セイリアンスは時期によって変動する可能性がある。政策実施は、何事もなければ実施されてあたりまえであるので、セイリアンスはそれほど高くはない。しかしながら、たとえば生活保護の不正受給者が増加したり、「水際作戦」が注目されたりすると、セイリアンスが高くなり、政策の再検討(再決定)が行われることになる。そして、次にその政策が実施されるときには、コントロールが強化された状態となり、逸脱行動がとりにくく、変化が発生しにくい政策領域となる。

第7章　政策実施

6　政策実施研究の課題

　最後に、政策実施研究の課題についてまとめておく。本章で説明してきた政策実施の変化は、政策決定で期待された効果をもたらしていないという「悪い変化」であった。しかしながら、政策決定で期待された効果よりも良い効果をもたらす「良い変化」が起こることもある。たとえば、中央地方関係では、中央政府が地方政府に政策の実施を委任するが、そのときに地方政府が地域のニーズなど独自の判断を加えるということが、常に「悪い結果」をもたらすとは考えにくく「良い結果」をもたらす可能性もある。

　伊藤は、市町村による屋外広告物規制の実施を分析し、自主条例を制定した市町村と都道府県から委任された市区町村では、設置許可の審査方法が異なることを明らかにした。自主条例制定済みの市区町村が裁量を行使してデザイン審査を行う割合が高いのに対して、委任された市区町村ほとんどが基準に沿って機械的に判断していた。したがって、条例制定権を含めた権限を委譲してはじめて実施の効果が高くなることを主張している。

　伊藤の研究は、これまでの実施研究と異なり、実施機関に裁量を与えることが良い効果をもたらすことを示している。しかしながら、こうした研究の蓄積はまだまだ少ないので、今後進めていく必要がある。

　また、民間委託についての研究の蓄積も十分ではない。これまで実施の担い手となってきた官僚や地方政府は、政治家と同じく政府部門に属するアクターであった。政治家と官僚の関係や中央地方関係の利害の競合は、同じ政府(政治)の論理によるものであった。しかしながら、民間委託の担い手は、政府部門ではなく民間部門である。したがって、政策を決定するアクターが持つ政府(政治)の論理と、民間部門にある市場の論理が競合する可能性がある。本来、政府が実施する政策は、市場によって解決されない問題を解決するために供給するものである。それを市場

のアクターである民間企業に委託して実施するということは、難しい問題を多く含んでいるはずである。

それに加えて、民間企業に対するコントロールの困難さもある。民間委託は、公共サービスの実施に際して、民間企業の創意工夫を活用することにその意義がある。したがって、創意工夫を活かすためには裁量を大きくする必要がある。しかしながら、裁量を大きくすると逸脱行動の可能性が増加し、逆に、裁量を狭くすると創意工夫がなされなくなる。民間委託は、このようなジレンマを抱えているのだ。このジレンマをどのように解決していくか、あるいは解決しているのか、明らかにしていく必要がある。

［参考文献］
天川晃「変革の構想：道州制の文脈」大森彌・佐藤誠三郎編『日本の地方政府』（東京大学出版会　1986年　111-137頁）
安藤友張「公立図書館経営における指定管理者制度導入に関する現状調査」『日本図書館情報学会誌』（54巻4号　2008年　253-269頁）
伊藤修一郎「ガバナンス時代の政策実施：権限委譲、職員意識、協働は屋外広告物政策のアウトカムに違いを生むか」『季刊行政管理研究』（140号　2012年　2-19頁）
稲継裕昭『地方自治入門』（有斐閣　2011年）
加藤淳子『税制改革と官僚制』（東京大学出版会　1997年）
京俊輔『著作権法改正の政治学：戦略的相互作用と政策帰結』（木鐸社　2011年）
関智弘「組織人としてのケースワーカー：ストリートレベルの官僚制の再検討」『年報行政研究』（49号　2014年　81-98頁）
曽我謙悟『行政学』（有斐閣　2013年）
田尾雅夫「第一線職員の行動様式：ストリート・レベルの官僚制」西尾勝・村松岐夫編『講座行政学　第5巻：業務の執行』（有斐閣　1994年　179-213頁）
畠山弘文『官僚支配制の日常構造：善意による支配とは何か』（三一書房　1989年）
真渕勝『官僚』（東京大学出版会　2010年）
村松岐夫『地方自治』（東京大学出版会　1988年）
村松岐夫編『テキストブック　地方自治(第2版)』（東洋経済新報社　2010年）
森脇俊雅『政策過程』（ミネルヴァ書房　2010年）
Fenno, Richard F., Jr., *Home Style: House Members in Their Districts*, Harper Collins Publishers, 1978.

第7章　政策実施

Lipsky, Michael, *Street-Level Bureaucracy : Dilemmas of the Individual in Public Services*, Russell Sage Foundation, 1980.

McCubbins, Mathew D. and Schwartz, Thomas, "Congressional Oversight Overlooked : Police Patrols versus Fire Alarms," *American Journal of Political Science*, vol. 28, no.1 1984, pp. 165–179.

Niskanen, William A., Jr., *Bureaucracy and Representative Government*, Aldine, Atherton, 1971.

Pressman, Jeffrey L. and Wildavsky, AAaron B., *Implementation, 3rd ed : How Great Expectations in Washington Are Dashed in Oakland*, University of California Press, 1984.

Ripley, Randall B. and Franklin, Grace A., *Bureaucracy and policy implementation*, Dorsey Press, 1982.

［清水直樹］

政策過程研究を推し進めた理論家たち ③

ヒュー・ヘクロウ（Hugh Heclo：1943-2017）

　ヘクロウは *Modern Social Politics in Britain and Sweden*（英瑞両国の現代社会政策をめぐる政治、Yale University Press, 1974）において「政策学習（policy learning）」という概念を提起した。政治は権力をめぐり角逐するだけでなく知的問題解決も行う（not only power but puzzle）と語り、知的問題解決に向けての社会的な動態をこの語によって示したのである。また知的問題解決と権力闘争の狭間に「政策媒介者（policy middlemen）」を置き、二様の過程の統一的把握も試みている。ヘクロウの提起したもう一つの重要概念は「イシュー・ネットワーク（issue network）」である。利益集団（interest groups）が利益を媒介としての人々の結びつきを指すのに対して、知的関心による人々の結びつきを指すものである。もとより interest に「関心」の意味は含まれているので、全く新しい概念の提起というわけではないのだが、ここに注目することにより利益の均衡を語る政治過程論的世界観から知的問題解決に向けての社会の動きを捉えるための概念を作り出したと言える。　　　　　　［佐藤　満］

第Ⅱ部　事例編

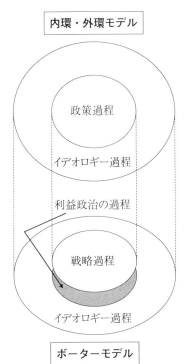

　村松岐夫の「内環・外環モデル」が日本政治過程を二つの部分的過程からなるものとして描いているが、これに対して、三つ目の過程を加えて理解するとともに、内環の「政策過程」は「利益政治の過程」と改めるべきだろうという議論が真渕勝、山口二郎という二人の村松に続く世代の行政学者により提起された。

　左図は、こうした議論を本書の編者が整理しようと試みたものである。村松が見た「政策過程」は、いわゆる族議員たちが参加している「利益政治の過程」と呼ぶことにして、第三の成長戦略などの利益配分の原資となるものを創出していく参加者の限られた過程を付け加えた。山口二郎にならって「戦略過程」と命名したこの過程が原資の造出を成し遂げることができれば、その結果として「利益政治の過程」は活況を呈し、不満分子の巣くうイデオロギー過程は縮小するというものである。利益政治の過程は戦略過程の影のように、戦略過程のパフォーマンスしだいで拡張・縮小し、それがイデオロギー過程の消長とも連動している。

　ボーターハットに似ているのでボーターモデルと名づけたが、第Ⅱ部では、この三つの部分的過程の事例について事例研究を行ったものを掲載する。第8章が戦略過程、第9章が利益政治の過程、第10章がイデオロギー過程にそれぞれ対応している。

[佐藤　満]

第8章　戦略過程

　戦略過程とは、成長戦略など長期的な観点から計画・実行される政策過程である。利益政治の過程の原資を創出し、政権・体制の維持・拡大に貢献する。参加者が限られていることが特徴である。本章では、池田勇人内閣の国民所得倍増計画(以下、所得倍増計画)と、安倍晋三内閣のアベノミクスを取り上げる。この二つの事例を取り上げる理由は、第一に、成長戦略、長期的な展望、政権維持への貢献、限られた参加者という戦略過程の特徴をすべて満たす、代表例だからである。二つの事例を分析することで、戦略過程の特徴(共通点)を検討する。第二に、所得倍増計画は1950年代後半に行われた昔の事例、アベノミクスは2010年代に行われている現在の新しい事例だからである。1950年代後半と2010年代では、政治経済環境は大きく異なっている。したがって、昔と現在、2つの事例を取り上げることで、過去と現在の戦略過程を比較し、その違いや変化(相違点)を検討する。本章では、この共通点と相違点に注目しつつ、事例研究を進めていく。

1　所得倍増計画

　所得倍増計画は、1960年12月、池田勇人内閣によって決定された長期

1　所得倍増計画

経済計画である。翌1961年度からの10年間で国民総生産(国民所得)を倍増させることを目標とした政策である。

　所得倍増、あるいはそれをイメージさせる言葉がはじめて世に出てきたのは、1959年のことであった。1959年1月、中山伊知郎一橋大学教授[1]は「賃金二倍を提唱」というエッセイを『読売新聞』に発表した。その中で中山は、日本経済が貧乏な経済から福祉国家を目指す手がかりとして「賃金二倍論」を提言した。この提言に反応したのが、前年に国務大臣を辞任していた池田勇人であった。池田は2月、広島で行われた講演で「月給二倍論」を打ち出した。そして、3月には『日本経済新聞』に「私の月給二倍論」を寄稿した。池田の提案は、西欧諸国の設備投資額を具体的に挙げるなど経済の実態を踏まえたものであった(北岡：101、中村：185、牧原：226-228、宮崎)。

　一方、参議院選挙の前の1959年5月、当時首相であった岸信介は、福田赳夫自民党幹事長の薦めにより、経済規模を10年間で二倍にする構想を提示した。参議院選挙後、岸は内閣改造を行い、池田を通商産業大臣として入閣させた。池田は半年前、警察官職務執行法改正における岸の国会運営を批判して閣僚を辞任し、反主流派となっていた。岸は安保改定を実現するため、反主流派であった河野一郎の入閣を求めたが、河野は幹事長のポストを要求し決裂した。そこで岸は池田に接近し、入閣を求めたのである。池田は側近の反対を押し切って入閣した。池田にとって通商産業大臣のポストは、「月給二倍論」を実現する良い機会であった。池田は組閣直後の閣議で、首相談話の原案に書かれた「10年で所得を倍増させる」という文章から10年を削除させ、10年以内に所得倍増が可能であることを強調し、内閣を主導しようとした。岸は当初、福田を大蔵大臣に起用し、池田を牽制させようと考えていたが、弟の佐藤栄作が大蔵大臣の留任に固執したため、福田は農林水産大臣に就任した(河野：203-204、中村：185、牧原：226-228)。

　以上の経緯を見ると、所得倍増計画は池田の構想を起源として、岸と

---

　(1)　本章で記述している職位や、所属する組織などは、特に断らない限り、すべて当時のものを使用している。

第 8 章　戦略過程

福田がそれを取り入れたように見える。牧原(228、244)によれば、当時のマスメディアは、岸の構想が選挙対策であり、かつ池田の倍増計画を岸と福田が採用することで、反主流派の池田を懐柔しようとしていると受け取った。しかし、河野(201-204)や牧原(226-238)は、両者の計画には異なる二つの起源があったと述べている。福田の倍増計画には経済企画庁総合計画局が、池田の倍増計画には池田派の勉強会である「木曜会」と大蔵省官房調査課のスタッフが、政策形成に関わっていた。

　福田の倍増計画は、政務調査会副会長であった1957年の新長期経済計画の策定段階で、すでに存在していた。福田は新長期経済計画の説明に来た大来佐武郎経済企画庁計画部長に対して、「二倍というような表現は用いられないだろうか」と問いかけている。実際に、新長期経済計画の想定する成長率を達成すれば、10年間で国民総生産は倍増する予定であり、福田の意向は、経済計画の内容を変更するのではなく、自民党の経済政策を効果的に演出する方法を探るものであった。しかし、新長期経済計画は既に5年の計画期間で進められており、10年の計画期間を新たに策定することができず、福田の所得倍増計画は実現しなかった。このような考えを持っていた福田は、池田の「月給二倍論」に対して「生産力倍増計画」を主張した。この計画は、当面は財政状態が良好ではないため支出を抑制せざるを得ないが、10年後には経済規模が倍増するので、減税や新規支出が可能になるというものであった。すなわち、これは健全財政を重視するもので、経済成長を重視する池田の「月給二倍論」を牽制するものであった。

　この福田の構想は、経済企画庁総合計画局の方針と重なるものであった。1959年3月、大来総合計画局長は、日本経済の現段階においては積極的な経済政策が必要であるが、積極の度を超せば、その反動が中小企業など経済的弱者にしわよせされ、社会的なストレスをもたらすことになりかねないと述べて、池田のブレーンであった下村治の経済計画を批判した。農林水産大臣に就任した福田は、自身の財政政策の考えと、経済的弱者の対象である農業を所管する立場から経済企画庁の判断を支持し、両者は連携して池田・下村と対抗していった(牧原：230-232)。

　一方、池田の倍増計画は、池田派の勉強会から生まれたものであった。

1 所得倍増計画

　1958年7月、池田派事務局長であった田村敏雄は、池田が首相になったときの経済政策を準備するため、エコノミスト・金融界から数名招いて「木曜会」と後に呼ばれる勉強会を組織した。「木曜会」には、星野直樹（ダイヤモンド社）、高橋亀吉（高橋経済研究所）、櫛田光男（日本国有鉄道理事）、平田敬一郎（日本開発銀行副総裁）、下村治（大蔵省大臣官房財務調査官）が参加し、後に、伊原隆（東京銀行常務）、稲葉秀三（国民経済研究所）が加わった。彼らの共通点は、全員が経済政策についての専門知識を持っていたことである。また、大蔵省出身の田村が人選を進めたため、大蔵省出身者が多くを占めた。大蔵省出身者は、満州国総務長官であった星野、金融部門での勤務が長かった櫛田、主税局官僚であった平田、理財、金融部門での勤務が長かった伊原、理財、官房での勤務が長い下村であったが、全員が大蔵省の本流である主計局官僚ではなかった（牧原：232）。

　理論的な問題提起は下村が行なった。下村は民間設備投資に注目し、当時の日本経済は成長の潜在能力を十分に持っており、急速な成長を通じてはじめて生活水準の向上と国際収支の安定ができると主張した。10年で月給二倍どころか、もっと上昇する可能性があり、年率10％程度の経済成長が可能であると述べた（宮崎：276）。

　池田が「月給二倍論」を発表したとき、具体的な設備投資の数値を挙げることができたのは、「木曜会」での議論があったからである。さらに、政府・自民党で所得倍増計画の検討がはじまると、「木曜会」は下村を中心に、当時の通念よりも高い経済成長率を設定した計画案、いわゆる「下村プラン」を作成しはじめた。この「下村プラン」の作成は、下村だけの作業ではなく、彼を支える大蔵省官房調査課を中心とする専門調査官らの貢献によるものであった。当時の大蔵省は、公式には池田派に対して中立の関係を保っていたが、下村らは省の方針とは別に、池田派と非公式の関係を持つようになっていた。池田の倍増計画は、彼らが結集した成果であった。

　1959年7月、自民党は政務調査会を再編し、調査会を拡充して選挙調

　（2）　参加者については、牧原：232、宮崎：276を参照した。役職については、牧原：232を参照した。

第8章 戦略過程

査会、経済調査会、行政調査会、税制調査会を新設した。このうち経済調査会が、所得倍増計画を検討する機関とされた。1959年10月、経済調査会が作成した「所得倍増長期経済計画の基本構想」が経済閣僚懇談会に提出、審議された。懇談会で池田通商産業大臣や佐藤大蔵大臣は、具体的なデータが不十分であるとして、それを批判した。「木曜会」では「下村プラン」の骨格をすでに作成しており、池田はその骨格にもとづいて閣議で経済調査会の「基本構想」の欠陥を指摘することができた。それによって、経済調査会が作成した原案は白紙に戻された。加えて、9月にあった伊勢湾台風の被害に対応するため、1960年度予算は、災害復旧事業と治山治水を中心とする国土保全政策に重点的な支出配分を行うものになってしまった。したがって岸内閣は、所得倍増計画に重点を置くことができなかった（牧原：232-240）。

1960年6月、日米安全保障条約改定の批准阻止の国会デモ警備の責任をとって岸内閣は総辞職した。所得倍増計画の策定は、岸内閣の後、組閣した池田に委ねられた。首相となった池田は、所得倍増計画を中心に据え、9月、経済成長率9％を目標とする政策を発表した。一方、11月、経済審議会は7.2％の経済成長率を目標とする国民所得倍増計画を答申した。経済審議会の答申を受けて、自民党・経済調査会は、池田の発表した政策を修正し、最初の3年は年平均9％の経済成長率を目標とする「国民所得倍増計画の構想」をまとめた。「国民所得倍増計画の構想」では、「速やかに国民総生産を倍増して、雇用の増大による完全雇用の達成をはかり、国民の生活水準を大幅に引き上げること」を計画の目的としており、また、計画実施上、特に留意すべき点として、農業近代化の推進、中小企業の近代化、後進地域の開発促進など、経済成長によって生じる格差に配慮がなされた内容であった。

11月末の衆議院選挙で自民党は、所得倍増計画を掲げ、467議席中296議席（追加公認を含めると300議席）を獲得して圧勝した。選挙後に組閣された第二次池田内閣は、12月に国民所得倍増計画を閣議決定した。閣議では、経済審議会答申の国民所得倍増計画を新長期経済計画に替え、今後の経済運営にあたっては自民党・経済調査会の「国民所得倍増計画の構想」によるものとして、経済審議会と経済調査会に配慮した内容となっ

た(河野：203-204、牧原：240-240)。

　所得倍増計画の決定後、政府は目標の達成に向けて、減税や公共投資など財政政策を中心に実行していった。計画では1961年度から10年間で国民所得を倍増する目標であったが、日本経済はこれ以上の経済成長率を実現した。その結果、実際には目標より早い1967年度に倍増は達成された。また、池田の経済政策は、後の自民党政治家によって引き継がれ、開発政策を重点的に進める自民党長期政権の経済政策の基礎となった。

2　アベノミクス

　アベノミクスとは、第二次以降の安倍晋三内閣が実行している経済政策である。安倍にエコノミクスを掛け合わせた造語である。政策の内容は、大胆な金融緩和、機動的な財政出動、民間投資を喚起する成長戦略という「三本の矢」によってデフレを脱却し、経済成長を目指すものである。「三本の矢」の中でも「一本目の矢」である大胆な金融緩和、すなわち2％のインフレ目標を設定し、それを達成するために大規模な金融緩和を実施するというリフレ政策の採用は、日本銀行が拒否し続けてきた金融政策であり、これまでの政策を大きく転換するものであった。2017年10月現在、アベノミクスはまだ実行している途中であるが、本章では、第二次安倍内閣が成立し、日本銀行がリフレ政策を採用するまでに注目し、その経緯を見ていきたい。

（3）　アベノミクスという言葉自体は、2006年10月、第一次安倍内閣が成立したときに使用されていた。第一次安倍内閣の政策は、小さな政府、規制緩和といった小泉路線を継承しつつ経済成長を目指すもので、これを当時の中川秀直自民党幹事長がアベノミクスと名付けた(『朝日新聞』2013年01月09日付朝刊、2015年11月25日付朝刊)。本章が対象とするのは、第一次安倍内閣の「旧アベノミクス」ではなく、第二次安倍内閣以降の「新アベノミクス」である。

（4）　たとえば上川2010、2014、清水直樹、浜田を参照。

第 8 章　戦略過程

　2012年9月、自民党総裁選が行われ、安倍晋三が総裁に選出された。自民党結党以来、はじめてとなる再登板であった。総裁選で安倍は、デフレ脱却と円高是正のために、政府と日本銀行で政策協定（アコード）を結んで、物価上昇率を2～3％とする思い切った金融緩和を実行することを公約として主張した。安倍がこのような政策を主張した背景には、2011年6月、山本幸三自民党衆議院議員が設立した超党派の「増税によらない復興財源を求める会」があった。

　2011年3月、山本は「20兆円規模の日銀国債引き受けで救助・復興支援に乗り出すべき」と書いた提案書を全国会議員会館事務所に配布した。東日本大震災の復興には巨額の復興財源が必要だと見込まれていたが、それを増税ではなく日本銀行の国債引き受けとする提案であった。それは財源を確保することに加え、金融緩和の効果を狙うものであった。山本は、安倍と同じ1993年の初当選で、金融緩和論者として知られていた。自民党の経済政策は、伝統的に公共事業を中心とした財政出動が主流だった。デフレの主因を金融政策とみなし、日本銀行批判を繰り返す山本は、永田町では異端児扱いされていた。衆議院の本会議で山本は菅直人首相と野田佳彦財務大臣に野党議員として直談判した。これに対して野田は、日本銀行の国債引き受けの可能性について「政府内で具体的な検討をしているということはない」と答え、山本の提案を却下した。

　一方、山本の呼びかけに賛同するものもいた。民主党出身の西岡武夫参議院議長である。山本は与野党の垣根を越えた超党派の運動を呼びかけていくことを西岡に提案した。5月、その呼びかけに応じた復興増税に慎重な超党派の約10人が参議院議長公邸に集った。民主党の松原仁、みんなの党の渡辺喜美など金融緩和に関心が強い議員であった。そして6月、議員連盟「増税によらない復興財源を求める会」を設立、安倍はその会長に就任した。

　安倍は2006年3月の日本銀行による量的緩和の解除の決定、および7月のゼロ金利解除の決定を、小泉内閣の官房長官として追認したが、デフレ脱却への道筋がはっきりする前に量的緩和を解除することに不安を持っていた。その後、日本銀行の見通しとは異なり、日本経済はデフレから脱却できず、それが続いたことから、安倍は日本銀行に不信感を持っ

ていた。山本はこの情報を把握しており、安倍に会長の就任を要請した。安倍は民主党政権がデフレ容認、金融政策軽視の傾向が強いことに不満を持っており、会長を引き受けた。

2011年6月、「増税によらない復興財源を求める会」の第一回勉強会が開催された。講師は浜田宏一イェール大学名誉教授であった。浜田は世界的に著名な経済学者で、リフレ論者である。デフレに対する日本銀行の不十分な金融緩和を批判し、インフレ目標を設定した大胆な金融緩和の実行を求めていた。(5) 浜田は、金融緩和で歳入を増やし、増税はできる限り少なくするのが経済学の定石と説明し、民主党政権の復興増税構想を批判した。復興財源として20兆円規模の借金を日本銀行に肩代わりさせるという山本の提案に賛成し、安倍や山本に増税反対のお墨付きを与えた。その後も山本は、安倍に金融緩和の必要性を訴え続けた。こうして安倍は、金融緩和の理論を身に付け、アベノミクスの「一本目の矢」の土台となる考え方が形成された。(6) そして、2012年9月の自民党総裁選で安倍は、大胆な金融緩和を公約として掲げ、選挙戦を戦ったのである。

2012年11月、衆議院が解散された。民主党政権への不支持が高くなっていたことから、自民党の政権復帰が予想されており、安倍・自民党総裁の発言、および自民党の公約に注目が集まった。解散が決まった翌日から安倍は、「日本銀行は無制限の金融緩和を」、「建設国債も全部買ってもらう」として、日本銀行に次々と要求を突きつけた。そして、自民党が発表した公約は、経済再生を前面に打ち出し、経済成長やインフレ数値目標を設定した成長重視の内容であり、それを達成するため、日本銀行の対応によっては、政策協定を結ぶために日本銀行法を改正することを視野に入れていた。安倍は公約発表の会見で「大胆な金融緩和を行い、デフレから脱却し、円高を是正していく」、「経済を成長させていくための新たな成長戦略を進めていく」と主張し、日本銀行総裁との対決も辞さない姿勢で、経済再生への道筋をつけることをアピールした。(7)

（5）　日本銀行の金融政策に対する批判の詳細については、浜田を参照。
（6）　『朝日新聞』2015年11月27日付朝刊、2015年11月28日付朝刊。
（7）　『朝日新聞』2012年11月21日付朝刊、2012年11月22日付朝刊。

第 8 章　戦略過程

　こうした安倍の主張の背景には、浜田からの助言があった。11月、安倍はアメリカの浜田の自宅に電話し、国債の買い取りなど金融政策に関して意見を求めた。浜田は一枚半くらいのメモを書いてファックスで送った。安倍が主張する大胆な金融緩和に対して、野田佳彦首相は、これを「禁じ手」と言い批判していた。安倍は反論する材料としてこのファックス資料を利用し、「浜田教授は『非常識なのは野田さんのほうだ』と。まさに金融の大家にお墨付きをいただいた」と反論した。安倍は自民党総務会でもファックス資料を配布し、日本銀行による建設国債の買い取りやインフレ数値目標の設定に理解を求めた。[8]

　また、安倍は日本銀行が市場に供給する資金の量を「無制限」と強調したが、この「無制限」という言葉を使うように助言を与えたのは、財務省出身である本田悦朗静岡県立大学教授であった。本田は、安倍の30年来の友人で、リフレ論者である。安倍の発言は市場に影響を与え、8千円台に低迷していた日経平均株価が、9千円台を回復した。市場は安倍政権の誕生と大胆な金融緩和を見越して、反応しはじめた。[9]

　こうした状況に危機感を抱いたのが白川方明日本銀行総裁である。11月、白川は記者会見で、「現実的でない」、「悪影響が大きい」、「先進国はどこも行っていない」と述べて、安倍のリフレ政策に対して次々と「ゼロ回答」を示した。特に、日本銀行による建設国債の直接引き受けについては「国際通貨基金(IMF)が発展途上国に助言する際、『やってはいけない』リストの最上位にある」と否定した。政府の金融政策への関与を強化するための日本銀行法の改正については、中央銀行の独立性が「内外の長い経済金融の歴史の中から得られた数々の苦い教訓をふまえて、考えられた制度」であり、「国際社会で共有している知恵」であることを主張し、安倍を牽制した。[10]

　（8）　『朝日新聞』2012年11月21日付朝刊、2012年11月22日付朝刊、『週刊朝日』2013年2月8日号：254、浜田：4。
　（9）　『朝日新聞』2015年12月02日付朝刊。
　（10）　上川2014：239–240、『朝日新聞』2012年11月21日付朝刊、『朝日新聞』2015年12月02日付朝刊。

12月の衆議院選挙の結果、自民党は480議席中294議席（公明党の獲得議席を合わせると325議席）を獲得し、圧勝した。安倍は、金融政策、財政政策、成長戦略の三本柱が必要で、それを総合的に実施していくことを表明した。日本銀行に対しては、「我々の主張が多くの支持を受けた」、「今月決定会合がある。我々の主張を（日銀が）どのぐらい理解しているか（みたい）」と、ただちに「答え」を出すよう迫った。また、民主党政権時代には開かれなかった経済財政諮問会議を活用することを明らかにした。安倍の発言によって市場に金融緩和の期待が広がり、日経平均株価は8カ月ぶりに1万円台を回復し、円相場も1年8カ月ぶりの1ドル＝84円台半ばの円安水準をつけた。仮に、日本銀行が動かなければ、市場に失望感を与え、一気に株安・円高が進行しかねない状況になった。こうした状況を受けて日本銀行は、金融政策決定会合で、一段の金融緩和を行うことと、2％の物価目標を入れた政府との政策協定の締結を求める安倍の主張を全面的に受け入れ、次回の金融政策決定会合で、新たな物価安定目標について検討することを決定した。(11)

　12月、安倍は首相に就任、第二次安倍内閣が発足した。安倍に金融緩和を助言した浜田と本田は、ともに内閣官房参与として官邸入りすることになった。安倍の首相就任により、金融市場は一層の円安・株高に進行した。日本自動車工業会の豊田章男会長（トヨタ自動車社長）は「円高がようやく是正されてきた。1ドル＝70円台の水準が続いたのが異常だった」と述べて、「日本銀行の独立性と財政規律を維持しながら、あらゆる手段を」と景気浮揚策を求めた。超円高で日本の輸出品が海外で高くなり、業績悪化に苦しんできた自動車業界は、円安が定着すれば、業績の回復が期待でき、国内の雇用も守ることができるとして、新政権を歓迎した。(12)

　2013年1月、第二次安倍内閣が成立してからはじめての日本銀行・金融政策決定会合が開催された。会合では、2％の物価目標の導入、2014

---

(11)　上川2014：240-241、『朝日新聞』2012年12月17日付朝刊、『朝日新聞』2012年12月21日付朝刊。
(12)　『朝日新聞』2012年12月27日付朝刊、2013年1月11日付朝刊。

第 8 章　戦略過程

年から無期限に市場に資金を供給する新たな金融緩和策をはじめることを決定した。金融政策決定会合後、政府と日本銀行は、デフレ脱却のため 2 ％の物価上昇を目標とする共同声明を発表した。安倍は当初、日本銀行と政策協定（アコード）を結ぶことを求めたが、日本銀行の独立性に配慮し、共同声明で日本銀行の責任を明確にすることにした。共同声明では、デフレ脱却と経済成長に向けて、政府・日本銀行の政策連携を強化し、一体となって取り組むことを表明した。日本銀行は物価目標を 2 ％と設定し、「金融緩和を推進し、できるだけ早期に実現することを目指す」とした。政府は「政策を総動員し、成長力強化に向けた取り組みを強化する」、「持続可能な財政を確立するための取り組みを推進する」とした。また、日本銀行の金融政策について、首相が議長を務める経済財政諮問会議で 3 カ月ごとに検証することを決定した。[13]

2013年 2 月上旬、白川は総裁の任期満了の 4 月 8 日を待たず、3 月19日で辞任することを表明した。その理由は、副総裁の西村清彦と山口廣秀が 3 月19日に任期満了となるため、総裁・副総裁の新しい体制が同時にスタートできるようにするためだと述べた。[14]

3 月に入り、安倍は日本銀行・正副総裁の人事案を提示した。人事案は、総裁を財務省出身で財務官を経験した黒田東彦アジア開発銀行総裁、副総裁を岩田規久男学習院大学教授、日本銀行生え抜きである中曽宏日本銀行国際担当理事というものであった。黒田は財務省内でも熱心なリフレ派であり、財務官時代の2002年には英『ファイナンシャル・タイムズ』誌に、日本銀行のインフレ目標を年 2 ～ 3 ％より高い水準であるべきだとする論文を寄稿していた。加えて、財務官、アジア開発銀行総裁を歴任しており、国際経験が豊富で「国際金融界のインナーサークルに

---

(13)　上川2014：242-246、『朝日新聞』2013年 1 月14日付朝刊、『朝日新聞』2013年 1 月18日付夕刊、『朝日新聞』2013年 1 月22日付夕刊、『朝日新聞』2013年 1 月23日付朝刊。

(14)　この理由は「表向き」のもので、白川は安倍の金融政策に不満を抱いており、それに対する「無言の抵抗」が本当の理由ではないかという見方もあった。上川2014：246-247、『朝日新聞』2013年 2 月22日付朝刊。

入って発信も説得もできる」ことが評価された。本田は黒田が「ぶれない緩和派」であること、浜田は黒田総裁が適任であることを安倍に伝えており、黒田総裁案が固まった。岩田は、『日本銀行は信用できるか』、『日本銀行デフレの番人』などの著作で、長年、日本銀行の金融政策を批判してきたリフレ論者であり、日本銀行の「天敵」であった。[15]

　3月上旬、衆議院議院運営委員会は、日本銀行次期総裁候補である黒田の所信を聴取した。黒田は、安倍主導により1月に決定した2％の物価目標について「総裁に選任されたら、目標を一日も早く実現することが何より重要な使命になる」と強調した。そして、2％を達成する時期については「2年ぐらいを念頭に置いて大胆な金融緩和を行う」と述べ、可能であれば今後2年で達成したいとの考えを示した。[16]

　3月中旬、日本銀行・正副総裁人事案は参議院で承認され、黒田は総裁に、岩田、中曽は副総裁に就任した。4月、黒田総裁就任後はじめて開催された金融政策決定会合で、物価上昇率目標を2年で達成するため、日本銀行が市場に供給する通貨の量や、長期国債や投資信託の保有額を、それぞれ2年で二倍にするという新たな量的緩和政策を決定した。具体的には、金融市場調節の目標を短期金利（無担保コールレート翌日物金利）からマネタリーベース（日本銀行が市場に供給する資金の量）に変更し、2012年末時点で138兆円であるマネタリーベースを2014年末に270兆円に増加するよう金融市場調節を行うというものであった。過去最大の資金を市場に流す、異次元の緩和策であった。日本銀行が打ち出した「サプライズ」によって円高・株高の流れが一気に強くなった。5日の日経平均株価は前日終値より591円08銭高い1万3225円62銭まで急騰し、円相場も一時1ドル＝97円台と、2009年8月以来の円安ドル高水準となった。市場では「予想を上回る金融緩和で、黒田総裁の市場重視の姿勢は高く評価されている」とされた。安倍も「見事に期待に応えていただいた」と述べて、日本銀行の決定を高く評価した。[17]

---

(15)　『朝日新聞』2013年2月26日付朝刊、『朝日新聞』2013年4月10日付朝刊、『週間朝日』2013年3月15日号：25。
(16)　上川2014：249–251、『朝日新聞』2013年3月4日付夕刊。

第 8 章　戦略過程

3　共　通　点

　それでは、上述の二つの事例には、どのような共通点や特徴があるのか検討していこう。二つの事例の共通点、戦略過程の特徴は、次のようにまとめることができる。

限られた参加者・トップダウンによる意思決定
　戦略過程では、限られた参加者により政策が形成され、リーダーのトップダウンで決定される。限られた参加者というのは、リーダーと彼を支えるブレーンのことである。ブレーンが経済政策の理論・骨子を策定し、リーダーに助言を与える。そして、その政策をリーダーが実現に向けて、リーダーシップを発揮して決定する。そして、そのサークルには、利益団体、一般議員などは入り込む余地がない。これが戦略過程の特徴である。

　所得倍増計画の事例では、田村が池田派に作った「木曜会」で、下村が中心となり「下村プラン」が策定された。池田は通産大臣として岸内閣に入閣し、「下村プラン」の実現に向けて取り組んだ。岸内閣に入閣したことは、次の首相になるための重要なステップとなった。そして、首相に就任した池田は、所得倍増計画を実現することができた。1959年1月、中山が「賃金二倍を提唱」というエッセイを発表したとき、多くの政治家がそれを読んだはずである。しかし、ほとんどの政治家は「賃金二倍」に関心を持たなかった。そのような状況の中、それに関心を持ち、熱心に実現に向けて取り組んだのが池田であった。

　また、所得倍増計画の事例は、ブレーンとしての経済企画庁の官僚と大蔵官僚が戦略過程において重要であったことを示している[18]。池田を支

---

　(17)　上川2014：252-255、『朝日新聞』2013年4月4日付夕刊、『朝日新聞』2013年4月5日付朝刊、『朝日新聞』2013年4月5日付夕刊。

えたのは下村など大蔵省官房調査課のメンバーである。しかし、仮に、福田が権力を得ていれば経済企画庁がその代わりになっていたと考えられるので、経済企画庁も戦略過程の担い手として重要な省庁であったと言える。

一方、アベノミクスの事例では、山本の作った「増税によらない復興財源を求める会」がきっかけで、安倍はリフレ政策に関心を持ち、その後、浜田、本田、山本からリフレ政策を学んだ。安倍は首相への再登板を目指すにあたり、リフレ政策を看板に掲げ、その実現に取り組んだ。所得倍増と同様であるが、リフレ政策は経済学による多くの蓄積があり[19]、多くの政治家はその知識を持っていたはずである。しかし、政治家のほとんどはリフレ政策に関心がなく、熱心に取り組んだのは安倍を含めた少数の政治家たちであった。

有権者へのアピール

戦略過程で形成される政策は、利益政治の過程で形成される政策とは異なり、政策の具体策や効果などを、多くの有権者に対して積極的に公表・説明し、アピールするものである。つまり、戦略過程では、成長戦略のビジョンや、国や政府が抱えている問題の解決策が、有権者を惹き付ける内容かどうかが重要である。ボーターモデルでは、利益政治の過程が影で、戦略過程がそれに覆い被さる形で表に、円の中心に配置されているが、戦略過程は政権政党の中心であり、看板であるのだ。したがって、戦略過程では、「給与を二倍にする」、「デフレ脱却に向けて無制限の金融緩和を」など、人の心を打つキャッチフレーズが大事である。

また、コックスとマッカビンス(Cox and McCubbins)によれば、有権者のタイプは、支持団体などコアボーター(中核的支持者、固定票)と、

---

(18) これはサーベイ・データの分析によっても明らかにされている(佐藤参照)。また、大蔵省の中でも戦略過程の担い手となりうるのは、原局型官僚ではなく、牧原の言う官房型官僚である。原局型官僚は原局の立場と論理を重視することに対して、官房型官僚は全体の論理を重視する官僚である。

(19) たとえば上川2010、2014、清水直樹、浜田を参照。

第 8 章　戦略過程

選挙ごとに投票先を判断するスイングボーター(浮動票)に大きく分けることができるが、戦略過程は、スイングボーター、すなわち全体の利益をターゲットにした政策を形成する過程である。

政権・体制の維持・拡大

戦略過程で形成される政策は、長期的な観点から政権・体制を支えるために投入される。したがって、その成功はシステム全体の経済的価値の創出・増加につながり、体制の正統性を高め、政権や政党勢力の維持・拡大をもたらすことになる。

池田内閣の所得倍増計画は、岸内閣の日米安全保障条約改定によるデモの時代を収束させ、日本に経済成長ブームをもたらした。また、それはデモにより低迷していた自民党への支持を回復・拡大させ、池田・佐藤の「自民党の黄金時代」(北岡)をもたらすことになった。

一方、2012年衆議院選挙で自民党は圧勝したが、それは民主党に対する不支持の結果であり、自民党が良かったからからではないと当初は言われていた。[20]しかし、2012年12月からはじまった「アベノミクス景気」は、戦後3番目の長さ(52カ月)となり、また、2017年5月28日で安倍首相の在職日数は1981日となり、安倍政権は小泉純一郎政権を抜き、歴代5位(戦後3位)となる長期政権となった。[21]「アベノミクス景気」は、個人消費が伸び悩んでおり、国民の実感に乏しいと言われているものの、円高・株高により輸出産業を中心とした企業の収益増に貢献しており、ある程度の経済的価値の創出は成功していると言える。もちろん安倍の長期政権は経済だけによってもたらされているわけではない。しかし、山田(109–122)のサーベイ・データの分析によれば、アベノミクスが、集団的自衛権、憲法改正などと並んで、安倍首相に対する好感度をもた

---

(20)　山田(91–100)はサーベイ・データの分析によって、有権者による民主党の政権担当能力評価の低下が自民党への政権交代をもたらしたことを明らかにしている。

(21)　『日本経済新聞』2017年4月6日付朝刊、『産経新聞』2017年6月13日付朝刊。

らしているので、安倍の長期政権はアベノミクスや経済の貢献が大きいと考えられる。このように戦略過程の成功は、長期政権をもたらすための重要な要因となる。

4　相違点

　最後に、所得倍増計画とアベノミクスを比較し、2つの事例にはどのような相違点や変化があるのか検討していこう。2つの事例の相違点は、次のようにまとめることができる。

ブレーンの変化
　所得倍増計画とアベノミクスではブレーン、すなわち戦略過程の担い手に変化が見られる。所得倍増計画では、下村や彼を支える大蔵省官房調査課のメンバーなどの官僚と、大蔵省OBである田村が、池田のブレーンとして活躍した。一方、アベノミクスでブレーンの役割を果たした本田と山本は、財務省(大蔵省)OBのエコノミストと政治家であり、浜田は生粋の経済学者である。したがって、所得倍増計画の時期と比較すると、アベノミクスの時期では、戦略過程における官僚の役割が後退しており、経済学者・エコノミストの影響力が強くなっていると考えられる。

　この力関係の変化は、最近生じたことではなく、かなり前から生じているとの指摘もある。山口は戦略過程を大蔵省の財政政策によって検討し、大蔵省の優位は失われたと指摘している。しかし、事例を検討すると、戦略過程において大蔵省の優位が失われたのは、1990年代から2000年代にかけてではないかと考えられる。1996年から橋本龍太郎内閣によって行われた大規模な金融規制改革である「金融ビッグバン」は戦略過程の1つであるが、この政策過程における大蔵省の役割は大きい[22]。2000

---

(22)　たとえば、岡本、戸矢を参照。

第 8 章　戦略過程

年代前半に、小泉純一郎内閣によって行われた「聖域なき構造改革」も戦略過程の一つであるが、この事例を見ると、経済財政担当大臣などを務めた竹中平蔵のブレーンとしての役割が大きく、官僚の役割が後退している(23)。したがって、小泉内閣以降、戦略過程においてブレーンとしての官僚優位が失われており、戦略過程は首相・官僚主導の政策過程から首相・エコノミスト主導の政策過程へと変貌したと考えられる。

首相の権限の強化

1990年代に行われた政治改革（選挙制度改革）と行政改革によって首相の権限が強化された。したがって、所得倍増計画の時期よりもアベノミクスの時期の方が、首相はリーダーシップを行使しやすい状況にあった。

1994年、日本の衆議院の選挙制度は、中選挙区制から小選挙区比例代表並立制へと変更された。日本の中選挙区制は、定数が3人から5人であることから、政党内競争を促進しやすく、個別的利益が代表されやすい選挙制度であった。そのため、中選挙区制下の自民党は、分権的であり、派閥や族議員によるボトムアップの意思決定であった。それに対して、現在の衆議院の選挙制度である小選挙区制とクローズド・リスト比例代表制は、政党間競争を促進しやすく、全体の利益が代表されやすい選挙制度である。そのため、政党の執行部、つまり政権政党であれば首相に権限が集中し、トップダウンによる意思決定が強くなっている(24)。また、2001年、中央省庁再編によって経済財政諮問会議が設置された。経済財政諮問会議は、首相が議長として経済政策に関する実質的な議論を行う意思決定の場である。そこで首相は課題を設定し、議長として議論をリードすることで、内閣の経済政策に自分の考えを直接反映させることができる。また関係する大臣や日本銀行総裁は、必要に応じて資料を提出したり、意見を述べたりして議論に参加することが求められるので、首相の意向どおりに政策を推進しているかどうか監視することができる。

安倍はこうした政治改革と行政改革の成果によってアベノミクスを推

---

(23)　たとえば、上川2014、清水真人を参照。
(24)　Carey and Shugart、建林(37–62)、待鳥を参照。

4 相違点

進することができた。特に、日本銀行総裁に対するコントロールの手段として経済財政諮問会議を使用できることが重要であった。一方、池田はそうした制度に依拠することができなかった。したがって、池田は所得倍増計画の最終段階で、自民党・経済調査会に配慮する必要があったが、安倍にはそのような配慮は必要なかった。

しかしながら、政治改革によって政党間競争が選挙の中心となり、そこで首相の評価が行われるということは、戦略過程で形成される政策の成否が、政権の維持・存続に対して、より大きな影響を与えるということになる。また、小選挙区比例代表並立制は、全体の利益を代表しやすい選挙制度であるが、上述したとおり、戦略過程も全体の利益をターゲットにしており、両者の親和性は高い。したがって、政治改革は、それ以前に比べて、戦略過程の重要性を高めたと言えよう。

[参考文献]
岡本至「金融ビッグバンはなぜ失敗したのか:官僚主導改革と政治家の介入」『社会科学研究』(56巻2号　2005　109-139頁)
上川龍之進『小泉改革の政治学:小泉純一郎は本当に「強い首相」だったのか』(東洋経済新報社　2010年)
上川龍之進『日本銀行と政治:金融政策決定の軌跡』(中央公論新社　2014年)
北岡伸一『自民党:政権党の38年』(読売新聞社　1995年)
河野康子『戦後と高度経済成長の終焉』(講談社　2002年)
佐藤満「政策過程モデルの検討」『政策科学』(2巻1号　1994年　67-81頁)
清水直樹「デフレ不況下の金融政策をめぐる政治過程:なぜインフレ目標政策は導入されなかったのか」『政策科学』(13巻1号　2005年　53-68頁)
清水真人『官邸主導:小泉純一郎の革命』(日本経済新聞社　2005年)
建林正彦『政党政治の制度分析:マルチレベルの政治競争における政党組織』(千倉書房　2017年)
戸矢哲朗(青木昌彦監訳　戸矢理衣奈訳)『金融ビックバンの政治経済学:金融と公共政策策定における制度変化』(東洋経済新報社　2003年)
中村隆英「池田勇人:『経済の時代』を創った男」渡邉昭夫編『戦後日本の宰相たち』(中央公論新社　2001年)
浜田宏一『アメリカは日本経済の復活を知っている』(講談社　2013年)
牧原出『内閣政治と「大蔵省支配」:政治主導の条件』(中央公論新社　2003年)

第8章 戦略過程

待鳥聡史『首相政治の制度分析：現代日本政治の権力基盤形成』（千倉書房　2012年）

宮崎勇「"倍増"というアイデア：成長頭打ち論を克服」有沢広巳監修『昭和経済史(中)』（日本経済新聞社　1994年　274-277頁）

山口二郎『大蔵官僚支配の終焉』（岩波書店　1987年）

山田真裕『二大政党制の崩壊と政権担当能力評価』（木鐸社　2017年）

Carey, John M., and Matthew Soberg Shugart, "Incentives to Cultivate a Personal Vote: A Rank Ordering of Electoral Formulas", *Electoral Studies* vol. 14, no. 4, 1995, pp. 417-39.

Cox, Gary. W. and Mathew D. McCubbins, "Electoral Politics as a Redistributive Game", *Journal of Politics*, vol. 48, no. 2, 1986, pp. 370-389.

［清水直樹］

4 相違点

政策過程研究を推し進めた理論家たち ④

セオドア・J・ロウィ（Theodore J. Lowi：1931〜2017）

　本文中でも大きく取り上げているのだが（特に3章、5章）、「政策過程研究を推し進めた理論家たち」としている以上、彼に触れないわけにはいかない。ロウィの主著は『自由主義の終焉　現代政府の問題性』（村松岐夫監訳、木鐸社、1981年、原著は *The End of Liberalism : 2nd Edition, The Second Republic of the United States*, Norton, 1979）とされているが、政策過程理論の旋回という意味ではむしろ *Arenas of Power*（権力の競技場、Paradigm, 2009）が重要である。これは政策過程に関する論考をとりまとめたものだが、彼自身は長らく「*Arenas of Power* はずっと forthcoming のままだ」（筆者は大学院生の頃、この発言を聞いた）と言ってきたもので、本人も議論の展開の難しさを自覚していたのだと思われる。

　難しさの核心は政策規定説という理論構成にある。そもそも最初に分配・規制・再分配というアリーナが提唱されたとき（1964年）内生性批判を受けた。ラニー（Austin Ranney）がロウィの提唱は従来の政治過程論の独立変数と従属変数の関係を逆転させたものだという理解を示し、ロウィもこれを是認したが、政策が政治過程を規定する独立変数となるのなら、政治過程の要素で政策の定義を行ったら内生性批判は避けられない。「分配的な政治を導く政策」が分配的な政治を導いているというのは完全に同義反復だからである。この批判を回避するための考察が国家の理論的復権につながっていくのだが（5章2節）、政策規定説に固執すれば政策類型論が持っていた発見的特長（新たな異なる政治過程パターンを見つけ出すということ）は弱くなる。因果推論を核に持ち政治構造や国家をマクロ的に論じうる政策規定説をとるのか、政治過程論の記述をさらに深めるために発見的に類型論を使うのか、難しいところだが、ロウィ自身が一種の理論的袋小路に入ってしまっているように見えることで、類型論は全体としてはパターン発見の方に舵を切ったと言えるだろう。

　ロウィは大学院生の頃、他のダールの弟子たちが *Who Governs?*（Yale University Press, 1961）につながる研究をニューヘヴンで行っていたとき、ひとりニューヨークにいて *At the Pleasure of the Mayor : Patronage and Power in New York City*, 1898-1958（市長の仰せのままに：ニューヨーク市における利権、Free Press, 1964）を執筆していた。アリーナ論の萌芽がすでにこの研究に見られる。ロウィの終生の研究テーマだったわけだ。ロウィが切り拓いた、政策ごとに異なる政策過程が展開するという政治過程理論の発展は従来の政治過程論の単調さ、平板さを打ち破った大旋回であった。　［佐藤　満］

第9章　利益政治の過程

　利益政治の過程とは、選挙区、支持団体、個人などに対して、政策便益を配分する過程である。この過程では、特定の政策分野に特化した政治家（族議員）、省庁、利益団体によって政策便益の配分が決定される。つまり、第8章で見てきた戦略過程のトップダウンの意思決定とは異なり、ボトムアップによる意思決定であることが特徴である。また、戦略過程のように、スイングボーター（浮動票）、すなわち広い範囲の有権者に対して政策をアピールするのではなく、コアボーター（中核的支持者、固定票）、つまり個別的利益をターゲットにした政策を形成する過程である。本章では、利益政治の代表例として、コメ農業の事例と鉄道建設の事例を取り上げる。そして、これら事例を検討しながら、利益政治の構造や類型、選挙制度や戦略過程との関係について説明する。

1　コメ農業の保護政策

　日本では、コメは伝統的に最も重要な農産物であると同時に主食である。そのため、政府は規制や財政支援によってコメ農業を保護してきた。
　戦後の時期では、第二次世界大戦中の1942年に施行された食糧管理法によって、コメ農業の保護が行われていた。食糧管理法は、戦中・戦後

のコメ不足に対応するため、政府がコメおよび主要食糧を一元的に管理・統制し、それらの生産を安定させるものであった。食糧管理法の内容は、次のとおりであった。生産者は自家消費用などを除き、すべてのコメを政府(食糧庁)に売り渡す。コメは農林水産大臣指定の集荷業者(農業協同組合(農協))が一元的に集荷し、政府に売り渡す。政府は都道府県知事による許可制の卸売業者・小売業者を通じて消費者にコメを配給し、消費量を統制した。これ以外のコメの流通は認められなかった。また、政府が生産者からコメを買い上げる価格である生産者米価は、コメの再生産が確保できるように公定された。同時に、政府が卸売業者にコメを売却する価格である消費者米価も、家計の安定を図るために公定された。加えて、コメの輸入は政府が行い、それ以外の者がコメを輸入する場合には許可が必要であり、その輸入したコメは政府に売り渡す義務があった。以上のように、戦中・戦後の時期では、コメの流通、消費、価格、輸入に対して規制が行われていた。これに加えて、農地関連法制によって農地の転用(農地を農地以外のものにすること)や転用目的での農地の権利移動は許可制とされ、生産者に対する規制が行われていた(加古2006：156-157、樋口：119-121)。

　食糧管理制度は、戦中・戦後直後の食糧不足に対して有効に機能した。しかし、1955年のコメの豊作を契機として、戦前の水準まで農業生産は回復し、深刻な食糧不足は解消された。加えて、1967～1969年の豊作によって、コメの自給を達成することができた。それとは対照的に、コメの消費は1963年、ピークに達した後、減少傾向に転じた。その結果、日本のコメの需給バランスは不足基調から過剰基調へと移行し、政府のコメ在庫は増大した。

　一方、生産者米価は上昇傾向であった。1955年頃まで農家の所得は、都市労働者の所得を若干上回っていたが、高度経済成長により都市労働者の所得が増加したため、農家所得がそれを下回るようになった。この所得格差を是正するため、農業団体や自民党は米価の引き上げを要求した。それを受けて、生産者米価の算定方式として、生産費及び所得補償方式が導入された。この方式は、コメの生産に投入された労働時間を都市労働者賃金で評価するものであった。1960年代、都市労働者の賃金は

第 9 章　利益政治の過程

年々上昇したため、生産者米価は急激に上昇した。それに対して消費者米価は、国民生活の安定のために抑制されたため、生産者米価が消費者米価を上回る「逆ざや」が発生した。その結果、食糧管理特別会計には赤字が累積した。政府の負担は増大し、従来型の強い規制の維持は困難であった(加古 2003：111-113、加古 2006：157-158、樋口：122)。

そこで政府は、過剰在庫の処理を進める一方で、過剰米の発生を抑制するため、生産調整(コメ農家に転作など作付面積の削減を要求する減反政策)を開始した。1969年と1970年に緊急的な生産調整が行われた後、1971年から本格的な生産調整政策が導入された。生産調整はコメ需要に生産を適応させるため、政府が国全体の減反目標面積を設定し、それを都道府県に割り当て、市町村を通じて生産者に減反目標面積が割り当てられた。政府の行政指導と農協の説得により減反が推進され、減反を実施した農家には、奨励金(減反補助金)が支払われた(加古 2003：113、加古 2006：157-160)。

一方、「逆ざや」および食糧管理特別会計の赤字を抑制するため、1969年、政府は自主流通米制度を導入した。自主流通米とは、政府を経由せず直接、卸売業者に売り渡すコメである。その価格は農協などの集荷業者と卸売業者の交渉(1990年からは入札取引)で決められた。政府はそれに関与しないので、購入費用や管理費用はかからず、自主流通米が増加することで「逆ざや」を抑制することができた。生産者は高値で売れる良品質米を自主流通米に、低品質米を政府向けにした。また、美味しいコメを求める消費者に対して、農家が直接販売するコメが市場に出てきた。このコメは自由米と呼ばれ、食糧管理法に違反することから「ヤミ米」とも呼ばれた。消費者は高値で味の良い米を求めたので、自主流通米と自由米の比率が高くなっていった。1992年のコメ流通では、自主流通米が48％、自由米が33％で、八割を超える一方、政府が生産者から買い入れ、管理する政府米の比率は19％にとどまった。このようにして食糧管理制度は、有効に機能しなくなっていった(加古 2003：113、加古 2006：160-161、樋口：122-123、冨田：115)。

1995年、食糧管理法に代わり、食糧法(主要食糧の需給及び価格の安定に関する法律)が施行された。食糧法では、計画流通米と計画外流通米の

1　コメ農業の保護政策

二種類のコメが設定された。計画流通米は自主流通米と政府米から構成され、消費者に対して計画的・安定的な供給が図られた。食糧管理法では、政府米がコメ流通の主体であったが、食糧法では、自主流通米がコメ流通の中心に位置付けられた。コメの政府への売り渡し義務は廃止され、従来は違法であった自由米(「ヤミ米」)は、計画外流通米として合法化された。生産者は出荷数量を届け出ることを条件に、自由に販売できるようになった。政府の役割は、コメ流通の全体計画の作成、政府米の操作によるコメ備蓄の運営、ミニマム・アクセス米(1)の運用などに限定された。また、食糧管理法では、コメの卸売業者・小売業者は都道府県知事の許可制であったが、食糧法では、これを登録制として参入規制を緩和した。加えて、食糧管理法では、生産調整は行政指導として行われており、法的根拠はなかったが、食糧法ではそれが法制化された(加古 2003：115、加古 2006：162-164、樋口：124-125)。

　2004年に改正された食糧法では、自主流通米などの計画流通米と計画外流通米の区分を廃止し、民間流通米と政府米という区分に変更された。また、この改正によって生産者米価、消費者米価は完全に廃止された(樋口：125-126)。

　以上のとおり、戦中・戦後のコメ農業は、価格支持政策や減反政策など強力な規制によって保護されてきたが、1970年代以降、徐々に規制緩和され、価格支持政策は撤廃された(2)。しかしながら、減反政策など一部の政策は根強く残っている(3)。

（1）　1993年、ガット・ウルグアイ・ラウンド交渉で、国内消費量の一定割合を輸入することで合意した輸入米。
（2）　本章では、主に自民党政権が進めてきた農業政策に限定している。したがって、2009年衆議院選挙での政権交代によって成立した民主党政権が導入した農業者戸別所得補償制度などの農業政策は、説明の対象外としている。
（3）　減反政策は2018年から廃止される予定である。

第 9 章　利益政治の過程

2　仕切られた多元主義

　それでは、どのような構造がコメ農業の保護政策をもたらしたのか。1980年代、1990年代の研究では、この利益政治の構造を日本型多元主義、あるいは鉄の三角形として説明してきた。日本型多元主義には、猪口、大嶽、村松とクラウス(Muramatsu and Krauss)などの研究があるが、本章では青木の仕切られた多元主義(bureaupluralism)によって説明する。

　日本の、組織は既得権益の維持・拡大が重要な任務となっている。そして、組織のヒエラルキー構造の頂点に立つのが業界団体である。ここでの業界団体は、狭い意味での産業団体だけではなく、農業、郵便局、医療、教育などに関係する団体が含まれる。業界という仕切りの内部では、組織は相互に競争している。しかし、外部に対しては共通の利益を獲得するため、業界団体を通じて、あるいは政治家の力を利用して管轄省庁の部局に働きかける。省庁も組織の一つであり、既得権益の維持・拡大が重要な任務である。したがって、業界団体と省庁には共通の利益があり、それを追求することによってそれぞれの存続が期待できるので、両者の間には結託するインセンティブがある。そして、様々な業界間の利害調整は、自民党議員、特にその業界の政策に特化する族議員[4]の介入を通じて、行政内部の予算配分や権限分配の交渉が行われる。業界という仕切りが多数存在し、それぞれの業界の中で業界団体、省庁、族議員の三者は鉄の三角形を形成し、利益最大化と既得権益の保護を図っている。これを青木は仕切られた多元主義と呼んで、日本の政治経済システムの特質であると主張した。

　それでは、仕切られた多元主義によってコメ農業保護政策を説明してみよう。コメ農業における業界団体(利益団体)は、農協である。農協は

　（4）　族議員(特定の政策分野に特化する議員)については、猪口・岩井、建林。

2 仕切られた多元主義

集落単位の自治会と密接な人的つながりを保ちながら、農業指導や営農指導を担ってきただけでなく、戦後初期では肥料の配給源であり、食糧管理制度の下では、コメの集荷流通を独占し、農村での地位を確立した。減反政策が行われると、その実施機関としての役割を担った(斉藤：37)。また、農協役員には、地方議員を務めるものが多かった。地方議員は政党に所属しない無所属の議員がほとんどであるが、その多くは自民党国会議員の「系列」、あるいはその個人後援会に所属しており、自民党国会議員と地方議員は密接な選挙協力関係にあった。国政選挙では、地方議員は自民党の選挙運動の現場での中核を担った(井上、斉藤、Fukui and Fukai、Scheiner)。そのため、農協は米価支持の要求など圧力団体としての機能だけでなく、選挙対策組織としての機能を持っていた(斉藤：37)。

コメ農業における省庁は農林水産省・食糧庁である。上述のとおり、農林水産省・食糧庁は、コメの流通、価格支持、生産調整などに対する大きな権限を持っていた。コメ農業の保護は、農林水産省・食糧庁にとって組織権限の維持という点から重要な政策であった。

そして、自民党・政務調査会の中には、党の農業政策の審議・立案を担当する農林部会があり、そこには農業政策に特化した議員である農水族が参加していた。フェノ(Fenno)によれば、議員が追求する目標は、再選、昇進、政策の実現の三つであるが、その中でも再選が優先される。なぜなら「猿は木から落ちても猿だが、代議士は選挙に落ちればただの人」という大野伴睦の言葉が示すように、昇進、政策の実現は再選をしてはじめて追求が可能になるという意味で、再選に従属しているからである(建林：16-23)。再選のためには、選挙で当選に必要な有権者の票を獲得することと、選挙活動を行うための政治資金、すなわち票と金が必要である。猪口・岩井によれば、自民党・政務調査会の農林部会、建設部会、商工部会は、自民党議員にとって人気のある部会、いわゆる「御三家」であり、それらの政策分野は安定した票と金が期待された。

減反政策は、耕作面積にかかわらず減反率は一律であったので、減反面積の大きい大規模農家の収入は減少した。一方、小規模農家にとって補助金のメリットは大きかったので、減反政策は小規模農家を温存する

ことになった。その結果、農家の票は多くの票が期待できる「大票田」となった。また、農業政策の分野で独占的な権限を持つ農協は、「集票マシン」として多くの農家票を集めてきた。したがって、農業は自民党議員にとって安定した票が期待できる政策分野であった。

以上のように、農協、農林水産省・食糧庁、自民党議員(農水族)の鉄の三角形によって、戦後長い期間、コメ農業は保護されてきたのである。

3　インフラ整備：鉄道建設

農業政策の他にも利益政治が行われている政策分野は、様々なものがあるが、農業と並んで利益政治の代表例として取り上げられてきたのは、鉄道、道路などを建設するインフラ整備(公共事業)である。公共事業には、高速道路、新幹線整備、ダム建設など大型のものから、一般道路(一般国道、都道府県道、市町村道)の新設・改築、維持・修繕や、農村向けの土地改良事業など様々なものがあるが、その中でも特に、大物政治家と鉄道建設の関係は、「我田引鉄」という言葉があるように、利益政治との関連で広く言及されてきた。有名な例としては、田中角栄が関わった鉄道建設の事例がある。

1961年、田中は自民党・政務調査会長に就任した。当時の鉄道政策は、鉄道敷設法に記載されている予定線路の中から建設調査する路線や実際に工事を行う路線を選び、運輸省の諮問機関である鉄道建設審議会で検

---

(5)　冨田：115。食糧管理制度は、生産性の低い小規模農家には有利で、生産性の高い大規模農家には不利な制度であった(冨田：114)。

(6)　土地改良事業は、圃場を広げ、灌漑設備を改善することで、労働生産性を改善することが目標である(斉藤：59)。

(7)　「我田引鉄」とは、政治家の選挙区(票田)に有利な形で鉄道を誘致することである。

(8)　本章で記述している職位や組織名は、特に断らない限り、すべて当時のものを使用している。

3 インフラ整備：鉄道建設

討を経た上で、具体的な予算措置を講じるという進め方であった。この鉄道建設審議会の会長は与党の総務会長、小委員長は政務調査会長が務めることになっていたため、田中は政務調査会長の就任によって鉄道政策の主導権を握ることができた。[9]

1962年3月、田中は鉄道建設審議会で、鉄道に関する持論を展開した。「採算のとれないところの投資をしてはならないということは間違いと思う。(中略)鉄道の制度の考え方でペイするとかしないとか考えていたら、鉄道の持つ本当の意義は失われると思う。(中略)ほんとうに深刻な立場で人口の分散化、大都市の過当集中を排除するということを考えなければいかんと思うのである」、「私は、鉄道はやむを得ない事であるならば赤字を出してもよいと考えている。(中略)もうからないところでも定時の運行をして経済発展という立場でこそ国有鉄道法の必要が私はあると思うのである」。当時の国鉄(日本国有鉄道)は、2年後の東京オリンピックに間に合うよう、東海道新幹線の完成に全力を傾けていた。しかし、国会で承認を得るために、その予算は少なく見積もられていた。十河信二国鉄総裁は、ローカル線の建設費を削ってでも新幹線を作るべきだという信念を持っており、ローカル線の建設費の一部を東海道新幹線などにまわしていた。そのため、全国の新たなローカル線の建設は、遅々として進まなかった。国会で「総裁は新幹線ばかりやっていて、地方線をつくらないではないか」と追及する者がいるほど、議員たちの不満は高まっていた。田中の発言は、ローカル線建設を望む地方選出議員の言葉を代弁するものであり、国鉄の既定方針を真っ向から覆すものであった。

1962年5月、鉄道建設審議会で田中は、運輸省と協議して作成した「今後の新線建設の進め方」を報告した。その内容は、今後10年間に建設すべき鉄道に必要な予算の規模は、既に着工している路線の継続建設分として1800億円、調査中の路線に750億円、低開発地域の開発や臨海工業地帯整備、新産業都市建設など、新しく計画する路線に2450億円、総額

---

(9) NHK取材班：292、小牟田：102-103。

第9章　利益政治の過程

5000億円の計画であった。この額は現状のローカル線の建設費の100年分に相当するものであった。そして、財源を確保するために、この計画を国鉄から分離して、道路建設と同じように、政府の公共事業として行うことを提案した。国鉄は独立採算制のため、収支のバランスを考えて、限られた範囲内でしか予算を組むことができなかったが、政府の公共事業にすれば、名目さえ立てれば赤字を気にせず鉄道を建設することができると考えられた。鉄道建設審議会では、田中と運輸省が作成した原案どおりの内容で決定した。

1962年7月、第二次池田勇人改造内閣で大蔵大臣に就任した田中は、国鉄から新線建設事業を切り離すため、鉄道建設公団の設立を目指した。田中の意向を受けて運輸省は、鉄道網整備緊急措置法案と鉄道網整備公団法案をまとめた。その内容は次のとおりであった。運輸大臣は「鉄道網整備10ヶ年計画」を作成し、閣議の決定を求めなければならない。そして、建設した路線は鉄道網整備公団から国鉄へ無償貸与する。もし国鉄がその路線を運営して利益が生じた場合、国鉄はその利益を政府に返納する。逆に、欠損を生じた場合は国が補助をする。建設資金から運営の損益まで、国が面倒を見るというものであった。

鉄道建設公団設置への急展開を受け、全国80ヵ所余りに散在する新線建設の推進団体は、統一して鉄道新線建設促進協議会を作った。12月の結成大会では、会長に新潟県知事の塚田十一郎、副会長に宮崎県知事の黒木博が選出され、全国各地の知事、県議会議長、市町村長などが名前を連ねた。また同月、国会議員による超党派の鉄道新線建設推進議員団が結成された。

法案に対して大蔵省内部には「『鉄道網整備10ヶ年計画』を作成し、必要経費を明文化すると、政府が10年間それに拘束される」、「鉄道建設公団から国鉄への貸与は、収益性の有無にかかわらず有償とし、鉄道建設公団としての減価償却費はそれで回収すべきだ」、「貸与された鉄道を国鉄が運営してできた欠損は、国鉄全体の収支と考え、国鉄が負担すべきで、国からの補助は行うべきではない」など反対意見が強かった。

そこで田中は「10ヶ年計画」の明文化はやめて、法案にその趣旨を含めることにした。また、鉄道建設後の鉄道建設公団から国鉄への引き継

3　インフラ整備：鉄道建設

ぎは、「有償で貸し付けまたは譲渡する。ただし産業開発、後進地域開発の場合は無償」という方向でまとめた。建設資金から運営の損益まで国が面倒を見るという当初の理念は捨てることになったが、これで鉄道建設公団設置が実現した。公団の正式名称は、日本鉄道建設公団に決まった。1964年3月、日本鉄道建設公団は設立された。当初、日本鉄道建設公団が建設する工事線は、全国で16線だけであったが、3月末と6月の鉄道建設審議会で工事線が追加され、全国で64の工事線を日本鉄道建設公団が担うことになった。64路線の建設費総額は4300億円であった。追加された工事線の中には、田中の地元、新潟県の六日町と直江津を結ぶ北越北線も含まれていた。

その後も日本鉄道建設公団のローカル線建設費は、急激に伸びていった。田中が通産大臣であった1971年頃、大蔵省主計局長だった相沢英之によれば、日本鉄道建設公団の予算は田中角栄の専管予算であったという。国鉄の管轄は運輸大臣である。しかし、田中との間で話がつくと、運輸省も自民党も異論を唱えることはなく、国鉄も意見をはさむことはできなかったという。[10]

1968年11月、第二次佐藤栄作内閣で自民党幹事長に就任した田中は、新幹線の建設に取り組んだ。田中は全国新幹線網の整備計画のため、1971年に成立した自動車重量税の一部を鉄道建設に回すことで鉄道建設の財源を確保する仕組みの構築を図った。一方、1969年6月、鉄道建設審議会は、山陽新幹線以外の新幹線網の整備ための法案を次期通常国会に提出することを決定した。新しい鉄道を建設するためには、鉄道建設審議会での検討を経る必要があったが、当時の東海道新幹線や建設中であった山陽新幹線は、複々線化による増設路線の建設として行われた。したがって、それらは鉄道建設審議会を通さずに、国鉄の判断で建設を決定することができた。鉄道建設審議会は、国鉄主導の新幹線建設を、鉄道建設審議会主導、つまり政治家主導に改めようとしたのである。

鉄道建設審議会の決議を受けて運輸省では、次期国会に提出する全国

---

(10)　以上、NHK 取材班：292-301を参照。

第 9 章　利益政治の過程

新幹線鉄道網の整備に関する法案の作成に入った。7月には、自民党の国鉄基本問題調査会に委員会が設置され、国鉄 OB の江藤智参議院議員を中心に、自民党政務調査会、総務会、運輸省、国鉄、日本鉄道建設公団などの担当者が集まり、法案を検討した。その法案で最も注目されたのは、条文の文言ではなく、それに添付する別表であった。法案では、鉄道敷設法にもとづいて「新幹線鉄道の路線を別表により法定すること」とされる見込みであった。つまり、将来新幹線が建設されるためには、別表に記載される必要があった。当初、別表に記載される規模は、運輸省の3000キロメートル案、日本鉄道建設公団の5000キロメートル案、政府の新全国総合開発計画の7200キロメートル案が参考にされた。しかし、8月にまとまった江藤試案は、8000キロメートルと、それまでにない規模に膨らんでいた。自民党の運輸族議員が、自分たちの選挙区を利する路線を盛り込んだためである。さらに9月にまとまった最終案は、15年計画で28路線9000キロメートルにまで膨らんでいた。

運輸省鉄道監督局の山口真弘国鉄部長は、全国新幹線鉄道整備法案を作成し、その原案を自民党に説明した。鈴木善幸総務会長、水田三喜男政務調査会長は、いずれも賛成した。幹事長の田中は原案をじっくり検討し、太平洋側と日本海側を連絡する路線や、日本海側を縦貫する路線について、熱心に自分の意見を述べた。そして最後に「ここに、もう一線つけくわえるべきではないか」と言って、路線を書き加えた。この案がそのまま法案の最終案になった。

全国新幹線鉄道整備法案は、鉄道建設審議会、自民党総務会、政務調査会で了承された。しかし、国会に提出される前に、佐藤栄作首相が別表に反対した。「建設する路線が法律に書いてあれば、地元から要求が来れば断れない。予算がこま切れにつけられ、効率の悪い建設になる。それに、世の中の状況というのは、時代につれて変わってくる。今、新幹線が必要だと思っても、あとになって必要なくなることもあるし、逆に、法律に書いてなくても、将来必要になって困るかもしれないじゃないか。」運輸省(鉄道省)出身で、赤字路線を押しつけられることの苦労を知っている佐藤ならではの意見であった。1970年5月、全国新幹線鉄道整備法は成立した。しかし、別表は削除され、具体的な路線は運輸大

臣が決めることとされた。

　全国新幹線鉄道整備法が成立すると、どの路線が優先的に着工されるか、ということに関心は移った。田中は地元の新潟と東京とを結ぶ上越新幹線の実現に向けて動き出した。1970年5月、新潟、群馬、埼玉各県の市町村関係者や国会議員ら150人による上越新幹線建設促進大会が開催された。田中は参会者に「夢が夢でなくなるのも、もうすぐです」と挨拶した。10月、橋本登美三郎運輸大臣は、閣議後の記者会見で、次の鉄道建設審議会に提出する新幹線路線は東北、上越、成田であると明言した。東北は鈴木総務会長、上越は田中幹事長、成田は水田政務調査会長の地盤を通っており、自民党内からは「三路線は三役路線」だという批判が出た。また、1971年1月、鉄道建設審議会では、東北(東京・盛岡)、上越(東京・新潟)、成田(東京・成田空港)の三新幹線の基本計画が決定された。4月、橋本運輸大臣は、三つの新幹線の建設を国鉄と日本鉄道建設公団に指示した[11]。[12]

　戦後日本の鉄道建設は、運輸族、運輸省、地方団体(鉄道が建設される地域の府県知事、市町村長、地方議員などが組織する団体)の鉄の三角形によって推し進められてきた。地元に鉄道が建設されることは、住民にとって、また地域経済にとって大きな利点となる。したがって、彼らは積極的に鉄道建設を働きかけたのである。そして、上述の事例では、そうした各方面からの声をまとめて実現させたのが運輸族のボスである田中角栄であった。

4　利益政治の類型

　日本型多元主義や鉄の三角形は、減反政策(コメ農業の保護)と鉄道建

---

(11)　成田新幹線の計画は、通過する自治体や住民の反対によって建設用地の買収が進まず、1986年、政府はその計画を断念した。
(12)　以上、NHK取材班：304-314、小牟田：103-110を参照。

第9章　利益政治の過程

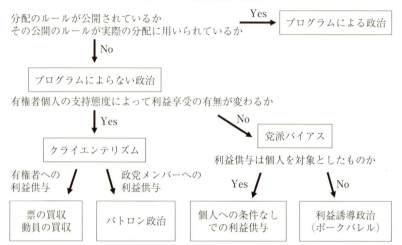

図9-1　利益政治の類型

出典：Stokes, Dunning, Nazareno, and Brusco：7（訳出については中村：104を参照した）

設を、同じ利益政治のカテゴリーであると見なしてきた。しかしながら、2000年代以降のクライエンテリズム（恩顧主義）の研究、たとえばストークス（Stokes, Dunning, Nazareno, and Brusco）や斉藤の研究では、利益政治と言ってもすべてが同じものではなく性質が異なること、つまり、利益政治の中には下位類型があることを説明している。

図9-1はストークスらの研究で示された分配政治（本章での利益政治）の類型である。最初に、分配のルールが公開されているか、その公開のルールが実際の分配に用いられているか、という基準によって、プログラムにもとづく政治（programmatic politics）と、プログラムによらない政治（nonprogrammatic politics）に分けている。利益政治は、政治家や政党の裁量によって分配が行われる政治であり、プログラムによらない政治である。次に、プログラムによらない政治（利益政治）を、有権者個人の支持態度によって利益の享受の有無が変わるか、という基準によって、党派バイアスとクライエンテリズムに分類する。有権者が支持態度に関係なく利益を享受できる場合が党派バイアスであり、有権者の支持態度次第で政治家、政党が利益を配分するかどうか、決定できる場合がクラ

イエンテリズムである。さらに、党派バイアスを利益供与の対象が個人である場合は個人への条件なし利益供与、対象が個人ではない場合は利益誘導政治(ポークバレル)、クライエンテリズムを政党メンバーへの利益供与である場合は親分子分関係のパトロン政治(patronage)、対象が個人である場合は広い意味での票の買収(vote buying)、動員の買収(turn-out buying)に分類している。[13]

　この類型によれば、コメ農業の減反政策はクライエンテリズム・パトロン政治であり、鉄道建設は党派バイアス・利益誘導政治(ポークバレル)である。両者の違いで重要な点は、ストークスらの類型によれば、有権者の支持態度に応じて利益分配の可否や量を調節できるのか、有権者が政治家や政党を支持しない、すなわち選挙で彼らに投票しない場合、政治家や政党はそれに対する制裁が可能なのかどうかである。斉藤はこの点に注目し、インフラ整備と補助金では、次の三点で、政治家の集票に対する効果が異なることを論じている。

　第一に、地域ごとの得票実績を見ながら年度毎に配分を采配できる補助金とは異なり、インフラ整備による便益は不可逆であり調整が困難である。地域住民の側から見た場合、我田引鉄による利益誘導には、完成したインフラを利用することによる利益と、建設工事にかかる費用が地元に投下されることによる利益、以上二種類の利益が発生する。建設費用は用地買収による所得の増加、建設業の就業機会の増加などがあり、これは相手を選んで供与することができる。しかし、いったん用地買収が完了し、着工されてしまうと、選別することが困難になってしまう。

　第二に、予算を止めると地元に落ちる便益が無くなってしまう補助金とは異なり、交通インフラは大きな生産効果をもたらし、その効果は半永久的に継続する。しかも既に完成したインフラを撤去することは事実上不可能である。

---

(13)　狭い意味での票の買収は、その言葉どおり、票を金銭によって買収することである。日本などの先進国では、票の買収を観察することはほぼ不可能であるが、カーティス(222-226)は戦後の日本において票の買収があったことを示唆している。

第 9 章　利益政治の過程

　第三に、インフラの工事自体は、私的財の性質が強いが、工事完成後に高速道路や新幹線を利用することによって発生する利益は、誰でも利益を享受できる地域公共財である。高速道路や新幹線を実現するための運動団体を組織する間は、自民党議員にとって有益な集票手段になる。しかし、高速道路や新幹線がいったん完成してしまえば、政治がいかなる形で関与しようとも、地域公共財としての便益が発生し続ける。しかもこの便益は、有権者がどの政党を支持しているのかとは無関係に発生する。与党の支持者だけを選別して高速道路を使わせることは不可能であり、有権者の投票態度によって便益を加減することも困難である。完成したインフラを壊すという選択肢が考えられない以上、インフラは「アメ」だけの政策手段となり、便益をストップする「ムチ」による脅しは機能しなくなる。インフラは完成してしまうと選挙戦略としては有効ではなくなってしまうのだ。[14]

　本章で取り上げた鉄道建設は、上述の説明の代表例であり、完成する前であれば集票手段として有効であるが、いったん完成してしまうと集票手段としての有効性が失われてしまう。一方、減反政策・生産調整は、排他的かつ選択的に便益を供与できる政策である。自民党は減反政策と土地改良事業[15]の組み合わせを中心に据え、便益を選択的に供与することで、農村での得票を固めてきた。しかし、食糧管理制度にもとづく価格支持政策は、非排他的であり、選別が困難な政策である。生産者米価を上げることは、コメ農家が与党、野党どちらを支持していようとも所得が上昇する。逆に、与党が野党を支持した農家に対する報復措置として生産者米価を下げた場合、報復対象以外の農家、すなわち与党を支持する農家にも報復が波及してしまうことになる（斉藤：48-49、59）。このように、同じコメ農業の保護の中でも政策の性質には違いがあり、それに

---

(14)　斉藤、特に137-139参照。
(15)　土地改良事業は、農家の自己負担が概ね１割程度であり、休耕中の雇用機会の提供になった。地元の建設業者が事業を請け負うことが多く、土地改良事業の推進によって地域的な集票マシンが形成された（斉藤・浅羽、Fukui and Fukai）。

よって政策過程や政策帰結が異なるということをクライエンテリズムの研究は示している。

5 利益政治と選挙制度、利益政治の過程と戦略過程

最後に、利益政治と選挙制度の関係、および利益政治の過程と戦略過程の関係について説明する。

多くの研究者は、日本の利益政治を促進した要因として中選挙区制を挙げてきた(Carey and Shugart、Horiuchi and Saito、建林など)。日本の中選挙区制は、定数が3人から5人であることから、政党内競争を促進しやすく、個別的利益が代表されやすい選挙制度であった。自民党議員は農業、建設など特定の政策分野に特化し、それらの利益団体と密接な関係を持つことで、集票活動を行ってきた。そのため、中選挙区制は、生産者重視の選挙制度であり、保護主義をもたらしやすく、経済改革が促進されにくい選挙制度であった(Bagashka、Rosenbluth and Thies)。

1994年の政治改革(衆議院の選挙制度改革)によって、中選挙区制から小選挙区制を中心とした選挙制度(小選挙区比例代表並立制)に変更された。小選挙区制は、政党間競争を促進しやすく、全体の利益が代表されやすい選挙制度である。また、中選挙区制が保護主義をもたらす傾向にあることとは対照的に、小選挙区制は消費者重視の選挙制度であり、自由主義的な改革が進められやすい選挙制度である(Rosenbluth and Thies)。

したがって、選挙制度改革は利益政治の減退をもたらしたと考えられる。1980年代以降の農協の農政運動を検討した城下によれば、1990年代までは見返りを得るなど、農協はそれなりに影響力を行使してきたが、2000年代以降、TPP(Trans-Pacific Partnership：環太平洋パートナーシップ協定)への交渉参加や全中(全国農業協同組合中央会)改革に見られるように、農協が重視している政策について十分に影響力を発揮できていない。

第9章　利益政治の過程

また、戦略過程との関連でも利益政治の減退が見られる。戦後、戦略過程と利益政治の過程は、表と裏であり、自民党支配を支えてきた両輪であった。すなわち、戦略過程で形成される政策は、重工業・輸出産業など成長産業を重視し、経済成長を加速させるものであった。一方、利益政治の対象は、農家、中小企業、地方など経済的な弱者であり、彼らを保護するための政策であった。ローゼンブルースとティース（Rosenbluth and Thies）は、これを「鉄とコメの同盟」と呼び、重工業主導の経済成長と農村票の組み合わせが自民党支配に貢献したことを説明している。

しかし、戦略過程と利益政治の過程の関係、すなわち「鉄とコメの同盟」は、2000年代以降、変化が見られる。戦略過程は経済的強者を対象とした政策であり、彼らに対する投資は経済生産性の高いものであった。一方、利益政治は経済的弱者を対象とした政策であり、彼らに対する投資は経済生産性が低いものであった。つまり、経済成長で得た果実を利益政治で分配していたのであり、それは経済成長の成功があって、はじめて成り立つ仕組みであった。

しなしながら、2000年代以降の戦略過程を見ると、政治改革の効果もあって、規制改革や構造改革など、経済成長に直結しない政策内容のものが増えている。それらは経済的に非効率な部門を改革し、利益団体自体を弱体化させることになりうる。つまり、従来であれば、利益政治は戦略過程の影のように、戦略過程が利益政治を伴う形で広がったり、縮小したりしていたが、2000年代以降は、それぞれの円が逆の動きを見せているのだ。以上のように、政治改革と戦略過程の政策内容の変化は、利益政治のより一層の減退をもたらすと考えられる。

[参考文献]

青木昌彦（永易浩一訳）『日本経済の制度分析：情報・インセンティブ・交渉ゲーム』（筑摩書房　1992年）

井上義比古「国会議員と地方議員の相互依存力学」『レヴァイアサン』（10号　1992年　133-155頁）

猪口孝『現代日本政治経済の構図：政府と市場』（東洋経済新報社　1983年）

5 利益政治と選挙制度、利益政治の過程と戦略過程

猪口孝・岩井奉信『「族議員」の研究:自民党政権を牛耳る主役たち』(日本経済新聞社　1987年)

NHK取材班『NHKスペシャル　戦後50年その時日本は　第4巻:沖縄返還・日米の密約・列島改造・田中角栄の挑戦と挫折』(日本放送出版協会　1996年)

加古敏之「経済発展とコメ需給」『神戸大学農業経済』(36号　2003年　109-121頁)

加古敏之「日本における食糧管理制度の展開と米流通」『世界におけるコメの消費拡大・普及戦略に関する学際的総合研究　研究成果報告書』(2006年　156-184頁)

小牟田哲彦『鉄道と国家:「我田引鉄」の近現代史』(講談社　2012年)

斉藤淳『自民党長期政権の政治経済学:利益誘導政治の自己矛盾』(勁草書房　2010年)

斉藤淳・浅羽祐樹「恩顧主義と貿易自由化:コメ保護農政の日韓比較」『選挙研究』(28巻1号　2012年　114-134頁)

城下賢一「農協の政治運動と政界再編・構造改革・自由化:1980年代以後の農協農政運動団体の活動分析」宮本太郎・山口二郎編『リアル・デモクラシー:ポスト「日本型利益政治」の構想』(岩波書店　2016年　89-123頁)

建林正彦『議員行動の政治経済学:自民党支配の制度分析』(有斐閣　2004年)

冨田洋三「農業政策の変遷と農業問題」『実践女子大学生活科学部紀要』(50号　2013年　111-128頁)

中村悦大「分配政治のモデルⅠ:対象の操作」『愛媛法学会雑誌』(42巻1号　2015年　101-124頁)

樋口修「米制度」国立国会図書館調査及び立法考査局『経済分野における規制改革の影響と対策』(2009年)

Bagashka, Tanya, "The Personal Vote and Economic Reform", *Electoral Studies*, vol. 31, 2012, pp. 562-575.

Carey, John M., and Matthew Soberg Shugart, "Incentives to Cultivate a Personal Vote: A Rank Ordering of Electoral Formulas", *Electoral Studies* vol. 14, no. 4, 1995, pp. 417-39.

Curtis, Gerald L., *Election Campaigning Japanese Style*, Columbia University Press, 1971. ジェラルド・カーティス(山岡清二訳)『代議士の誕生:日本保守党の選挙運動』(サイマル出版会　1971年)

Fenno, Richard F., Jr., *Home Style: House Members in Their Districts*, Harper Collins Publishers, 1978.

Fukui, Haruhiro, and Shigeko N. Fukai, "Pork Barrel Politics, Networks, and Local Economic Development in Contemporary Japan", *Asian Survey* vol. 36, no. 3, 1996, pp. 268-286.

Horiuchi, Yusaku, and Jun Saito, "Cultivating Rice and Votes: The Institutional Origins of Agricultural Protectionism in Japan", *Journal of East Asian*

Studies, vol. 10, 2010, pp. 425-452.

Muramatsu, Michio, and Ellis S. Krauss, "The Conservative Policy Line and the Development of Patterned Pluralism", Yamamura, Kozo, and Yasukichi Yasuda eds., *The Political Economy of Japan, Vol. 1 : The Domestic Transformation*, Stanford University Press, 1987, pp. 516-554.

Rosenbluth, Frances McCall, and Michael F. Thies, *Japan Transformed : Political Change and Economic Restructuring*, Princeton University Press, 2010. フランシス・ローゼンブルース、マイケル・ティース（徳川家広訳）『日本政治の大転換：「鉄とコメの同盟」から日本型自由主義へ』（勁草書房　2012年

Scheiner, Ethan, *Democracy Without Competition in Japan : Opposition Failure in a One-Party Dominant State*, Cambridge University Press, 2006.

Stokes, Susan C., Thad Dunning, Marcelo Nazareno, and Valeria Brusco, *Brokers, Voters, and Clientelism : The Puzzle of Distributive Politics*, Cambridge University Press, 2013.

［清水　直樹］

政策過程研究を推し進めた理論家たち ⑤

ジョン・W・キングドン（John W. Kingdon：1940〜）

『アジェンダ・選択肢・公共政策　政策はどのように決まるのか』（笠京子訳、勁草書房、2017年、原著は Agendas, Alternatives, and Public Policies, updated 2nd edition, Pearson Education, 2011）の著者である。マーチとオルセン（James G. March and Johan P. Olsen）による「ゴミ缶理論」（『組織におけるあいまいさと決定』、遠田雄志、アリソン・ユング訳、有斐閣選書、1986年、原著は *Ambiguity and Choice in Organizations*, Universitetsforlaget, 1976、訳書は抄訳である）を修正したモデルをつくり、問題、政策、政治はそれぞれ個別の流れであり、これが偶然、流れが合致することにより（「窓が開く」という表現をしている）特定のアジェンダが形成され政策として動いていくという見方を示した。問題があるから政策案が検討され、それが政治的な決定案として取り上げられていくという、疑いを差し挟むことなく信じ込まれていた意思決定のあり方についての認識を覆し、問題とは別に解決法は解決法で独自の発展をしており、問題と解決法が結びつくのは広義の政治日程の中で偶然の要素によることが多いという認識を示したのである。

この認識自体はマーチとオルセンによって「組織化された無秩序」と表現されたものなのだが、キングドンはこのモデルをアジェンダ設定のプロセスを説明するのに都合のよいように修正し、克明な事例研究を行うことによって、問題の登場の仕方を描いて見せたのである。笠京子女史による翻訳が出版され、その中で彼の名は「キングダン」となり、意思決定モデルの名も「修正ゴミ箱モデル」となった。おそらく、これらが定訳となっていくのではないかと思われるが、本書では従来使ってきて慣れ親しんでいる「キングドン」、「修正ゴミ缶モデル」を、しばらくは使わせてもらおうと思う。

［佐藤　満］

第10章　イデオロギー過程

　本章では、これまで検討してきた政策過程のボーターモデルの三つのカテゴリーの中、その最後にあたるイデオロギー過程について検討する。イデオロギー過程とは、もともとは村松岐夫が、戦後日本の政治過程の全体的な特徴をそこに参加するアクターの種類に応じて類型化した「内環・外環」の二重構造モデルにおいて、その外環部分として提示したものだが、そこでは防衛問題や憲法改正問題などのいわゆる「与野党対決型」の政策が主な対象として挙げられていた。こうしたイデオロギー過程の位置づけについては、本書のボーターモデルでも基本的に大きな変更はない。ゆえに本章でも、以下では事例として、日本の防衛政策を取り上げることにするが、村松モデルが「55年体制」下の(そしてさらにいえば、国際的な冷戦構造下での)自民党一党優位体制を前提として考案されているのに対して、日本の政治自体は90年代以後、国内外の大きな変動を経験した。そのような変動を経験して、防衛政策に代表されるイデオロギー過程の政治過程は、それ以前と比べてどのような変化をみせたであろうか。あるいは、もし変化がないとすれば、それはなぜか。本章では、以上のような問いを具体的な事例の検討を通して考えていきたい。

1　イデオロギー対立型争点としての防衛政策

　戦後日本の防衛・安全保障政策に関する理解としては、戦後の政党間対立の基調をなした保守―革新という対立軸の中でも、とくに保革の対立がはっきりと表面化した争点であるとするのが定説であろう。日米安保体制の維持を基本に、ときに自主憲法の制定や本格的な再軍備の必要性を声高に主張する保守勢力に対して、戦前・戦中の経験からくる戦争一般への嫌悪感を反映した国民感情に支持された、社会党や共産党といった野党を中心とする革新勢力が、防衛政策全般に原理的な反発を示すという構図が永らく日本政治の中で固定されてきたという見方は、専門家のみならず一般にも広く共有されてきた。本書が依拠する政策過程のボーターモデル(155頁参照)の原型である、村松岐夫による政治過程の「内環・外環」の二重構造モデルも、そのような見解の一つであるといってよいだろう(村松)。村松は、升味準之輔らによるいわゆる「55年体制」についての分析を参考に、日本の政治過程の構造をそこに参加するアクターの特徴に応じて大きく二つに類型化した。その一つは、内環を構成する「政策過程」であり、ここでは保守党、官僚、あるいは保守党系列の利益団体を主な参加者として、既存の価値の権威的配分が活発に行われるとした。他方、その外延に置かれるのが外環の「イデオロギー過程」であるが、そこでは社会党や共産党などの野党や労働組合、日教組といった野党系の諸団体が主な参加者となって、既存の政治・行政体系とは異なる価値体系を擁し、現体制を保持しようとする勢力と対抗する政治過程が展開するとした。村松によれば、防衛や憲法改正といった問題はこの「イデオロギー過程」を代表する政策争点であるとされる。そして、それらの争点をめぐっては、政権側の政策をトータルに否定し、大衆動員的な組織行動を駆使して問題を「政治化」することで影響力の拡大を図ろうとする野党側の行動がみてとれるとする。

　とくに、ここで注目しておきたいのは、村松がこのようなイデオロギー

第10章　イデオロギー過程

過程における政治過程の特徴を、政策過程のそれと比べて効率的ではないとみなしている点である。政治の安定性と社会諸集団の意思の政策への反映は、各アクターが政策過程に組み込まれることで(つまり、内環が外側に拡大することで)はじめて可能となる。言い換えれば、外環のイデオロギー過程にとどまる限り、各アクターの影響力は間接的な(かつ、ネガティブな手法の)ものにとどまるとするのである。政策過程の効率性をこのように利益配分型の政治に一律に還元してしまうことについては議論があり得るところだが、自民党の一党優位状況を前提にすれば、たしかにイデオロギー過程の各争点において与野党間に安定した交渉や取引が成立する余地はほとんどなかったであろうことは容易に推測される。そしてそれゆえに、日本の防衛政策について、政治過程の面からみるならば、与野党間の論争はあまり建設的ではなかったといわざるを得ない面があることもまた事実である。

　実際に、戦後日本の防衛・安全保障政策についてより専門的な立場からなされた諸研究においても、以上のような見解は概ね支持されているようである。たとえば、占領期から90年代前半までの日本の安全保障政策の展開を史的にトレースした田中明彦は、戦後日本では安全保障に関する発想の基本となるべき「戦略論」も、憲法改正などをめぐり展開された「神学」的な「規範論」も、いずれも不完全で「欺瞞的」とさえいえるものであったと断じている(田中：5)。田中のこの判断には、本格的な安全保障に関する政策論争を避けてきた政治レベルの議論の低調さに対する批判が込められていると読むことができよう。また、戦後の防衛政策や自衛隊のあり方と政治との関係を検討した佐道明広も、有事の対応を想定した議論を与党の政治家でさえ避け続けてきたことを根拠として、防衛問題に対する政治の消極姿勢について論じている(佐道 2006：78-80、132-134)。あるいは、目を転じて革新側をみると、(西)ドイツとの比較を念頭に戦後日本のイデオロギー対立の特徴を分析した大嶽秀夫は、日本社会党内で主導権を握った左派の急進主義的思想とその大衆動員的志向が、ドイツの社会民主党(SPD)の場合とは異なり、社会党の「現実主義」化を阻む大きな要因となったとしている(大嶽：第3章)。これらの議論はいずれも、戦後日本において防衛政策に関する本格的な

1 イデオロギー対立型争点としての防衛政策

論争が政治のレベルで展開されることは、(皆無ではなかったにせよ)かなり稀であったことを指摘するものである。つまり、与野党間の原理的ともいえるイデオロギー対立を背景に、具体的な防衛論議をタブー視し回避しようとする政治の姿勢がそこでは描かれているのである。

このような政治における議論の停滞によって生じた空隙を埋め、政策課題としての防衛問題に深くコミットすることを求められたのが防衛庁(現・防衛省)を中心とする行政官僚組織であった。そして、この防衛庁の内部部局によって主導され成立したのが、日本に独特の文民統制のあり方として知られる「文官優位」システムとよばれるものである(廣瀬)。しかしこの文官優位による文民統制というシステムの成立が、日本の防衛論議をさらに低調なものにした面があるのは否めない。以下に、その理由について指摘しておこう。

戦後の日本で、実力組織である自衛隊を管理・統制する役割を主として担ってきたのは防衛庁内局の官僚たちであった。その理由としては、まず防衛分野の制度・機構上の特徴として、背広組(文官)に広範な優位性が認められたことがあげられる。法制度上、自衛隊の最高指揮監督権は内閣総理大臣にあり、その下で防衛庁長官(現在は防衛大臣)、さらには陸海空の各幕僚長が部隊の指揮監督を行うとされたが、実際には幕僚への指示の作成を含む、長官への広範な補佐権を与えられた防衛庁の内部部局が政策全般の運営を担ってきた。そして、この内部部局の課長以上のポストに制服組(自衛官)を任命することは基本的に避けられたという。その結果、政策の作成や部隊運用の調整などにおいて、文官が制服組に対し優位を占める体制が永らく固定されることになったのである。しかも、この文官優位という制度上の特徴は、その人的構成から防衛庁の政策に特有の傾向を付与することになった。というのは、自衛隊がその前身である警察予備隊(後に保安隊)として発足した当初から、隊の運用を担う内局の主な幹部には、(警察予備隊が国内治安の強化を念頭に組織されたことなどもあって)旧内務省出身の官僚たちが任命されたからである。[1]

---

(1) 加藤陽三、海原治、後藤田正晴などが著名なところとして挙げられよう。

第10章　イデオロギー過程

　彼ら旧内務省系の官僚たちに共通していたのは、戦前の軍部の暴走に対する苦い経験から、軍人的思考法一般に強い警戒感を抱いていたことである。そのために、政策の重点はもっぱら隊の活動をいかに管理・統制するかにおかれ、とくに制服組から積極的な意見が提起されることは(制服組内部の調整能力の無さも手伝って)極力抑制された。つまり、防衛庁は自らを(とりわけその設立当初は)「政策官庁」としてより「管理官庁」とすることに努めていたのである(佐道 2003)。だがこのような傾向は、結果的に日本の防衛問題に関する議論を全体としてさらに低調なものとすることに寄与した。

　以上のような国内の政治・行政上の特徴から、日本の防衛政策に関する本格的な論議は、与野党間の原理的な「神学」論争の喧騒の中でかき消され、政治の表舞台から大きく後退することになったのだが、さらにここで付け加えておくべきは、こうした国内における政党間のイデオロギー対立は戦後の国際政治上の秩序の特色も色濃く反映していたことである。戦後の国際政治の環境を規定したのは、いうまでもなく東西の冷戦である。(旧)ソ連に率いられた東側の社会主義陣営とアメリカを盟主とする西側の自由主義陣営との世界を二分した対立は、戦後の日本を否応なくその渦中へと引き込んだ。そしてそのような構図の中で、日本の保守政権が選択したのは、アメリカとの協力によって自国の安全保障を維持しながら、独立さらには戦後の復興を進めていくという路線であった。(2)そのために締結されたのが、日米安保条約であったといってよい。「人(米軍)」と「土地(日本国内の基地使用)」との交換としてよく知られるこの日米安保条約によって、戦後の日本は西側陣営の一員として(憲法の枠内という限定の下で)対米協調路線をとりながら、自国の防衛については米軍のプレゼンスに依存するという態勢をとることになったのである。

　だが、こうした路線は、米国との関係維持という課題以上に安全保障問題を考えようとしない姿勢を保守政権側に根付かせたところがなかったとはいえない。たしかに、保守勢力内部にも自主防衛力の強化を主張

---

　(2)　いわゆる「吉田路線」とよばれるものである。

1 イデオロギー対立型争点としての防衛政策

する議論はあったが、どちらかといえばそれは傍流にとどまり、しかもそれとても(当時の状況に鑑みれば当然かもしれないが)対米協調の枠内という範囲を踏み出るものではなかった(佐道 2003)。他方、野党や条約反対の先頭に立った一部知識人などの革新勢力は、日米安保条約を根本的に否定する論陣を張った。これら革新勢力による政府批判も、細部をみればそれぞれ強調点に相違はあるものの、総じて共通していたのは対米追従型の軍事同盟の中に日本が組み込まれることに対する懸念であった。しかしその反面において、これら反対勢力は対米批判を強調するあまり、東側の政治体制が有していた独裁的な負の側面を軽視するところがあったことも否めない。

ともかく、冷戦状況という国際政治上の環境を与件として、その構図を国内政治に埋め込む形で防衛政策をめぐる保革の対立は定着することになった。そしてその中で、「同盟のディレンマ」に即してみるならば、アメリカの戦争に「巻き込まれる恐怖」を盛んに指摘する革新側に対して、アメリカに「見捨てられる恐怖」に対応する限りで自国の安全保障問題を捉えようとする政権側という構図が成立することになったのである(中西：111-112)。保守政権側のこのような消極的姿勢は、たとえば日米安保を安全保障上の基軸としていたにもかかわらず、米軍と自衛隊との具体的連携については長らく曖昧なまま放置していたことなどに端的に表れているといえよう。言い換えれば、東西冷戦という安全保障上の問題を核とする国際政治上の構図が、国内の与野党間におけるイデオロギー対立の基調を形成することで、(いささか逆説的ともいえるが)防衛問題に関する本格的な議論を国内政治のレベルで回避することを可能にしてきたということができる。

しかしながら、以上のような状況は90年代以降、大きく変化した。具体的にいえば、1991年にソ連が崩壊して東西冷戦は名実ともに終焉した。そして国内においても、そうした国際環境の変動から影響を受けつつ、保守対革新というそれまでの政治対立の構図を規定してきた政党政治の形は少なからず動揺することになった。すなわち、93年に自民党が下野し反自民連立政権が成立したのに始まり、その後の自民党の(社会党などとの連立による)政権復帰と野党の再編へと続く、ドラマチックな政治

第10章　イデオロギー過程

的出来事が立て続けに起こる時代へと移行していったのである。そのような一連の国内外における変動を前にして、防衛政策をめぐる政治過程はいかに変化した(あるいは、しなかった)のであろうか。次節で、具体的にみていくことにしよう。

2　事例の検討

　本節では、90年代以後の日本の防衛政策の展開について、いくつかの局面に焦点を当てながらみていくことにする。期間としては、1990年の湾岸危機から2003年のイラク戦争と「イラク特措法」の成立までをとりあげる。その理由は、この間の十年あまりに、日本が経験した国内外の変化がその防衛政策に与えた影響を確認するのに、イラクという国をめぐり起こったこの二つの世界的事件に対する日本の対応の差をみることほど、象徴的な意味において適切なものはないと考えるからである。なお、以下の記述は、前掲の田中や佐道(2006)の他、信田、佐道(2012、2015)、柴田(2011)などの優れた先行研究に依拠していることを断っておく。[3]

(1)　湾岸戦争とPKO協力法

　1990年8月、イラク軍が突如クウェートに侵攻し同国を占領したことで湾岸危機は始まった。国際社会は直ちにこのイラクの侵略行為を非難し、当時はまだソ連崩壊前であったが、イラク軍のクウェートからの即時無条件撤退を求める国連安保理決議660号を採択して国際社会の総意を示した。また、アメリカは早々にサウジアラビアへの進駐を決定し、さらには多国籍軍の編成へと進んでいった。

　日本政府も当初は、この国際的緊張をもたらした事態に比較的迅速に対応した。当時の海部俊樹内閣は、危機発生の三日後には欧米諸国にな

---

　(3)　もちろん、記述に誤りがあればそれはすべて筆者の責任である。

らい国内のクウェート資産の凍結、イラクとクウェートからの石油輸入の禁止、両国への輸出と資本取引の全面禁止などを決定し、国際社会の対イラク批判の動きに歩調を合わせる動きをみせた。ところが、イラクが国際社会の非難をはねつけクウェートの併合を発表し、在イラクの外国人を人質にとるなど強硬な態度をとって緊張がさらに高まると、それに反比例するかのように日本政府の動きは徐々に鈍くなっていく。たとえば8月、アマコスト駐日大使が日本側に多国籍軍への資金援助や人的貢献などを求める要請を行ったとき、日本政府は二週間以上も返答に逡巡したあげく、非軍事物資の輸送や湾岸諸国への財政援助のみを内容とする回答を行った。これにアメリカ側から強い失望の声が伝えられると、慌てた海部内閣はあらためて10億ドルの資金援助の実施を発表したが、この金額もアメリカが希望するものには程遠く、国際社会からの評価を高めることにはならなかった。また、9月にブレイディ財務長官が来日し30億ドルの追加拠出を求めた際にも、日本政府は一週間後になってようやくこのアメリカ側の求めに応じるという反応の鈍さをみせた。このような日本側の消極的姿勢には、巨額の出費を嫌う大蔵省の意向が反映していたともいわれるが、多国籍軍を構成したアメリカを中心とする各国からは不信を招くことになり、日本の外交的信頼は地に落ちた。最終的に、91年1月の湾岸戦争開戦後、日本政府は（増税を財源として）さらに90億ドルの追加支援をすることを決定し、総額で130億ドルに及ぶ資金援助を行ったが、それとて「too little, too late」と酷評され、最後まで日本の貢献がまともに評価されることはなかった。こうした経験がその後の日本外交に深刻なトラウマとして刻み込まれたことは疑いない。そして、この日本外交に対する国際的な不信と低評価は、人的貢献の面でも日本が消極的な姿勢をみせたことからさらに増幅することになった。

　湾岸危機から湾岸戦争にかけて、人的貢献において日本に何ができるかということは国内で重大な議論の的となった。この点でのアメリカの要請の重点は、兵員・物資の輸送を主とする後方支援におかれていたという。しかし、そのために必要な活動について民間からの協力を得ることは安全上の観点から困難であったことから、自衛隊の派遣の是非が争点となったのである。三木〜河本派という派閥に属し、自民党内ではハ

第10章　イデオロギー過程

ト派であった海部首相は初めから自衛隊の派遣には慎重であった。そこで外務当局は、自衛隊とは別に「平和協力隊」という非武装組織を編成し派遣するという案を捻り出した。しかし、この外務省案には防衛庁や小沢一郎自民党幹事長(当時)らが難色を示し、結局、自衛隊の派遣を骨子とする「国連平和協力法案」が作成されることになったのである。ところが、この法案をめぐる国会審議は、海部首相と事務当局の国会答弁に齟齬が生じたことなどから紛糾し、最後まで野党側の協力を引き出せぬまま(参議院で野党が多数であったため)廃案となった。その結果、湾岸戦争における日本の人的貢献は、何もなされないまま危機は収束したのである。これに諸外国が失望を表明したことはいうまでもない。自衛隊法上の「危険物の除去」を根拠とし、ペルシャ湾に機雷除去のため掃海艇が派遣され国内外から高い評価を受けるようになるのは、湾岸戦争が終了した後の4月以降のことであった。

　だが自民党の小沢幹事長は、法案の再提出を目指し、それが廃案となる以前から公明党と民社党への働きかけを強めていた。そして、国連の平和維持活動に参加する自衛隊とは別の組織を創るという案で三党間に合意を成立させることに成功したのである。この文民を主体とする別組織の平和維持活動への参加という案には、社会党も一時は共同歩調をとる姿勢をみせたが、実際の平和維持活動に軍事的訓練を受けた要員の存在は不可欠であった。そこで自公民三党は、あらためて「PKO五原則」を作成して、一定の制約のもとで自衛隊がPKO活動に参加することを容認する合意に達した。

　海部内閣は、この三党合意の線に沿って法案の成立を目指した。しかし、折しも政治改革法案の扱いをめぐり生じた混乱の中で、その対処に

（4）　自衛官を「出向・休職」として参加させることが想定されていた。
（5）　湾岸戦争終了後、クウェート政府が米紙に掲載した各国に感謝を表明する広告の中に日本の名前がなかったことは有名な逸話である。
（6）　PKO五原則とは、①紛争当事者間での停戦合意の成立、②紛争当事者が平和維持隊への日本の参加に合意すること、③中立的な立場の厳守、④これら原則のいずれかが満たされない場合の部隊の撤収、⑤要員の生命等の防護に必要な最低限に武器使用を限定すること、の5つのことを指す。

失敗し91年11月退陣に追い込まれた。そのため、法案の成立は次の宮沢喜一内閣に持ち越されることになった。ところが、その宮沢内閣においても法案の審議は順調には進まなかった。というのも、民社党がPKO派遣の国会による事前承認に強くこだわりはじめる一方で、公明党が停戦監視や武装解除の監視などいわゆるPKOの「本体業務」(PKF活動といわれる)の凍結を主張しはじめたからである。最終的には、両党の主張がともに受け入れられることで、いわゆるPKO協力法(「国際平和協力法」)は92年6月に衆議院において可決・成立した。社会・共産両党は自衛隊の海外派遣に最後まで強硬に反対したが、すでに自民党によって民社・公明が切り崩された後であったことから法案の成立を阻止することはできなかった。かくして、戦後はじめて自衛隊が海外で活動する道が開かれることになったのである。

(2) 新「防衛大綱」から新「ガイドライン」へ

冷戦の終結による国際秩序の変動は、日本の防衛当局が従来の安全保障政策を見直す契機となったが、それとときを同じくして日本の政界においても、それまでの与野党の枠組みを大きく変えるような出来事が起こっていた。すなわち、政治改革をめぐる自民党内の分裂とその後の総選挙における自民党の敗北、そしてその結果としての非自民連立政権の成立がそれである。そしてこの連立政権において首相となった細川護熙の発案により、防衛政策の見直しは政治的課題として本格的に議論の俎上に載せられることになった。以下では、その辺りの事情から順に冷戦後の日本の防衛政策の変遷をみていくことにしよう。

首相に就任した細川は、冷戦後のあるべき安全保障政策について新たな構想を得る必要性を感じていた。そこでアサヒビールの樋口廣太郎を座長とする首相の私的諮問機関「防衛問題懇談会」が設置され、そこでの二十回以上にわたる会合の結果、一つの報告書が作成された。これがいわゆる「樋口レポート」とよばれるものである。この樋口レポートには二つの大きな特徴があった。一つは「多角的安全保障」という概念を提示したことであり、もう一つはそれを報告書の中で日米安全保障問題より前に記述したことである。この報告書で、日米関係より多角的安全保障の方が

第10章　イデオロギー過程

前に置かれたことにとくに大きな意味や意図はなかったといわれる。ところが、それは日本の米国離れの兆候だとしてアメリカ側のカウンターパート、とりわけこれまで日米関係の安定に努めてきたアメリカの安全保障問題の関係者たちを強く刺激することになった。これら知日派の安全保障問題の専門家たちは、当時のクリントン政権が日本との経済問題の解決に重きをおき同盟関係を軽視していることに危機感を抱いていた。そこで自国の政権には路線の変更を働きかけるとともに、日本側にはその真意を質すため頻繁に接触をはかるようになった。そして、この日本側との協議の中から、国防次官補（当時）ジョセフ・ナイを中心にまとめられたのが「東アジア戦略報告」（ナイ・レポート）である。その眼目は、東アジアにおける一定数（10万人）の米軍戦力の維持と日米同盟の重要性の再確認におかれていた。そして、こうした一連の日米両国の動きを通して、日米安全保障関係の再定義の必要性が課題として浮上してきたのである。

　またこの時期、日米が同盟関係の強化に向かったさらなる理由には東アジアの国際環境上の問題もあった。たとえば、その一つに93年に起こった北朝鮮の核問題をめぐる朝鮮半島危機がある。これは、北朝鮮が国際原子力機関（IAEA）による核施設の査察を拒否し、核不拡散条約（NPT）からの脱退を表明したことから米朝間で開戦寸前まで緊張が高まった事件である。このときは、カーター元大統領が平壌に飛び北朝鮮の金日成主席と直接交渉することでひとまず危機は回避されたが、その後も北朝鮮の核開発をめぐる問題は根本的には解決されず、この地域の最大の不安定要因として日米に脅威を与え続けることになった。また、96年には台湾海峡で中台の緊張が高まるなど、冷戦終了後も東アジア地域では安定した安全保障環境はいまだ構築されていないことが次第に明らかとなった。このような情勢を受けて、当初は日本との経済問題に比重をおいていたクリントン政権もやがて方針を転換し、日米両国の防衛当局を中心に同盟関係のさらなる深化が模索されることになったのである。

　ところで、前に述べた「樋口レポート」は、細川首相が94年4月に辞意を表明し、さらに6月には自民党が非自民連立政権を離脱した社会党や新党さきがけと組んで新たに連立を形成し（かつて自衛隊を違憲としていた）社会党党首・村山富市を首相とする自社さ連立政権が成立してい

たことから、村山総理に提出された。そのために、その具体化もこの自社さ連立の村山政権に委ねられることになったが、すでにその頃、防衛当局内部ではアメリカ側との協議も踏まえ、冷戦後の状況に合わせた新たな「防衛計画の大綱」を作成することで方針が確定していた。当初、この新「大綱」の基本方針は「樋口レポート」の内容に沿うものとすることで関係者の間で合意が成立していたが、政権に復帰した自民党内には日米関係をないがしろにするかにみえる同レポートに批判的な意見も少なくなかった。そうした意見に外務省や玉澤徳一郎防衛庁長官(当時)までが同調するに伴い、政策の重点は「多角的安全保障」から「日米同盟の深化」へと移されることになった。

　この日米同盟の深化という課題をめぐり、政府内でとくに議論となったのが「周辺事態対処」という考え方である。これは日本周辺における「平和と安全に重要な影響を与えるような事態」に対し国連の活動や日米安保の運用を通して対処するとしたものだが、集団的自衛権の行使を否定してきた従来の憲法解釈との整合性が問われるとして内閣法制局が大綱に入れることに反対した。このときは、衛藤征士郎防衛庁長官(当時)が関係各大臣に根回しを行い、安保会議の議題とすることに合意をとりつけて当座をしのいだが、連立与党内でのこの点に関する調整はさらに難航した。連立与党の一員である社会党は、村山総理をはじめこの規定が日米安保条約でいう「極東」の範囲を超えることにならないかを警戒していた。この懸念に対しては、日米安保「条約」と日米安保「体制」を区別するという苦肉の策によって何とか調整がはかられたが、しかしその他にも、武器輸出三原則を記載するか否かや核兵器の「究極的」廃絶という表現を採用するかなどをめぐって自民党と社会党・さきがけとの間では議論が紛糾した。結局、「究極的」という表現は削除され、武器輸出三原則についても官房長官談話にとどめることで与党間に妥協が成立したが、自民党と社会党との間で合意を得ることの難しさがあらためて浮き彫りになる事例となったことは否めない。そしてこの「周辺事態」に関わる問題は、新「防衛計画の大綱」が95年11月に閣議決定され、新しい「日米防衛協力のための指針(ガイドライン)」を作成する段階へ事態が進む中で、あらためて再燃することになる。

第10章　イデオロギー過程

　しかし、ともかくも日米同盟の深化という政策の目標自体は、日米の外交・防衛当局者たちの努力もあって、その後着実に両国の政府内に定着していった。この間、95年9月には沖縄でアメリカ海兵隊員による少女暴行事件が起こり、その影響でクリントン大統領の訪日が(表向きはアメリカ国内の政治状況を理由に)延期されたことで「日米安保共同宣言」の発表が96年4月までずれ込むという紆余曲折もあったが、政策の基本方針は変えられることなく、むしろそれをいかに具体化していくかが次の課題となった。「新ガイドライン」の作成が必要とされるに至った所以である。

　また、この頃の国内の政局に目を転じると、96年1月に村山首相が沖縄問題の解決をみることなく突然辞任し、その後には橋本龍太郎が自民党総裁として久々に総理大臣に選出された。自社さの連立の枠組みはその後もしばらくは維持されたが、社・さの二党は自民党との距離をおきはじめ閣外協力に転じる。他方、小沢一郎に率いられた野党第一党の新進党は非自民連立政権以来の勢力を維持して最大野党としての地位を保っていたが、勢力の漸減とともに内部分裂などが起こり、結局97年12月に解党してしまった。だがその一方で、社民党(社会党から改名)やさきがけの一部が分裂して結成した民主党が、自民党に対抗する勢力として野党の中で頭角を現しはじめていた。

　以上のような状況を背景としながら、「日米防衛協力のための指針」いわゆるガイドラインの見直し作業は進められたのである。78年に作成された(旧)ガイドラインは、冷戦期の日本防衛に主眼をおいたものであり、朝鮮半島有事などを念頭に同盟関係の深化による東アジア地域での日米協力の新たな展開を模索していた90年代の状況には、もはや適応可能なものではなかった。そこで日本側の田中均外務省北米審議官らが米側にガイドラインの改定を提案したのをきっかけに、日米の当局者間で見直しの作業が開始されたのである。また、このガイドライン改定については、それに踏み切るための国内的条件も整いつつあった。それは前述したように、政権が社会党から自民党に代わったことである。日本の外務・防衛当局は、社会党政権下でのガイドラインの改定には慎重で、その意味で橋本自民党内閣が誕生したことは作業の進展を強く後押しすることになった。また自民党内部でも、それまで休眠状態であった安保調査会

2 事例の検討

が活動を再開するなど外交・防衛当局を側面支援する態勢が徐々に整えられていった。こうした条件に支えられて、新「ガイドライン」の中身は着々と整備されていき、97年6月には「中間とりまとめ」の発表、そして同年9月には日米間で正式に合意がなされたのである。あと残されたのは、この新ガイドラインの線に沿った国内法を整備していくことであった。

この「新ガイドライン」の作成と関連法の制定において、再度議論の中心となったのが「周辺事態」の捉え方である。すなわち、この言葉が指す地理的範囲がどこまでかについて、与野党を問わず関心が集まったのである。与党内部では、地理的範囲をなるべく広く捉えようとする自民党に対して社・さがそれに反発するという構図がみられた。また野党からも、地理的範囲を明瞭にするよう求める質問が国会で出されていた。加えて、この問題をさらに複雑にしたのが前述の96年に起こった台湾海峡危機である。というのは、この「周辺」の範囲に台湾海峡が含まれるかどうかについて、与野党のみならず中国政府も関心をもちはじめたからである。これに対する自民党の対応は少なからず混乱していた。たとえば、加藤紘一幹事長(当時)や高村正彦外務政務次官(当時)が中国側に配慮して「周辺」に台湾海峡は含まれないと言明すると、梶山静六官房長官(当時)がそれを批判するというように、自民党内部の意見は著しく分裂していた。そこで山崎拓政調会長(当時)が、周辺は「地理的概念ではなく、あくまでも事態の性質に着目した概念」という見解を発表し事態の沈静化をはかったが、今度は連立の相手である土井たか子社民党党首(当時)から「ガイドラインはファジーでは困る」との批判を受けることになった。

最終的に、98年5月に社民党が閣外協力をやめ自社さの連立が解消されたことで局面は打開されることになった。自民党は、橋本政権の次の小渕内閣で小沢一郎が結成した自由党と連立を組み直すが、その小沢自由党はむしろ「周辺」を地理的概念として捉えるべきとする立場だったからである。そのため、政府側の見解もそれに応じて変化していき、最後は「地理的要素を含む」という理解でいくことに方針が確定した。以上のような経緯を経て、ガイドライン関連法はようやく自・自連立政権の下で99年に成立したのである。ただし、国内における有事法制の制定はこのときは見

第10章　イデオロギー過程

送られた。その課題は、次の森喜朗内閣以後に引き継がれることになる。

（3）　テロ対策特措法とイラク特措法

2001年9月11日、二機の飛行機が米国ニューヨークの世界貿易センタービルに立て続けに突っ込んで同ビルが崩れ落ちる様子が世界中に映像で配信された。しかも、同日にはアメリカ国防総省にも旅客機が突入し同省の建物に甚大な被害を与えていた。9・11同時多発テロの発生である。一連のテロ計画は、ビン・ラディンを指導者とするアルカイーダというテロ組織によって練られ実行されたことが判明した。国連では、このテロを国際社会の平和と安全に対する脅威と認め、あらゆる手段を使ってテロと闘うことを宣言した安保理決議1368号が採択され、アメリカのブッシュ(子)政権もテロとの闘いを宣言した。そして、同年10月、ビン・ラディンを匿い、その引き渡しに応じなかったアフガニスタンのタリバン政権に対し米軍を主力とするNATO軍が攻撃を開始した。アフガン戦争の始まりである。

それからおよそ1年半後の2003年3月、今度はフセイン政権のイラクを米軍を中心とする有志国からなる多国籍軍が攻撃した。いわゆるイラク戦争の開戦である。アメリカのブッシュ大統領は、アフガンでの戦闘が一段落した2002年2月、一般教書演説でイラクを北朝鮮やイランとともに「悪の枢軸」とよび、テロを支援しているとして非難した。とりわけ、イラクが大量破壊兵器を秘密裏に保持している疑いについてアメリカは盛んに指摘し、イラクを攻撃する意思があることを表明するようになった。このイラクが大量破壊兵器を秘匿している可能性については、国際社会から少なからず疑問も呈されたが、それでもイラク政府が国連の査察に非協力的であったこともあって、国連安保理はイラクの無条件での査察受け入れと、その要求に違反した場合、武力行使を容認する決議1441号を採択した。そしてアメリカは、この決議などを根拠としてイラクへの攻撃に踏み切ったのである。

（7）　さらにもう一機も、テロとしては未遂に終わったがテロリストたちにハイジャックされ墜落している。

この二つの危機における日本政府の対応はともに迅速であった。いずれも小泉純一郎政権のときであったが、冷戦期の思考の連続線上で行動していたかのような湾岸危機のときとは打って変わって、首相官邸を中心に迅速に体制を整え、憲法の枠内で可能と思われる対策について矢継ぎ早に処置していった。たとえば、アフガン危機のときには、同時テロの翌日には「国家安全保障会議」を開催し六項目からなる「政府対処方針」を発表している。そして早くも翌月には、難民救済の人道支援とインド洋での米軍支援を柱とする「テロ対策特措法案」が国会に提出された。湾岸危機での法案作成は主に外務省が担当したのに対して、このテロ対策特措法案の作成では内閣官房が主導して関係省庁間の調整がはかられた。また自民党内よりも連立与党(当時は公明党と保守党)との調整が優先され、自民党の政調会部会には連立与党間で調整が済んでからその内容の承認が求められたにすぎなかった。さらに国会対応でも、最大野党の民主党との間で話し合いが急速に進められた。小泉首相の、野党を含む幅広い支持を国際社会に示したいという発言に対して、民主党は国会の事前承認と武器弾薬の輸送禁止をその条件として提示した。これに対し、自衛隊の武器弾薬の輸送は海上に限ることで与野党間にすぐ妥協が成立したが、国会の事前承認については公明党が強硬に反対したこともあってついに妥協できなかった。結果的に、与党単独採決ということにはなったが、それでもわずか24日間というスピード審議での可決・成立であった。

　他方、イラク戦争の場合にも開戦当日には臨時閣議を開いて五項目の「緊急対策方針」と「イラク問題対策本部」の設置を閣議決定している。そして4月には、経済支援や民政・人道支援、大量破壊兵器の処理、機雷の掃海などを含む五項目のイラク復興支援の方針が発表された。しかし、これらの活動の多くには自衛隊の派遣が不可欠と考えられたため、新法作成の準備が内閣官房を中心に(非公式に)進められた。この新法はいわゆる「イラク特措法案」として6月に国会に提出される。その骨子は、一連の国連決議を根拠とし、活動を「非戦闘地域」に限定すること、また武器使用基準は従来のものを踏襲し、4年間の時限立法とするというものであった。この法案作成においても連立与党間の調整が優先され

第10章　イデオロギー過程

自民党内の了承は後回しにされた。ところが、今回はテロ特措法のときとは異なり、自民党内の審議はそれほど順調には進まなかった。内閣・国防・外交の三部会合同会議でも、その後の総務会でも、政府案に対し批判が続出したからである。主な論点は、非戦闘地域をいかに特定するかや武器使用基準緩和の要求、あるいは大量破壊兵器の処理業務の記載をやめることなどであった。結局、法案の了承をとりつけるため大量破壊兵器処理条項は削除されることになった。

またさらに、国会においてもイラク特措法の審議は混迷した。まず、すでに通常国会の会期末近くであったことから政府・与党は会期の延長をはかったが、野党側は重要法案の新規提出のための延長は認められないとして強くこれに反対した。結局、政府・与党側が強行採決するという形で延長を決定せざるを得なくなった。さらに、民主党側は政府案に対し修正案を提出してきたが、それはイラク戦争の正当性を前提としないことや法律の時限期間を2年に短縮するといった政府側がすでに折り込み済みであったことだけではなく、自衛隊の派遣そのものに反対する内容を含んでいた。そしてそこでも、その根拠には非戦闘地域を区別することの難しさが挙げられていた。この点についての与野党の対立は、小泉首相の乱暴な答弁の影響もあって、結局妥協不可能なレベルにまで昂じてしまった。そのために、イラク特措法は与党のみの賛成多数で可決・成立することになり、国会の総意として自衛隊を派遣するという政府側の目論見はかなわぬことになったのである。そしてその年の12月、法律に作成が定められた基本計画の内容に沿って航空自衛隊の先遣隊が、また翌年1月からは陸上自衛隊の部隊が、イラクのサマワへと順次派遣されていった。

3　まとめにかえて
──イデオロギー過程の断絶と連続

90年代の日本の防衛政策を振り返って、イデオロギー過程における政治過程の特徴にはどのような断絶と連続が認められるであろうか。最後

3 まとめにかえて

に、まとめとして整理しておこう。

第一に、自衛隊の位置づけは劇的といってよいほど変化したといえる。活動の舞台は海外へと広がり、その任務は紛争終了後の地域での復興支援活動にまで及んだ。さらに米軍との連携も格段に深まり、その過程で制服組の発言力も間違いなく向上したようである。たとえば、新「大綱」策定の際、「周辺事態対処」という考えをはじめに提起したのは統合幕僚会議であったという。また、背広組も含む防衛当局全体としても「政策官庁」への移行が進んでいることは明らかなようである。

第二に、政党や政治家の防衛政策に対するスタンスもかなり変化してきたといえる。自衛隊を違憲としたり日米安保条約を全否定するような勢力は、野党勢力の中でも大きく後退した。もっとも端的な例は、社会党が自衛隊を合憲と公式に認めたことである。こうした変化については、90年代から2000年にかけて多様な連立の組み合わせが試みられたことが、結果的に功を奏したということができよう。徐々にではあるが、防衛政策は与野党間で「話せる」問題へと変化してきており、防衛政策に精通した政治家が与野党ともに登場してくる素地を形成しているように思われる。その意味では、冷戦という縛りが（少なくとも国内的には）解け、防衛政策の政治過程の特徴はイデオロギー過程におけるものから政策過程ないし戦略過程へと変化してきているようである。ただし、政党政治家が防衛当局をおさえてまで政策に影響力を行使できるようになったかは疑問である。とくに、自衛隊と米軍の一体化がさらに進めば、政治家が事態を統制できる可能性はむしろ低下していくかもしれない（柴田 2013）。

第三に、それでもイデオロギー過程的な特徴がまったく消滅したともいえないところがあるのも事実である。イラク特措法をめぐる与野党の対立にみられたように、90年代以降も、とりわけ憲法との関係を中心に、与野党間で防衛問題をめぐり原理的な論戦が展開されるという図式はときとしてみられた。その理由としては、小選挙区制の導入による二大政党化への圧力が、ダウンズ（Downs, A.）的な中位投票者（median voter）の選好に各党の政策を近づけるよりも、ファイナー（Finer, S.）が指摘したような対立志向型の「敵対的な政治（adversary politics）」へと与野党を導いているからかもしれない（Downs, Finer）。あるいは、東アジアでは

第10章　イデオロギー過程

他とは異なり、冷戦的状況がいまだに継続していることが、間接的に影響しているからかもしれない。北朝鮮の脅威は一貫して続いており、さらに近年では中国の台頭が地域を不安定化する要因に急速になりつつある。そうした情勢の中で、日米の連携はよりいっそう重みを増していくだろうが、日米関係の比重が高まればそれだけ「国際貢献」という名目の他の活動はそれに従属させられることになりかねない(篠田：157)。しかしそれでは、不本意ながらアメリカの戦争に「巻き込まれる」という恐怖からいつまでも解放されないことになろう。

　要するに、日本の防衛政策の政治過程は55年体制におけるイデオロギー過程からは大きく断絶しながらも、政策過程あるいは戦略過程に移行するほど与野党ともに成熟していないといえようか。今後いずれの方向へシフトしていくのか、注目されるところである。

［主要参考文献］
大嶽秀夫『戦後日本のイデオロギー対立』（三一書房　1996）
佐道明宏『戦後日本の防衛と政治』（吉川弘文館　2003）
　──『戦後政治と自衛隊』（吉川弘文館　2006）
　──『「改革」政治の混迷』（吉川弘文館　2012）
　──『自衛隊史』（ちくま新書　2015）
信田智人『冷戦後の日本外交』（ミネルヴァ書房　2006）
篠田英朗『集団的自衛権の思想史』（風行社　2016）
柴田晃芳『冷戦後日本の防衛政策』（北海道大学出版会　2011）
　──「現代日本の防衛政策形成過程とシビリアン・コントロール」新川敏光編著『現代日本政治の争点』（法律文化社　2013）
田中明彦『安全保障』（読売新聞社　1997）
中西寛「日本の国家安全保障──歴史的条件から考える」遠藤誠治・遠藤乾責任編集『安全保障とは何か』（岩波書店　2014）
廣瀬克哉『官僚と軍人』（岩波書店　1989）
村松岐夫『戦後日本の官僚制』（東洋経済新報社　1981）
Downs, A., *An Economic Theory of Democracy*, Harper Collins 1957. 古田精司訳『民主主義の経済理論』（成文堂　1980）
Finer, S., *Adversary Politics and Electoral Reform*, Anthony Wigram, 1975.

［藤井禎介］

3 まとめにかえて

コラム

55年体制

　55年体制という語の初出は、升味準之輔「1955年の政治体制」(『思想』1964年4月号)である。1955年に左右両派に分かれていた社会党の統一がなされ、これを受けて保守の自由党と民主党が合同して自由民主党を結成した。この1955年に登場した二党の議席数の比が1対$\frac{1}{2}$であったことから二大政党ならぬ$1\frac{1}{2}$(いっかにぶんのいち)大政党制と呼ばれることもある。この議席数の比は、過半数の自民党は政権を担当し、なんでも決められるが憲法改正だけはできないという状況をもたらし、そのことが社会党のレーゾン・デートルを憲法改正阻止に純化させ、自民党は利益配分全般を担当する包括政党となることになった。第二部扉に示されている村松の内環・外環モデルが表現する状況である。

　この状況が1955年にすぐ出現したわけではなく60年代の池田内閣以降の現象であるとされるので、研究者によっては60年体制という語を提唱するものもある。また、55年体制を支えた条件が冷戦と高度経済成長であったが、これがともに失われたことで別の体制が想定されるということで、ポスト55年体制論が升味に倣って「xx年体制」などと語られたりもするが、いずれも升味ほどの鮮やかさは有していない。

　冷戦は、日本を国際政治の上ではアメリカの側に立たせ、独自の国家戦略を構想する必要がない状況、ハイポリティクス(国家戦略の構想)を無視しうる状況を用意し、もっぱらローポリティクス(利益配分)に専念できるようにした。経済成長は利益配分を受ける側が取り合いをしなくても配分にあずかれるほど十分の原資を用意し、これを互いに干渉しない形で分配できる構造を自民党は党内に政務調査会を整備することで持った。

　55年体制を支えた条件が消失したことは明らかである。また、現在の日本政治の状況は安定した一党優位の体制でなくなっていることも確かであろう。しかし、55年体制論が持っていたほどのわかりやすさを持った「体制」と呼べるほどの安定したパターンが観察されるようになったかについては疑問なしとしない。　　［鶴谷将彦・佐藤　満］

おわりに

本書の意図：政策科学総論を目指して

　「政策科学」は比較的新しい学問である。そうであるがゆえに、これを学ぶとされる学部なり研究科なりに入ってきた学生は、これは一体何であるのかについて思い悩むことになる。そうした学部をつくった側も、それについての説明をしなければならないだろうことは自覚しており、立命館大学政策科学部でも学部全体の取り組みとして、低回生が基礎演習や入門系の講義で用いる教科書を編んできた。山口定・柴田弘文編著『争点・課題から学ぶ政策科学へのアプローチ　日本を考えるキーコンセプト』(1999年)、村山皓・川口清史編著『政策科学の基礎とアプローチ』(2004年)、見上崇洋・佐藤満編著『政策科学の基礎とアプローチ［第2版］』(2009年、以上いずれもミネルヴァ書房)がそれである。

　一見して明らかだが、これらは編纂時に政策科学部に在籍したすべての教員が執筆している。学部学生全員に読ませようとする教科書であるから、これの執筆に参加することは学部に所属する教員たちに自らの研究と政策科学との関係を自覚させるということを期待できるので重要な取り組みではあるのだが、できあがった教科書を読む側からすれば知的関心が各論の方向へ拡散しやすいという特徴も有している。

　特に最初に出したものは、そのタイトルに「争点・課題から」と謳っていることからも明らかだが、完全に各論からの総合系の組み立てをとっている。学部名を「総合政策学部」としたところは英語名も Policy Studies と複数形で表現されており、いろいろな政策をさまざまに広く学ぶというコンセプトで学部の説明や入門系の講義を組み立てても違和感はないのだが、われわれは政策科学部 (College of Policy Science) と名乗っている。英語名も単数形のサイエンスである。これは自らの反省を込めて語っているのだが(私は学部設置認可の段階から学部の設計・整備に

おわりに

関わってきたいわゆる founding fathers の一員である)、最初に出した教科書は、政策科学部と名乗った意気込みに反したものとなってしまっていた。

こうなってしまったについては、理由もあるのだが、そのことをいまここで語っても詮無きことなのでこれ以上は触れない。学部設立後、5年もたってから「政策科学」を表題とする教科書がようやく出された、しかも総合政策系のコンセプトでしか出せなかった、というところに、われわれの苦悩が表れているとご理解いただきたい。

その後の改訂で徐々に、政策科学総論を意識した部分を書き加えていった。一番新しい版は私自身が編者として名前を出しているが、総論を意思決定に注目する形で整理した。「決め方」の科学と「決まり方」の科学という整理である。「決める」というのは決める主体があり、決める対象もはっきりしていることが想像される語だが、「決まる」というのは、だれが決めたかは知らないが何かが決まっているという漠とした現象を示している。本書の「はじめに」で記したラスウェルの「inの知識」と「ofの知識」で言えば、「決め方」は前者であり「決まり方」は後者である。各論はすべて「inの知識」だが、総論の中にも決定自体の際に投入するという意味では「inの知識」となるものがあり、それが合理的意思決定論とその周辺の研究であると考えているわけである。これに対して「決まり方」は政策過程の観察により得られた知見を総称するものなので「ofの知識」に属するものであるということはわかるだろう。この教科書で政策科学総論のありようについて少し語ったと考えているが、それでも在籍するすべての教員が執筆するというスタイルであるので、各論が多い。次の段階は、この教科書の総論部分に執筆している教員を中心にして総論の教科書を執筆することを考えねばならないだろう。

ただ、その前に、「ofの知識」からの総論へのアプローチを執筆する機会を得た。それが本書である。まずは政治過程論・政策過程論を政策科学総論の基礎の一環をなすものとして整理することを意図した。「ofの知識」からの総論には、先の教科書の整理で言えば「決まり方」の科学を示さなければならないのだが、これは旧来の学問区分で言えば政治

217

おわりに

過程論だけではなく組織論も含んでいる(先の教科書の構成を見ていただければ理解していただけると思うが、政策科学部のカリキュラムの上でも、政治過程論と組織論を基幹科目として置いている)。総論自体をたとえば「政策科学入門」として執筆する前に、政治過程論にかかわってきた研究者を集めて政治過程論・政策過程論を「ofの知識」として提供できるよう整理しておくことが大切であろうと考えた次第である。

本書の事情

このように書き進めてきてしまうと、政策科学の教科書を執筆しなければならない、それも総論を中心に書き進めたものを執筆しなければ、という目的があって、その手段として、まず前段としての政治過程論・政策過程論の整理をすることにした、と、あたかも目的を実現するために手段を投入しているように見えてしまうが、もちろん、実際は「ゴミ缶理論」が教えるように、目的に合わせて手段を構えるのではなく、目的は目的の流れ、手段には手段の独自の流れがあり、これが政策の窓がともに開いて合致したときに目的と手段はつながるのである。

先にもちらと書いたが、たまたまこうしたものを執筆しようという機会が生じた。その機会というのは私の定年退職である。昔は学恩のある先生が退官(最近は国立大学も独立行政法人となり、退職というようだが)されるときに退官記念論集というのが編まれたもので、私自身も何人かの先生について寄稿させていただいた覚えがあるが、昨今はまず、出版社が論文集というものの出版に難色を示す。部数の見込める教科書として使用されるものが求められることが多く、そうなると勢い、退官(退職)を祝われる当人も編者として執筆に関わることを求められる。本書もそうであるが、私の退職の時期を期して、関わりのあった人々が研究プロジェクトを組んだが、上記のような出版事情のあることを考えて、テーマとして政策過程論を選び、私に編者を務めさせ、全体の見通しを示す章(3章)を執筆させることになったのである。

政策科学部の設立に関わった者として政策科学の教科書が未だ不十分なものしか出せていないことの責任を痛感していた身としては、ちょうどよい機会に思えた。ただ、政治過程論に関わって私と縁のあった方々

おわりに

との共同執筆で「政策科学入門」を書くのは少し苦しいところもあるので、近い将来の政策科学入門の準備段階として政治過程論・政策過程論の整理をまず行うことにした。

　以上が、本書の意図(政策科学総論の内、政策過程論を整理する)と本書の事情(編者の退職記念論集としての意味もある)の正直な告白である。本書は既述のように、立命館大学を研究生活の出発点に選び、私といろいろな局面で関わってきた若い(私と比べて相対的に、という意味である)方々との共同作業の成果である。私自身が前任校(福井大学教育学部)から立命館大学に移籍したのは1989年のことであったが、最初は法学部の助教授として着任した。着任してすぐに、文系新学部の構想があるのでこれに関わるよう求められ、これが政策科学部として1994年に設置され、設置と同時に移籍した。政策科学研究科は学部完成年度を待たず1997年に設置され、多くの院生を迎えて歩みを始めた。本書の執筆に関わってくれた方々は、法学部在籍中に私のゼミナールに参加してくれた方、他大学から政策科学研究科に進み、私の下で学位取得をされた方、学部から研究科まで一貫して私と付き合ってくれた方、いろいろであるが、どこかで私の行ってきた政治過程論・政策過程論の講義を聴き、いろいろな議論を共有してきてくれた方々である。よくぞ付き合ってきてくれたと感謝の気持ちを表しておきたい。

　また、出版事情が厳しい中、教科書の形をとってはいるものの多くの在庫を抱えてしまうかもしれない本書の出版をお引き受けいただいた慈学社・村岡さんにも謝意を表しておきたい。特に、執筆者の多くが学内行政の中核を占める年代となり、多忙の中、予定の締め切りが守れないことも多かったのだが、我慢強くお待ちいただき、絶妙のタイミングでわれわれに優しい鞭を入れていただいた。村岡さんのご高配がなければ本書は日の目を見ることはなかっただろう。改めてお礼を申し上げたい。

2017年11月

佐藤　満

索　引

あ 行

アイディア ……………33, 92, 94, 95, 128
青木昌彦 ……………………………180
秋吉貴雄 ……………………………113
アジェンダ ………75, 119, 120, 125-127, 129, 131, 132, 134, 195
アジェンダ構築 ……………………125
天川晃 ………………………………143
アリーナ理論 …………………………64
アリソン ……………………………118
安藤友張 ……………………………147
イーストン ……………………………66
イシュー・セイリアンス ………115, 151
イシュー・ネットワーク………94, 154
伊藤修一郎 …………………………152
猪口孝 ………………………………180
依法的民主主義 ………………89, 106
イングラム …………………………113
インクリメンタリズム ………………32
インクリメンタリズム（漸進主義）……30
ウィーア ……………………………130
ウィルソン ……………106, 109, 112, 113
ウィルダフスキー ………32, 72, 73, 75, 142
ウェイブル …………………………134
ウェーバー ……………………………10
ウォーラス ……………………………41
エージェンシー・スラック ………147
エルダー ……………………………121
大嶽秀夫 ………………………123, 124, 180
オルセン ……………………………128
オルソン ……………………91-93, 102

か 行

ガーゲン …………………………97, 102

ガヴェンタ …………………124, 125, 131
カウフマン …………………………100
旧制度論 ………………………………39
共有態度 ………………………………85, 95
キングドン ……16, 113, 127, 128, 130, 133, 134, 195
クァーク ………………………………94
クライエンテリズム …………………188
クレンソン ……………………………123
ケロー ……………………107-109, 111
コアボーター …………………………169
公共財 ………………………91, 114, 115
行動論 ………………………12, 13, 21-25
合理的選択新制度論 ……………53, 54
コーエン ……………………30, 33, 128
コーポラティズム ……………………90
ゴールドスタイン ……………………92
国家論の復権 …………49-51, 66, 89, 90
コックスとマッカビンス ……………169
コブ …………………………………121
コブとエルダー ……………125-127, 131
コヘイン ………………………………92
ゴミ缶（Garbage can）モデル ………128
ゴミ缶モデル …………………128, 130
ゴミ缶理論 …………………………195

さ 行

斉藤淳 …………………………188, 189
サイモン ……………………14, 29, 32
佐藤満 …………………………133, 134
サバティア ……………………95, 134
三次元的権力 ………48, 123, 125, 132
三次元的権力観 ………………122, 124
ジェンキンス＝スミス ………………95
仕切られた多元主義 ………………180

索引

社会学的新制度論……………………53
シャットシュナイダー……62, 63, 67, 84, 103, 105, 107, 112, 120, 121, 125, 133
集合行為問題……………………………91
修正ゴミ缶モデル………………17, 195
主体―構造問題…………………………55
シュナイダー…………………………113
ジョーンズ……………………………133
新制度論 …………33, 51, 52, 54, 130, 132
スイングボーター……………………170
ストークス……………………………188
スピッツァー……………106, 107, 109, 112
政策学習…………………16, 33, 34, 154
政策企業家…………………16, 34, 134
政策の窓モデル……………128, 130, 133, 134
政策媒介者………………………………16
政治文化……………………………46, 47
セイヤー………………………………100
セーレン………………………………132
選挙制度………………………………191
潜在集団…………………………………87

た 行

ダーシック………………………………94
ダール………43-47, 62, 63, 65, 66, 69, 99, 100, 111, 113, 121, 175
第一線職員論…………………………148
大社会……………………………………41
大衆社会…………………………………41
大衆民主主義……………………………41
ダウンズ………………………………213
多元主義……42, 43, 45-49, 61, 63, 64, 66, 86, 87, 89, 90, 99, 100, 105, 108, 122, 130, 131
多重ストリーム論……………………133
断続平衡理論…………………………134
重複メンバーシップ……………………87
提唱連合…………………………………95
ティリー…………………………………66
ディリリオ……………………………113

デクスター……………………………102
鉄とコメの同盟………………………192
鉄の三角形…67, 71, 94, 110, 180, 182, 187
トルーマン …62, 82-85, 87, 88, 90, 95, 99
ドロア………………………………31, 32, 102

な 行

日本型多元主義…………………180, 187

は 行

バークランド………………114, 126, 127
ハート…………………………………111
バウアー……16, 97, 102, 104, 107, 133
バクラック……………………47, 69, 121, 122
バクラックとバラッツ………………123
ハッカー………………………………132
ハンター………………………43, 61, 63, 121
ビアード…………………………………84
ピアソン…………………………114, 132
非決定権力論……………………………47
非決定作成………………………130, 132
非決定作成論………………………120-122
非決定理論………………………69, 70, 75
ファイナー……………………………213
プール…………………………………102
フェノ…………………………………181
福島徳寿郎………………………………60
フランクリン……………………73, 150
フリーライダー…………………………91
プレスマン………………32, 72, 75, 142
ヘクロウ……………………16, 94, 133, 154
ベントリー………………………41, 82-88, 99
ポーターモデル……………155, 169, 197
ボームガートナー………………126, 134
ホール……………………………………51
ホッブズ…………………………………60
ポルスビー………………………99, 121
本人・代理人(PA：principal agent)
　理論………………………………146

221

索引

ま 行

マーチ …………………………………128
マーチとオルセン ……………………195
松下圭一 …………………………………7
真渕勝 …………………………………155
マルクス …………………………………55
満足化モデル ……………………………30
村松岐夫 ………………147, 155, 197, 215
村松とクラウス ………………………180
メリアム ……………………………12, 24
モー ……………………………………132
モラン …………………………………113

や 行

山口二郎 ………………………………155

ら 行

ラーナー …………………………………8
ラスウェル……8, 9, 11–16, 22–25, 31, 32, 101, 119
ラニー …………………………………67, 175
利益集団自由主義………………64, 89, 90, 105
リプスキー ……………………………148
リプレー ……………………………73, 150
リンド ……………………………………25
リンドブロム………14–16, 30, 32, 33, 99, 100, 102, 111
ルークス………………………48, 122–124, 133
歴史的新制度論…………………………53
ロウィ………49, 50, 62–67, 73, 89, 90, 92, 99–101, 102, 104, 105, 107, 108, 110–115, 150, 175
ローゼンブルースとティース………192

222

政策過程論 編者 執筆者紹介

佐藤 満
立命館大学政策科学部教授 ［はじめに、第3章、おわりに、政策過程研究を推し進めた理論家たち］
主著：『厚生労働省の政策過程分析』（慈学社、2014年）

藤井禎介
立命館大学政策科学部准教授 ［第2章、第4章、第10章］
主著：「行政指導の効力に関する一考察：演出された介入か、介入の演出か」後藤玲子他編『「やらせ」の政治経済学：発見から破綻まで』（ミネルヴァ書房、2017年）

森 道哉
立命館大学大学院公務研究科教授 ［第5章、第6章］
主著：「政策過程の研究における公衆：政策フィードバック論の地平」『公共政策研究』16号、2016年

清水直樹
高知県立大学文化学部准教授 ［第7章、第8章、第9章］
主著：「公共投資の増減を説明する要因は何か：公共投資の社会保護の役割に注目した分析」『立命館法学』333・334号、2011年

鶴谷将彦
奈良県立大学地域創造学部講師 ［コラム］
主著：「候補者選定過程における政党執行部の影響力：2010年参議院選挙の民主党を事例に」『選挙研究』27巻2号、2011年

岡本雪乃
立命館大学政策科学研究科博士後期課程 ［第1章］
主著：「19世紀末アメリカの移民政策と国民秩序—白人移民を対象とした移民政策過程からみる国民秩序の検討」『政策科学』69号、2017年

政策過程論——政策科学総論入門

2018年3月10日　初版　第1刷発行

編　者　佐藤　満
発行者　村岡俞衛
発行所　有限会社　慈学社出版　http://www.jigaku.jp
　　　　190-0182　東京都西多摩郡日の出町平井2169の2
　　　　TEL・FAX　042-597-5387
発売元　株式会社　大学図書
　　　　101-0062　東京都千代田区神田駿河台3の7
　　　　TEL　03-3295-6861　FAX　03-3219-5158

印刷・製本　亜細亜印刷株式会社
PRINTED IN JAPAN　ⓒ2018　佐藤　満
ISBN978-4-903425-87-0

慈学社

佐藤 満 著
厚生労働省の政策過程分析
Ａ５判　上製カバー　本体価格　4000円

真渕 勝 著
行政学案内　第２版
四六判　並製カバー　本体価格　1800円

風格の地方都市
四六判　上製カバー　本体価格　1800円

真渕 勝・北山俊哉 編集
政界再編時の政策過程
Ａ５判　上製カバー　本体価格　3800円

秋月謙吾・南 京兌 著
地方分権の国際比較
Ａ５判　上製カバー　本体価格　4000円

柳 蕙琳 著
日韓のFTA政策の比較制度分析
Ａ５判　上製カバー　本体価格　4000円

森田 朗 著
会議の政治学Ⅰ～Ⅲ
慈学選書　四六判　本体価格　各1800円

制度設計の行政学
Ａ５判　上製カバー　本体価格　10000円

中村 仁 著
クリエイティブ産業論
Ａ５判　上製カバー　本体価格　4000円